技能型人才培训用书
国家职业资格培训教材

物　流　师

国家职业资格培训教材编审委员会　编
周　润　主编

机械工业出版社

本书是依据《国家职业标准 物流师》的知识要求和技能要求，按照岗位培训需要的原则编写的。本书的主要内容包括：物流概述，物流管理组织，物流运作管理，物流服务管理，物流质量管理，物流成本管理，第三方物流，物流系统规划。书末附有与之配套的试题库和答案，以便于企业培训、考核鉴定和读者自测自查。

本书主要用作企业培训部门、职业技能鉴定培训机构的教材，也可作为高级技校、高职、各种短训班的教学用书，还可作为有关工人自学用教材。

图书在版编目（CIP）数据

物流师/周润主编．—北京：机械工业出版社，2006.12（2024.1重印）
国家职业资格培训教材
ISBN 978-7-111-20591-3

Ⅰ.物… Ⅱ.①周…②国… Ⅲ.物流—物资管理—技术培训—教材 Ⅳ.F252

中国版本图书馆CIP数据核字（2006）第155723号

机械工业出版社（北京市百万庄大街22号 邮政编码100037）
责任编辑：黄养成 版式设计：霍永明 责任校对：陈延翔
封面设计：饶 薇 责任印制：常天培
固安县铭成印刷有限公司印刷
2024年1月第1版第5次印刷
148mm×210mm·11.75印张·333千字
标准书号：ISBN 978-7-111-20591-3
定价：45.00元

电话服务
客服电话：010-88361066
010-88379833
010-68326294

网络服务
机 工 官 网：www.cmpbook.com
机 工 官 博：weibo.com/cmp1952
金 书 网：www.golden-book.com
机工教育服务网：www.cmpedu.com

国家职业资格培训教材
编审委员会

序　一

当前和今后一个时期，是我国全面建设小康社会、开创中国特色社会主义事业新局面的重要战略机遇期。建设小康社会需要科技创新，离不开技能人才，“全国人才工作会议”“全国职教工作会议”都强调要把“提高技术工人素质、培养高技能人才”作为重要任务来抓。当今世界，谁掌握了先进的科学技术并拥有大量技术娴熟、手艺高超的技能人才，谁就能生产出高质量的产品，创出自己的名牌；谁就能在激烈的市场竞争中立于不败之地。我国有近一亿技术工人，他们是社会物质财富的直接创造者。技术工人的劳动，是科技成果转化为生产力的关键环节，是经济发展的重要基础。

科学技术是财富，操作技能也是财富，而且是重要的财富。中华全国总工会始终把提高劳动者素质，作为一项重要任务，在职工中开展的“当好主力军，建功‘十一五’，和谐奔小康”竞赛中，全国各级工会特别是各级工会职工技协组织注重加强职工技能开发，实施群众性经济技术创新工程，坚持从行业和企业实际出发，广泛开展岗位练兵、技术比赛、技术革新、技术协作等活动，不断提高职工的技术技能和操作水平，涌现出一大批掌握高超技能的能工巧匠。他们以自己的勤劳和智慧，在推动企业技术进步，促进产品更新换代和升级中发挥了积极的作用。

欣闻机械工业出版社配合新的《国家职业标准》，为技术工人编写了这套涵盖41个职业的172种“国家职业资格培训教材”。这套教材由全国各地技能培训和考评专家编写，具有权威性和代表性；将理论与技能有机结合，并紧紧围绕《国家职业标准》的知识点和技能鉴定点编写，实用性、针对性强；既有必备的理论和技能知识，又有考核鉴定的理论和技能题库及答案，编排科学、便于培训和检测。

这套教材的出版非常及时，为培养技能型人才做了一件大好事，我相信这套教材一定会为我们培养更多更好的高技能人才做出贡献！

（李永安　中国职工技术协会常务副会长）

序　二

为贯彻“全国职业教育工作会议”和“全国再就业会议”精神，落实国家人才发展战略目标，促进农村劳动力转移培训，全面推进技能振兴计划和高技能人才培养工程，加快培养一大批高素质的技能型人才，我们精心策划了这套与劳动和社会保障部最新颁布的《国家职业标准》配套的“国家职业资格培训教材”。

进入21世纪，我国制造业在世界上所占的比重越来越大，随着我国逐渐成为“世界制造业中心”进程的加快，制造业的主力军——技能人才，尤其是高级技能人才的严重缺乏已成为制约我国制造业快速发展的瓶颈，高级蓝领出现断层的消息屡屡见诸报端。据统计，我国技术工人中高级以上技工只占3.5%，与发达国家40%的比例相去甚远。为此，国务院先后召开了“全国职业教育工作会议”和“全国再就业会议”，提出了“三年50万新技师的培养计划”，强调各地、各行业、各企业、各职业院校等要大力开展职业技术培训，以培训促就业，全面提高技术工人的素质。那么，开展职业培训的重要基础是什么呢？

众所周知，“教材是人们终身教育和职业生涯的重要学习工具”。顾名思义，作为职业培训的重要基础，职业培训教材当之无愧！编写出版优秀的职业培训教材，就等于为技能培训提供了一把开启就业之门的金钥匙，搭建了一座高技能人才培养的阶梯。

加快发展我国制造业，作为制造业龙头的机械行业责无旁贷。技术工人密集的机械行业历来高度重视技术工人的职业技能培训工作，尤其是技术工人培训教材的基础建设工作，并在几十年的实践中积累了丰富的教材建设经验。作为机械行业的专业出版社，机械工业出版社在“七五”、“八五”、“九五”期间，先后组织编写出版了“机械工人技术理论培训教材”149种，“机械工人操作技能培训教材”85种，“机械工人职业技能培训教材”66种，“机械工业技师考评培训教材”22种，以及配套的习题集、试题库和各种辅导性教材约800种，基本满足了机械行业技术工人培训的需要。这些教材以其针对性、实用性强，覆盖面广，层次齐备，成龙配套等特点，受到全国各级培训、鉴定和考工部门和技术工人的欢迎。

2000年以来，我国相继颁布了《中华人民共和国职业分类大典》和新的《国家职业标准》，其中对我国职业技术工人的工种、等级、职业的活动范围、工作内容、技能要求和知识水平等根据实际需要进行了重新界定，将国家职业资格分为5个等级：初级（5级）、中级（4级）、高级（3级）、技师（2级）、高级技师（1级）。为与新的《国家职业标准》配套，更好地满足当前各级职业培训和技术工人考工取证的需要，我们精心策划编写了这套“国家职业资格培训教材”。

这套教材是依据劳动和社会保障部最新颁布的《国家职业标准》编写的，为满足各级培训考工部门和广大读者的需要，这次共编写了41个职业172种教材。在职业选择上，除机电行业通用职业外，还选择了建筑、汽车、家电等其他相近行业的热门职业。每个职业按《国家职业标准》规定的工作内容和技能要求编写初级、中级、高级、技师（含高级技师）四本教材，各等级合理衔接、步步提升，为高技能人才培养搭建了科学的阶梯型培训架构。为满足实际培训的需要，对多工种共同需求的基础知识我们还分别编写了《机械制图》、《机械基础》、《电工常识》、《电工基础》、《建筑装饰识图》等近20种公共基础教材。

在编写原则上，依据《国家职业标准》又不拘泥于《国家职业标准》是我们这套教材的创新。为满足沿海制造业发达地区对技能人才细分市场的需要，我们对模具、制冷、电梯等社会需求量大又已单独培训和考核的职业，从相应的职业标准中剥离出来单独编写了针对性较强的培训教材。

为满足培训、鉴定、考工和读者自学的需要，在编写时我们考虑了教材的配套性。教材的章首有培训要点、章末配复习思考题，书末有与之配套的试题库和答案，以及便于自检自测的理论和技能模拟试卷，同时还根据需求为20多种教材配制了VCD光盘。

增加教材的可读性、提升教材的品质是我们策划这套教材的又一亮点。为便于培训、鉴定、考工部门在有限的时间内把最需要的知识和技能传授给学员，同时也便于学员抓住重点，提高学习效率，对需要掌握的重点、难点、考点和知识鉴定点加有旁白提示并采用双色印刷。

为扩大教材的覆盖面和体现教材的权威性，我们组织了上海、江苏、广东、广西、北京、山东、吉林、河北、四川、内蒙古等地相关行业从事技能培训和考工的200多名专家、工程技术人员、教师、技师和高级技师参加编写。

这套教材在编写过程中力求突出“新”字，做到“知识新、工艺新、技术新、设备新、标准新”；增强实用性，重在教会读者掌握必需的专业知识和技能，是企业培训部门、各级职业技能鉴定培训机构、再就业和农民工培训机构的理想教材，也可作为技工学校、职业高中、各种短训班的专业课教材。

在这套教材的调研、策划、编写过程中，曾经得到广东省职业技能鉴定中心、上海市职业技能鉴定中心、江苏省机械工业联合会、中国第一汽车集团公司以及北京、上海、广东、广西、江苏、山东、河北、内蒙古等地许多企业和技工学校的有关领导、专家、工程技术人员、教师、技师和高级技师的大力支持和帮助，在此谨向为本套教材的策划、编写和出版付出艰辛劳动的全体人员表示衷心的感谢！

教材中难免存在不足之处，诚恳希望从事职业教育的专家和广大读者不吝赐教，提出批评指正。我们真诚希望与您携手，共同打造职业培训教材的精品。

国家职业资格培训教材编审委员会

前　　言

现代物流作为一种先进的组织方式和管理技术，是当代经济发展的重要推动力量，已成为世界经济发展的“第三利润源”。我国物流业自改革开放以来，尤其是20世纪90年代以来，随着物流理论的不断发展，我国物流业学习国外先进的物流理论和经验，并结合我国实际不断创新、不断探索总结，取得了长足进步。但与之相适应的物流人才培养却未能及时跟上我国物流业快速发展的步伐。目前，众多国内物流企业正日益遭遇人才“瓶颈”的煎熬，物流人才已被列为国内十二类紧缺人才之一。

本书依据国家劳动和社会保障部批准并于2003年1月23日起施行的《国家职业标准》物流师的知识要求和技能要求，按照岗位培训需要的原则编写的。本书内容详实，案例丰富，涵盖了物流师工作要求标准的各个模块，并在保证内容完整性的基础上力求突出其针对性和实用性。

为了提高物流师培训教材的质量，我们组织了教学、科研和企业方面的专家，共同参与了教材的编写工作。在本套教材体系上，突出助理物流师、物流师、高级物流师三个级别的层次重点，并尽量避免了不必要的重复。

为了方便读者学习，在编写的过程中，内容上力争做到深入浅出、通俗易懂。在每一章开始部分，明确了该部分内容培训学习的目标，以便于学习时做到有的放矢。为使读者更好地把握知识要点，本套教材在编写中，精选了典型案例，并在案例后请专家做点评，起到了画龙点睛的效果。在每一章内容结束后，列举了一些具有典型性的思考题，既可检验对本章知识的理解程度，考查对学过的知识的应用能力，也有利于进一步提高读者在实际工作中解决问题的能力与水平。

本书由周润主编，李志慧、寇晓荣任副主编，龚卫锋、范鹏、齐玉梅参加了编写，鲍利平任主审。在本教材编写过程中，得到了宋传平副教授的大力帮助与指导，同时在编写过程中参阅了国内外相关专业著作，在此一并表示衷心的感谢。

由于时间仓促，经验不足，书中难免还存在缺点和错误，欢迎广大读者批评指正。

编　　者

目录

MU LU

第一章

物流概述

培训学习目标 重点掌握物流管理的概念、原则与实施步骤，掌握物流管理职能与研究内容，了解物流管理的目的、基本任务、发展我国现代物流管理的意义、现代物流的发展趋势。

第一节 物流管理的职能研究内容

随着科学技术的迅猛发展、生产社会化程度日益提高和买方市场的渐趋成熟，市场需求向小批量、多样性、个性化方向发展。面对新的竞争环境，厂商之间的竞争已不单是产品成本、质量的竞争，加强物流管理，已成为提高企业经济效益、提高社会效益和市场竞争力的重要途径。

加强物流管理是提高企业市场竞争力的重要途径

一、物流管理的定义

物流管理（logistics management），是指为了以合适的物流成本达到用户满意的服务水平，对正向及反向的物流活动过程及相关信息进行的计划、组织、协调与控制。物流管理有狭义与广义之分。狭义的物流管理是指物资的采购、运输、配送、储备等活动，通常是指企业之间的一种物资流通活动。广义的物流管理包括了生产过程中的物料转化过程，即人们通常所说的供应链管理，所以，国外

有人认为供应链管理实际就是物流管理的延伸和扩展。

物流管理基本任务是按照市场经济发展的要求，为经济建设和提高人们生活水平提供优质的物流服务，确保物质产品实体流动过程中，按质、按量、及时、准确地供给生产和消费的需要，不断降低物流费用，实现货畅其流，物尽其用，促进国民经济持续、快速、健康地向前发展。

其目的是通过管理，做到“7R”，即恰当的产品（Right Product）、恰当的数量（Right Quantity）、恰当的条件（Right Condition）、恰当的地点（Right Place）、恰当的时间（Right Time）、恰当的顾客（Right Customer）、恰当的成本（Right Cost）。这“7R”指出了物流管理的努力方向，也强调了物流管理的要点。

二、物流管理职能

物流管理职能，是物流管理活动本身应具有的功能或应起的作用。与其他管理活动一样，物流管理的职能主要包括组织、计划、协调、激励、控制和决策等。

1. 组织职能

组织职能主要工作内容包括：确定物流系统的机构设置、劳动分工、定额定员；对电子商务中的各项职能进行合理分工，对各个环节的职能进行专业化协调；配合有关部门对物流的空间组织和时间组织的设计。

2. 计划职能

计划职能主要工作内容包括：编制和执行年度物流的供给和需求计划、月度供应作业计划、物流各环节的具体作业计划以及与物流营运相关的经济财务计划等。

3. 决策职能

决策职能主要工作内容包括：库存合理定额的决策、采购量和采购时间决策、运输决策等。

4. 协调职能

协调职能主要工作内容包括：物流业务运作本身的协调；物流与商流、资金流、信息流之间的相互协调等。

5. 控制职能

控制职能主要工作内容包括：物流管理的标准化、物流标准的执行与督查、物流活动偏差的发现与矫正等，它具有广泛性和随机性。

6. 激励职能

激励职能主要工作内容包括：物流系统内职员的挑选与培训，绩效的考核与评估，工作报酬与福利，激励与约束机制的设计等。

三、物流管理研究内容

现代物流管理的研究内容十分丰富，它包括：对物流活动诸要素的管理，包括对物料的包装、运输、储存、装卸等环节的管理；对物流系统各种要素的管理，包括对涉及的人、财、物、信息、技术等要素的管理；对物流活动中具体职能的管理，主要包括对物流战略、物流计划、物流组织、物流系统设计及物流管理过程中的质量管理、信息管理、技术管理、财务管理、运营管理、作业管理等。具体地讲，主要包括以下三方面内容：

1 研究物品在空间位移的合理化问题

其内容包括：实现物品由供应地到接收地空间位移的合理化，创造物品的空间效用，实现其使用价值，满足社会需要是物流研究的首要问题。一般来说，物品的空间位移是通过运输和配送实现的。

2. 研究物品由于产需之间存在时差引起的时间效用问题

其内容包括：库存控制，仓储设施的设置、结构用途及合理使用、保管方法及保管技术的选择等。尤其重要的是要创造物品的时间效用，必须考虑如何使物品按质、按量、按时满足消费需要，使储存场所发挥物流中转站的作用。

3. 研究包装、装卸和搬运、流通加工、信息处理、技术经济管理等问题

这三方面的内容与创造物品空间效用和时间效用直接相关。

四、发展现代物流管理的意义

1. 发展现代物流管理是优化产业结构，振兴第三产业的必然选择

根据产业结构发展规律，产业结构的发展方向是一次产业向二、

三次产业演进升级的过程。现代物流业的本质是第三产业，属于技术密集型和高附加值的高科技产业，具有资产结构高度化、技术结构高度化、劳动力高度化的特征。因此，大力发展现代物流管理是优化现有产业结构，振兴第三产业的必然选择。

2. 发展现代物流管理是提高经济运行质量和经济效益的需要

随着现代经济水平的不断快速提高与市场竞争的加剧，企业间的竞争已不单是产品性能和质量的竞争，而且是包含物流能力在内的综合实力的竞争，并且物流在吸引客户、满足顾客需求、占取市场等方面的作用日益突出。有关资料显示，2000 年，我国全社会支出的流通费用达 17880 亿元，约占 GDP 的 20%，而发达国家仅为 10%，如果全社会流通费用降低 1 个百分点，就可以节约资金 178 亿元。由此可见，我国物流领域存在巨大的经济效益潜力。

3. 发展现代物流管理是应对经济全球化的需要

目前，全球采购、全球销售、本土化生产趋势越来越明显，特别是加入 WTO 以后，我国物流业的发展面临来自很多方面的压力，如对于专业物流企业来说，拥有资金、技术和管理优势的外国物流企业进入我国市场，将对我国的物流企业构成严峻的挑战，我国物流企业急需应用现代物流理念和先进的运作方式，提高物流服务的水平，以应对物流市场的国际竞争；对于工商企业而言，迫切需要高质量的现代物流管理为之提供服务，以降低生产和流通成本，提高企业及其产品，在国际市场的竞争力。另外，我国大量的境外投资企业，均需要优质高效的现代物流服务作为其经营和发展的保障。因此，无论是满足我国工商企业、境外投资企业的服务要求，还是提高我国专业物流企业的服务竞争水平，加强现代物流管理，都是非常需要的。

4. 发展现代物流管理是改善国家投资环境、扩大对外开放的迫切需要

为加快经济的发展，我国采取积极的措施来吸引外资。现代物流产业作为服务性产业，对交通、通信等基础设施条件有较高的要求，是一个地区十分重要的投资环境，关系到一个地区的对外开放水平和形象。因此，对于投资者来说，投资地点的选择，不仅要考

虑当地的经济条件和优惠政策，还要考虑作为提高企业竞争力的物流环境。物流环境的好坏，已成为投资者评价一个地区投资环境的重要内容。

案例链接

“东大”物流管理的做法与启示

物流被许多专家学者称为经济的“黑色地带”，“待挖掘的金矿”、前景诱人的“第三利润源”。工业时代后期，企业通过生产的高度自动化、劳动力的专业分工及适当的库存控制等手段提高生产效率，降低生产成本，增加企业竞争力。随着经济全球化和网络经济的形成，企业间竞争愈加激烈，传统的以提高生产效率增进竞争力、提高企业绩效的做法，几乎已被挖掘殆尽。当前，新的经济环境和技术迫使企业必须突破以生产效率为主的传统竞争方式，力求扩大视角，将企业的原材料采购、存储、加工生产、产成品存储及销售的整个物料和相关信息的流通一并分析，企业的经营战略必须从生产效率化向物流效率化转移，只有这样，企业才有可能保持持续的竞争力而不被市场所淘汰。

山东东大化工集团主导产品的生产能力和原材料用量，近两年翻了一番，但原材料及产成品运输费用、车辆、库存不仅没有增加，反而大幅度下降。这一切源于他们在采购、保管、运输等非生产环节，创出了不凡业绩。

一、缺口由运输撕开，思路洞开缘于车辆拍卖

东大集团的前身是张店化工厂。建厂40年来，物料运输一直由公司车队承担。车队26名员工，18辆大货车，加上一个修理厂，运转费用不菲，效率却不高。司机上班拖拖拉拉，偷工怠工现象严重，有时为了私自揽活延长运输时间，使原材料不能及时入库，给企业带来不少负面影响。

办法想了不少，成效却是寥寥。公司决定向内部招标拍卖，18辆车卖掉了12辆，收回75万元，14名司机中标，其余车辆报废，人员分流。被拍卖车辆的驾驶人员承担公司运输任务，运价先是与公司以前平均运价持平；过渡2个月后降低0.02元，与市场价持平；紧接着又比市场价降低0.03元。

车成了自己的，每辆车运行里程比拍卖前多出2倍，半年的时间公司就节约了运输费用184万元。此外，工资、车辆维修费等一概不用公司负担，合计节约费用354万元。当被拍卖车辆逐渐进入报废期时，公司开始将运输推向社会，先是面向社会公开竞价招标，年节约运费390万元；然后又对运量相对集中的几条线路公开招标买断，运价由0.44元降到0.2元，前后节支1431万元。

二、缩减成本从信息切入，全面信息管理提升效益

为了实现企业内部资源的最优配置和最低成本，“东大”开始对原材料、中间过程的库存、最终产品的储存与销售以及相关信息进行全面管理，有意识地导入了物流管理这一全新理念。

“东大”是大型化工企业，使用原材料多达2万多种，库存占用资金5228万元。本身具备了运输环节的优化控制这个前提，企业开始向物流管理的下一个目标——合理库存挺进。过去由于运力有限，原料采购需提前一星期，产品到客户手中需一星期以上。现在运力、运输效率大为提高，原材料购进最多只需提前2天，国内市场送货一般不超过2天。可以就近采购的物资，坚决保持“零库存”。对不易采购的物资，采购计划批准前必须先经仓库保管员审核签字，以确认库里没有存货和替代物品。实施这种库存管理以来，1998年企业库存比上年降低2/3，减少资金占用1800万元。2000年仅去掉危险品仓库，让危险品直接进入生产装置，就减少资金占用2200万元。

实现合理库存，信息有效流通是关键。由于能及时掌握国内外市场的大量信息，“东大”在库存的控制上始终处于主动地位。1998年二季度，预测丙烯价格将有较大的回落，“东大”提前压缩库存，等回落到最低点又大量购进，仅此一项举措就增加收益100多万元。2000年国家加大打私力度，“东大”分析认为国内化工原料市场将有大的波动，就加大了产品库存，待价格上扬后集中促销，一举增收200万元。

信息的有效流通，对采购环节优化控制产生了深刻影响。由于众多原材料的供求信息、价格信息通过互联网等渠道在企业有关部

门间实现了快捷采集传递，“东大”建立起由技术、财务、审计、设备四部门随时检查监督的高效物资采购体系，采购由暗箱操作走向完全透明，仅1998年采购成本就降低了1910万元。

三、物流业务外包，凸显专业物流优势

物流管理在发达国家并不新鲜，日本丰田公司早在20世纪70年代就广泛采用，到90年代初日本制造业已普遍采用。可惜的是，目前国内大多数企业对这一概念还相当陌生。一提降低成本，就只知道盯着生产环节。其实随着生产工艺水平的不断提高，这个环节的挖潜空间已日趋有限。以“东大”为例，主导产品环氧丙烷、聚醚均系引进日本先进技术，全过程计算机控制。仅盯着生产环节降成本，企业显然无路可走。市场竞争不断加剧，生产越来越趋向多品种、小批量，营销区越来越宽。随之而来的是采购成本、仓储费用在企业总成本中所占比例越来越高（东大已超80%），但众多企业忽视的恰恰是这一块，特别是国有企业，采购、运输、仓储不计成本，一概包揽。难怪这一领域被管理学家称为“黑色地带”。

“东大”在向人们展现管理创新无穷潜力的同时，也向国有企业提出了一个强化管理的全新课题，那就是依托社会化、专业化的服务体系，克服“大而全”、“小而全”的通病，降低成本，提高水平和市场竞争力。

推行物流管理以前，其所在地张店区没有一家专业化的化工储运企业，但在运输走向社会的短短一两年时间，在企业巨大运量的刺激带动下，张店及周边一批专业化工储运公司迅速崛起，并且在激烈的竞争中日渐走向成熟，专业优势发挥得越来越明显，“东大”自己也最终受益。

专家点评

“东大”的实践证明：对企业内部物流进行合理化改造和全面管理以及将无核心竞争力优势的物流业务外包，可为企业带来巨大的经济效益；同时也促进了周边地区运输业的专业化发展，提高了他们的服务意识和服务水平，实现了社会资源的最优配置。

第二节 现代物流管理的原则与实施步骤

一、物流管理的原则

1. 服务性原则

物流业的本质是第三产业

根据产业结构发展规律，现代物流业的本质是第三产业，这就决定了物流管理必须树立服务性原则，以客户为中心，开展各项物流管理业务，如在承担中长距离运输的同时，还要注意满足客户小批量、多批次、短距离、时间准的要求，甚至要为客户"量身定做"物流方案。例如，日本丰田公司先进的管理经验——"零库存"或称"准时生产方式"，当原料配件运到企业时正好上生产线，产品完工即运给下一道工序或用户，因此企业不需要库存，使储备资金占用达到最低。而这种情况往往不是企业自备物流机构能做到的，必须有一个精干的物流机构支持，尤其在经济发达地区，都由专业物流企业承担，他们的服务与用户的需要配合得分毫不差，这充分体现了物流的服务性。

2. 合理化原则

物流管理包括运输、仓储、包装、装卸搬运、流通加工、配送、物流信息等的管理，由于运输、仓储、包装、装卸搬运、流通加工等各个作业环节，在实施过程中存在着相互制约问题，即"背反现象"，如按小批量进货，可以降低存储成本，但要增加采购次数，又使采购费用增加；简化包装可以降低包装成本，但包装强度降低，会使破损率上升，维修或赔偿费用增大，甚至损害自己的声誉等，同时，又涉及生产与再生产、生产与消费等，要使各个环节有机衔接，各个参与部门协调配合，就必须统筹规划，做到物流管理合理化，对物流活动进行周密的考察，衡量各方面的利害关系、影响程度等，确定矛盾双方各自应该具有的水平，得到最佳的物流方案，使综合效益最大化。

3. 通用性原则

随着经济全球化和市场竞争的加剧，"量身定做"个性化的物流

服务方案已成为企业竞争力重要组成部分，但个性化的物流服务意味着高昂的物流费用。与此相对应，通用化、标准化的物流设施与设备，规范的物流操作流程，则意味着物流设施设备的高利用率、物流操作的高效率，同时也意味着大量地削减物流成本，如集装箱、托盘等集装器具的标准化：规定最小的集装单元尺寸是 600mm × 400mm 等，这些都是物流管理通用性的具体表现。

二、物流管理实施阶段

物流管理可以按管理进行的顺序，大致分为物流计划阶段的管理、实施阶段的管理和评价阶段的管理。

1. 物流计划阶段的管理

物流计划是为了实现物流预想达到的目标所做的准备性工作。物流计划制订步骤见表 1-1。物流计划体系如图 1-1 所示。

表 1-1　物流计划制订步骤

计划阶段	工作内容
确定物流目标及其次序	确定物流所要达到的目标以及为实现这个目标所进行的各项工作的先后次序
分析研究，实施物流方案决策	分析研究在物流目标实现的过程中可能发生的任何外界影响，尤其是不利因素，并对物流实施方案进行决策
制定物流具体措施	制定出贯彻和指导实现物流目标的人力、物力、财力的具体措施

2. 物流实施阶段的管理

物流计划确定后，为确保物流目标的实现，还必须把物流计划付诸实施。物流的实施管理就是对正在进行的各项物流活动进行管理。在此阶段，一方面，要把各项物流计划与物流各项具体活动进行紧密的结合；另一方面，还要通过具体实施来检验物流计划。它在物流各阶段的管理中具有突出的地位。

3. 物流评价阶段的管理

物流评价，是在一定时期内，人们对物流实施后的结果与原计划的物流目标进行对照、分析。通过对物流活动的全面剖析，对物

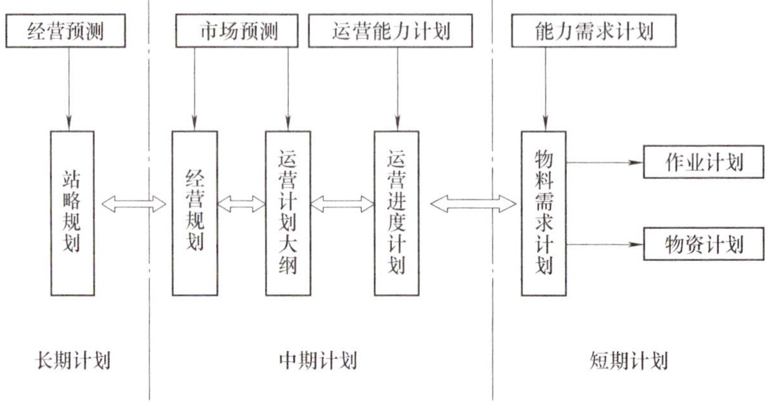

图 1-1 物流计划体系

流计划的科学性、合理性程度进行评价，明确物流实施阶段的成果与不足，从而为今后制定新的计划及组织新的物流提供宝贵的经验和资料。物流绩效评价的实施步骤，如图 1-2 所示。

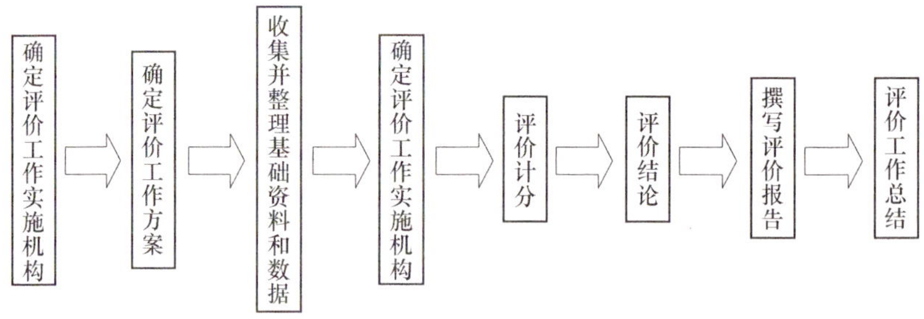

图 1-2 物流评价阶段的实施步骤

三、现代物流管理的发展趋势

随着物流业的发展，现代物流业出现了新的发展趋势。

1. 从物的处理，转向物的增值方案设计、解决和管理

可以为客户提供量身打造式的，带有个性化的服务，企业逐渐转向强调跨企业界限的整合，使得顾客关系的维护与管理变得越来越重要。

2. 由对立转向联合

传统商业通道中，企业间多半以自我为中心，追求自我利益，因此往往造成企业间对立的局面。然而在追求更大竞争力的驱动下，许多企业开始在各个商业流通机能上整合，通过联合规划与作业，形成高度整合的供应链通道关系，使通道整体成绩和效果大幅提升。

3. 由预测转向终测

传统的流通模式通过预测下游通道的资源来进行各项物流作业活动，不幸的是预测很少会准确，因而浪费了许多自然及商业资源。新兴的物流管理趋势是强调通道成员的联合机制，成员间愿意互换营运及策略的信息，尤其是内部需求及生产的资料，使得上游的企业无需去预测，流通模式逐渐由预测基础转向终测基础发展。

4. 由经验积累转向变迁策略

一直以来经验曲线是企业用来分析市场竞争趋势及发展对应策略的方法，并以企业长年积累的经验作为主要竞争武器，然而科技的突飞进步，企业固守既有经验反而成为企业发展的障碍，因此在发展变化的环境下，经验及现存通道基础结构反变为最难克服的障碍，成功的企业要建立对策略方向的嗅觉和持续变迁管理体系才能生存。

5. 由绝对价值转向相对价值

传统财务评价只看一些绝对数值，新的评估方法将着重在相对价值的创造，亦即在物流通道中提供增值服务，顾客所增加的价值中企业可占多少比例。

6. 由功能整合转向程序整合

在竞争渠道日趋激烈的环境中，企业必须更快响应上、下游顾客的需要，因而必须有效整合各部门的营运，并以程序式的操作系统来动作，物流作业与活动多半具有跨功能，跨企业的特性，故程序式整合是物流管理成功的重点。

7. 由垂直整合转向虚拟整合

在传统渠道中，一些大企业进行通道的垂直整合，以期掌握更大的力量，事实证明这并不成功；反而分散了企业的资源，并将主业削弱。今日企业经营的趋势是专注核心业务，将非核心业务委托给专业管理公司去做，形成虚拟企业整合体系，使主体企业提供更好的产品及服务。

8. 由信息保留转向信息分享

在供应链管理结构下，供应链内相关企业必须将供应链整合所需的信息与其他企业分享，否则，无法形成有效的供应链体系。

9. 由训练转向知识学习

在可预见的将来，很多物流环节还需要以人力来完成。然而，物流作业多半需要在各个物流据点和运输网络中进行，大约有90%的时间物流主管无法亲自加以监控。全球化的发展趋势，也增加了物流人力资源管理的复杂度。物流主管必须将以个别人员技能训练的方式，转向知识基础的学习。

10. 由会计管理转向价值管理

未来许多企业愿意投入许多资源建立基本会计系统，着重在提供增值创造，跨企业的管理信息，以期能确认可创造价值的作业，而非仅在于收益增加，成本升降上。

案例链接

FedEx的12条管理原则

联邦快递简历：

1971年，联邦快递公司（FedEx）成立。

2001年，经过近30年的持续发展，联邦快递终于跻身于世界500强之列；

1995年，联邦快递获得直飞中国的货机经营权。

1998年，联邦快递向中国注入巨资，拥有了自己直飞中国的MD－11s航班，并在中国建立了自己的基础设施；同年，联邦快递高瞻远瞩，力排众议，斥巨资收购了世界上最大的飞虎航空公司，从而获得了来往于日本和中国之间航线的经营权。

2001年10月，联邦快递位于上海浦东国际机场的快件处理中心（中国国内最大规模的快件处理中心）正式投入运营。

2002年6月3日，联邦快递（中国）公司宣布：未来5年内，联邦快递将在中国国内202个城市网点的基础上再增加100个网点。

2002年6月底，联邦快递公司宣布：公司财政年度第四季度的营业额为51.2亿美元，较2001年同期增长5.5%。

近几年来，每月两次，总有许多来自世界各地的商业人士愿意支付250美元（约合人民币2000元）、花上几个小时去参观联邦快递公司的营业中心——超级中心（Super Hub）。这些来自世界各地的人士有一个共同的目的：实地探索这个快递巨人在30年间成长为行业领袖的秘密。

成功的企业大体雷同，不幸的企业却各有各的不幸。优秀的企业往往表现为整体性优秀，并且在某些方面还有着鲜明的、与众不同的个性！仅仅30年的时间，联邦快递便发展成为行业领袖并成功跻身于世界500强之列，这实在是一个奇迹。人们努力从不同的角度来分析、解剖联邦快递，并在联邦快递以下12条管理原则上达成共识。

一、建立开放式平台

公司创始人、主席兼行政总监弗雷德·史密斯（Fred Smith）创建的扁平式管理结构不仅得以向员工授权赋能，而且扩大了员工的职责范围；与很多公司不同，联邦快递的员工敢于向管理层提出质疑，例如，员工可以根据公司的“公平待遇保证程序”（Guaranteed Fair Treatment Procedure）来处理与经理人员之间的争执；公司还耗资数百万美元建立了一个“联邦快递电视网络”（FXTV），这使得世界各地的管理人员和员工之间可随时进行联系，这充分体现了公司快速、坦诚、全面、互动的交流方式。

二、良好的培训和职业生涯设计

联邦快递的员工都有良好的职业生涯设计。公司坚持认为：要使员工有良好的发展机会就必须为其提供升迁机会，同时还要不断提升其素质。对于每一个进入公司的新员工，公司都会为他们提供很多培训。以中国为例，一位递送员在正式投入工作之前会得到40个小时的课堂培训，主要目的是让他们了解整个服务的过程，怎样满足客户的需求。

公司为每位员工每年提供约2500美元的培训经费。以联邦快递（中国）公司为例，公司制定了一个详细的经理培训计划，每年大概有15名一线员工会获得为期15个月的培训。在这15个月内他们需要在不同的岗位上开展工作，以此来全面了解整个公司的业务流程。同时，公司还为他们提供很多课堂培训，使他们不仅具备实际工作经验，还具备一定的理论基础。此外，公司还把员工送到不同的地方进行培训，比如美国、新加坡等，使他们具备一定的国际视野。

三、注重团队协作

在20世纪90年代初期，联邦快递打算建立一个服务于亚洲的超级中心站，负责亚太地区的副总裁琼·麦卡提（Joe McCarty）在苏比克（Subic）选中了一块很好的地皮。当时，日本担心联邦快递在亚洲的存在会影响到它自己的运输业，因而试图阻挠联邦快递通过苏比克进入日本快递市场。在此情况下，联邦快递的美国主要法律顾问肯·马斯特逊（Ken Masterson）和政府事务副总裁多约尔·克罗帝（Doyle Cloud）联手行动，争取到了美国政府的支持；与此同时，在琼·麦卡提的带领下，联邦快递在日本发起了一场大胆而又广泛的公关活动，这次公关行动使联邦快递获得了巨大的成功，日本人终于接受了联邦快递连接苏比克湾与日本的业务拓展计划。

四、奖励至关重要

联邦快递经常让员工和客户对工作做评估，以便恰当表彰员工的卓越业绩。其中几种比较主要的奖励有：祖鲁奖（Bravo Zulu）：用来奖励超出标准的卓越员工表现；开拓奖（Finder's Keepers）：给每日与客户接触、给公司带来新客户的员工提供额外奖金；最佳业绩奖（Best Practice Pays）：对贡献超出目标的团队提供一笔奖励现金；金鹰奖（Golden Falcon Awards）：奖给那些由客户或公司管理层提名表扬的优秀员工；明星/超级明星奖（The Star/Superstar Awards）：这实际上是“最佳工作表现奖”，获奖者可获得相当于自身薪水2%～3%的一张支票。

五、融合多元文化

联邦快递拥有自己的大文化，同时也有各种局域文化（子文化）。在超级中心站，子文化主要表现为时间观念；在软件开发实验

室和后勤服务部门，子文化主要表现为创新和创意；而在一线，子文化主要强调顾客满意。负责美国和加拿大业务的高级副总裁马丽琼·爱丽斯琼·泰勒（Mary Alice Taylor）指出："我们的文化之所以有效，是因为它与我们的宗旨紧密相连，即提供优秀品质来服务于我们的顾客。"

六、激励胜于控制

联邦快递的经理会领导属下按工作要求做出相应的调整，以创造一流业绩。马丽在她的一份报告中曾经这样说过："我们需要加强地面运作。我想，如果让每个员工专注于单一目标，我们就能在整体上达到一定的水平。正因为如此，我们才引入最佳业绩奖。它使我们能把50000名员工专注于'提高生产效率'和'服务于客户'。我们达到了以前无法想像的一个又一个高峰——工作绩效接近100%，而成本却降到最低水平。"公司设计了考核程序和培训计划，以确保经理知道如何做出正确的榜样，公司的高级经理就是下级经理的榜样。

七、首要规则是改变规则

联邦快递曾因采用"固定价格体系"来取代"邮区和容量定价体系"（Postal Code-inspired Zone and Volume Pricing Systems）而在货运业引起了巨大轰动，这一改变不仅大大简化了联邦快递的业务流程，而且也使客户能够准确预测到自己的运输费用。在弗雷德·史密斯说服国会使美国民航管理委员会（the Civil Aeronautics Board）解除了对航空快运的限制后，联邦快递开辟了隔夜送达货运业务（Overnight Cargo Transportation Business），这不仅使自己大大受益，也使对手公司受益不少——整个行业的利润增加了近10倍。

八、问题也有好的一面

联邦快递始终把客户的问题当作自己的挑战和潜在的商业机会。联邦快递曾接到一家跨国女装零售商兼家居饰品商的业务请求，该客户打算自己经营产品储运和批发业务，要求联邦快递为其提供系统的定单跟踪、库存检查、发货安排等服务，从而使其能在48小时内实现接单、送货的全程业务。联邦快递很热心地为这位客户提供了相关支援，并从中获利不少。联邦快递的"超级中心"

之所以能发展到如此巨大，这与许多公司不断向他们请求帮助是密不可分的。

九、积极利用技术软件

联邦快递的成功经验证明：在这个信息时代，一家公司所创造和整理的信息的价值远远不局限于公司内部。比如，公司开发了一种百威发运系统（POWERSHIP），该系统具备承接定单、跟踪包裹、收集信息和提供账单等功能，联邦快递约2/3的运输业务是通过该系统或者“联邦快递发运电子运输系统”（FedEx Ship）来完成的。1994年，联邦快递建立了自己的网站，客户可以登陆公司的网站并通过公司的主页了解相关信息，同时，客户还能打开联邦快递的COSMOS数据库；为帮助客户发展电子商务，联邦快递为他们提供了专门的软件——“联邦快递发运系统”，从而使客户的运输过程实现了自动化；此外，联邦快递还创建了自己的内部网（Intranet），供公司内部专用。

十、犹豫就会失败（但必须看准才动）

尽管公司的顾问担心弗雷德·史密斯计划提供的“隔日下午送达业务”（Next-day Afternoon Delivery）可能会影响到公司的其他服务项目（如优先服务、经济送达等），弗雷德·史密斯坚持认为新的服务不仅会给公司带来利润，还能消除“早晨优先送达”（Priority Morning Delivery）和“经济送达”（Economy Run）之间的闲置期。他的决策最终被证明是正确的，联邦快递因此而得到了实实在在的利益——两天到达的业务增长不断，隔夜到达的优先服务也获得了持续的增长。在整个联邦快递，公司都非常尊重经理们的直觉。

十一、倡导冒险精神

有时，自己的直觉和从报表中得到的趋势可能都不准确。联邦快递采用新技术——专递邮件（Zap Mail）来开展业务的尝试就是一个典型的失败案例，公司试图通过卫星连接、传真文件、送货上门的新尝试来开展业务，但最终因低成本的传真机充斥商业市场而被迫宣告失败。不过，这算不了什么。联邦快递从一开始就把冒险作为公司的重要精神之一。由于公司积极倡导“冒险精神”，许多看上

去不太合理的举措获得了成功，如第一个辐射式发运系统、专用运输机队、联邦快递技术的电视广告等等。

十二、努力决定形象

良好的企业形象需要经过持续的努力才能最终形成。它需要经过周密的计划和积极、持续的努力才能逐步形成。经过多年的努力，公众已经把“交给联邦快递”这句话同“遵守诺言”等同起来，这种心理定位是联邦快递所取得的最重要的因素之一；人们还往往会由“联邦快递”联想到创新——因为联邦快递总是在尝试各种独特的方法来满足或预测顾客的需求。联邦快递总是激励员工去树立良好的公司形象——努力塑造一种既为客户、也为自身的企业形象，这种精心树立起来的形象有益于保持并扩大公司的市场份额。可以说，成功的广告节目加强了公司的声誉，员工对工作的热爱及引以为豪同样也使公司的声誉得到了倍增。(资源来源：天健网物流 作者：田宝华 等)

专家点评

FedEx 成立仅 30 年，便一跃成为行业领袖，并跻身于世界 500 强之列，创造了一个奇迹，这与其成长过程中形成的 12 条管理原则是分不开的。这 12 条原则符合 FedEx 自身发展规律，对其他现代物流企业来说，也不无借鉴意义。

复习思考题

1. 什么是物流管理？
2. 物流管理的研究内容有哪些？
3. 物流管理职能有哪些？
4. 发展现代物流管理有哪些意义？
5. 物流管理的原则有哪些？
6. 简述物流计划阶段的管理工作内容。
7. 现代物流管理的发展趋势有哪些？

第二章

物流管理组织

培训学习目标 重点掌握现代企业物流管理组织结构类型，掌握物流管理组织的职能、构成要素与分类、设计原则，了解物流管理组织的发展与设计物流管理组织时应考虑的因素。

第一节 物流管理组织概述

物流管理组织是指从事物流管理的机构设置和管理权限及范围划分的组织形式。它从属于整个组织或公司，是组织中的一部分，是制订物流计划、实施物流管理、物流管理评估的机构，是用来分配物流人力资源，以实现物流经营目标的正式或非正式的组织。

企业物流管理组织是帮助企业管理者实现物流管理目标的手段

一、物流管理组织的职能与作用

1. 物流管理组织的职能

物流管理组织的职能，是指为实现物流系统的总目标和总任务，设计任务结构，进行物流要素协调工作的管理劳动。其主要内容包括：依据企业或组织的总体经营目标，制定企业物流管理计划；按照物流计划的任务与目标的要求，建立合理的组织结构，包括各管理层次和职能部门的建立；按照业务性质进行分工，确定各个部门的职责范围，并按其所负的责任给予各部门、各管理人员相应的权

力；明确上下级之间、个人之间的领导和协作关系，建立信息沟通的渠道；配备和使用适合工作要求的人员；建立激励机制，如实行合理的工资奖励制度等，激发员工的工作积极性；对人员进行考核与培训。

2. 物流管理组织的作用

物流是一项重要的活动，任何类型的企业或机构都会进行物流活动。其作用主要有以下两方面：

（1）协调矛盾　当前，许多企业采用的组织形式，是围绕着财务、运作和营销这三个基本职能部门来组织公司的活动。从物流的角度来看，由于这三个职能部门的基本目标与物流不同，如营销部门的首要职责是使利润最大化，运作部门的职责是使单位成本最小化，而财务部门的职责是利用最少的资金，为企业获取最多的投资回报等，这些目标的冲突会导致物流运作系统的运行，甚至会影响到整个企业的运作效率；而且在这种组织形式下，物流运输可能由运作部门负责，库存由三个部门分管，订单处理则由营销部门或财务部门负责等，这会导致物流活动的不连续。因此，需要设置物流管理组织来协调各部门，实现物流成本和服务的最佳均衡。

（2）物流管理　为物流活动建立一定的物流管理组织可以明确权利和职责，确保物品按计划发送，同时，可以重新制定计划。如果平衡客户服务和生产成本对于一个公司的运作很重要的话，这个公司就应该指派专人来监督货物运送情况。在实践中，必须有某个人来管理物流。虽然说，订单处理、运输、仓储分开管理也可以运营良好，但往往还是需要有个经理来协调其综合运作，也只有经理才有能力平衡各部门的运作，实现企业效率的最优化。

二、物流管理组织的构成要素与分类

1. 物流管理组织的构成要素

（1）人员　人既是组织中的管理者，也是组织中的被管理者，因而良好的人际关系是建立组织系统的基本条件。

（2）岗位职务　明确每个人在系统中所处的位置以及相应的职务，从而形成不同层次的职务结构。

(3) 职责与权力　规定不同岗位上、不同职务的人所要承担的责任和权力以达到领导和控制的目的。管理中最基本的原则就是要求职责和权力的对称性，一旦被授予一定的权力，就要承担与之相适应的责任。

(4) 物流信息　物流信息是现代物流系统的灵魂。能否确保物流信息畅通、及时、安全、可靠，是物流系统设计和系统运行必须解决的重要问题。

2. 物流管理组织的分类

(1) 按物流管理组织所处的领域分　可划分为生产领域的物流管理组织和流通领域的物流管理组织。

1) 生产领域的物流管理组织主要职责是组织生产所需的各种生产资料的供应物流，产品的出厂销售物流，以及生产工序间的企业内物流等。

2) 流通领域的物流管理组织是那些专门从事产品空间位移的组织机构，因此也可称之为专业性的物流管理组织。专业性物流管理组织的特点是：各项机构的设置，完全是以实现物流各项活动为目的的。

(2) 按物流管理组织在物流管理中的任务分　可划分物流管理的行政机构和物流管理的业务机构。

1) 物流管理的行政机构，是指那些负责制定物流管理的制度和方法，对物流的计划管理以及编制物流计划并组织实施的组织。

2) 物流管理的业务机构，是指那些负责执行物流计划，具体执行各项物流活动的组织，如运输管理组织、仓储管理组织等。

(3) 按物流管理组织的设置与职权划分　可以划分为中央一级的物流管理组织、地方的物流管理组织和企业的物流管理组织。

1) 中央一级的物流管理组织，是国家直接设立和领导的物流管理组织。它享有物流管理的最高权限。它负有制定物流政策，下达物流计划，指导国民经济物流任务完成的任务。

2) 地方的物流管理组织，是指在各省、自治区、直辖市以至各区、县的地方物流管理组织。这种物流管理组织的特点表现为管理权限主要集中在地方。同级地方与地方的物流管理组织互相之间

的联系较少或不存在联系。地方的物流管理组织负责在其管理范围内的物流管理组织活动，并有权制定地方物流活动的政策、方法，组织物流活动的完成。地方物流管理组织有承担中央一级物流管理组织下达物流任务的义务，并有权向中央一级提出物流合理化的建议。

3）企业的物流管理组织，还可进一步分为生产企业的物流管理组织和流通企业的物流管理组织。生产企业的物流管理组织是生产企业的一个部门。它的主要职责是完成生产所需要的原材料的供应和产品的销售以及半成品的物流任务。流通企业的物流管理组织是围绕着流通活动的各种职能所设置的，通常是流通企业生产活动的组织保证。

三、物流管理组织的发展

物流活动的组织结构在不断演变，其发展过程大致如图 2-1 所示。

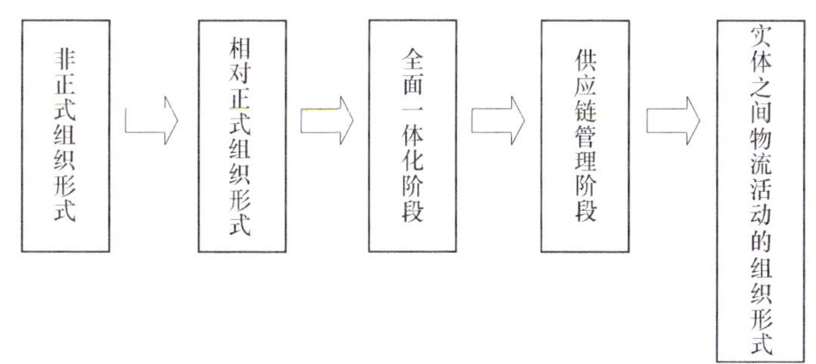

图 2-1　物流管理组织的发展过程

1. 非正式的组织形式

非正式组织形式阶段大约发生在 20 世纪 70 年代初期，企业将运输活动与库存、订单处理过程协调起来进行管理，以实现实物分拨中成本和服务双重目标。同时将采购、运输和物料管理归到一个机构名下以便统一管理。由于组织形式的变化不是一个突变的过程，而更像一个渐进的过程，因此，早期有关物流管理组织方面的尝试并未对当时“存在”的组织形式做根本性改变。

2. 相对更正式的组织形式

在此阶段，物流管理组织是相对正式的组织形式。设一名高级主管专门管理相关物流活动，以便更直接地协调各项物流活动。它是物流管理组织结构的又一次演进。企业对良好的物流管理所带来的收益也有了更好的认识和了解。

3. 全面一体化阶段的组织形式

物流活动全面一体化阶段，其内容既包括实物供应，又包括实物分拨。适时管理、快速反应和压缩时间的管理理念要求建立起协调各项物流活动的有一定职权范围的组织机构来对整个公司内部的所有活动准确协调，这些都驱动着物流活动的全面一体化。

4. 供应链管理阶段的组织形式

在此阶段，物流管理活动内容不仅包括物流活动的全面一体化，还包括生产过程中的物流活动。企业认为物流包括发生在原材料采购、生产过程以及到达最终用户手中这一过程中的所有活动。供应链管理与全面一体化阶段最大的区别在于：生产过程中的活动（如生产计划安排、半成品库存管理），以及企业内向和外向运输的适时管理计划协调，都已包含在一体化物流管理的范围内。

5. 实体之间物流活动的组织形式

实体之间物流活动的组织形式是物流管理组织形式未来发展的趋势。在此阶段，各独立法律实体之间的物流活动是在整个供应渠道中进行管理。管理者的注意力首先会集中在企业能直接控制、直接负责的物流活动上。管理这个超组织系统不仅会带来新的挑战，也可能会实现现有机构设置和组织结构所不能达到的效率。

第二节　物流管理组织形式与结构类型

一、物流管理组织形式

物流管理组织可以表现为职能部门之间的正式关系图，也可以是未以任何正式的方式表达出来，或是二者的结合。任何一个企业所选择的管理机构通常是企业内部经营管理演化发展的结果，也就

是说，物流管理组织形式常常取决于企业内部人员的个人喜好、企业组织的传统以及物流活动在企业中的重要性。目前，物流管理组织的基本形式主要有以下 3 种：

1. 非正式的物流管理组织形式

非正式物流管理组织往往不需要变革现有的组织结构，而是依赖强制或劝说手段来协调各项物流活动，实现物流管理人员之间的合作，具有不同于正式物流管理组织的优点，如非正式组织的成员，可以给他们带来某些需要的满足，从而影响人们工作的效率；人们在非正式组织中的频繁接触会使相互之间的关系更加和谐、融洽，从而更易于相互之间的合作；对于那些工作中的困难者、技术不熟练者，非正式组织的伙伴往往会给予自觉的指导和帮助；为了群体的利益，为了在正式组织中树立良好的形象，非正式组织往往会自觉或自发地帮助正式组织维护正常的活动秩序等。其缺点是因不是常设机构，管理的权限会受到限制，协调难度大，易导致协调效率低下。这种协调活动可以通过以下几种非正式的方式进行。

（1）总经理亲自决策　由于各物流部门的下属经理对高层管理人员负责，在一个没有正式组织机构的企业里，高层管理人员对跨部门间协调、合作的鼓励和支持对实现企业目标也仅仅是起间接作用。在组织结构中，高层管理者所处的地位使其容易做出机构内部迅捷的决策。总经理亲自考察物流决策和物流运作是一种特别有效的鼓励协调方法。

（2）成立协调委员会　协调委员会也是一种非正式的物流管理组织形式，委员会的成员来自各个重要的物流管理部门。委员会通过提供借以交流的方法来协调管理。尽管利用委员会进行协调似乎是比较简单、直接的解决方法，但它也有缺点，如委员会无权实施议案。

（3）设立独立的部门　有些企业设有独立的部门负责一些关键性物流活动（如运输、库存管理和订单处理），这些企业往往需要建立激励机制来协调这些部门的运作。虽然在很多企业中预算是一项重要的控制手段，但它常常会阻碍协调工作的进行，如运输部门的经理也许会觉得为了降低库存成本而增加运输成本是不可接受的，因为库存成本并不在他的预算责任范围内，他的业绩是通过将运输成本和预算做比较来衡量的。

（4）建立成本节约分享机制　成本互相冲突的各部门将各自节约的费用集中在一起，按预先确定的计算表制作一个清单，对节约的成本重新分配。这种方法也是在鼓励合作，因为成本互相冲突的部门利益达到均衡时，可节约的成本最大。在企业界，这种所谓的利润共享计划作用有限，但在有些公司里却成效显著。

2. 正式的物流管理组织形式

正式的物流管理组织形式，是在企业中建立一个权责分明的物流部门。它在形式上提高了物流管理人员的地位，促进了物流活动的协调。当非正式的组织形式导致效率低下，或者物流活动在企业中越来越受到重视时，企业就需要建立正式的组织机构。正式组织结构的示意图如图 2-2 所示。它主要有以下两个突出优点：

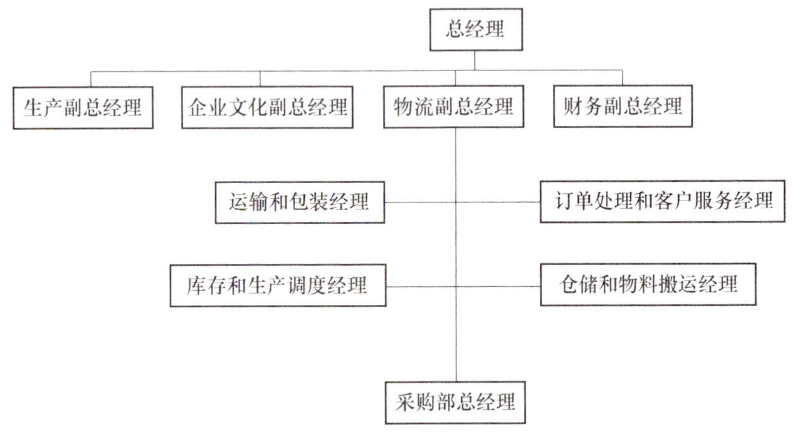

图 2-2　正式的物流管理组织结构

（1）物流部门与其他主要职能部门相同，有助于使物流管理受到足够地重视　采用正式的组织形式，物流部门被提升到更高的级别，其权限与其他主要职能部门相同，有助于保证物流管理与营销、运作和财务等管理受到同等的重视，也使得物流经理在解决利益冲突时有平等的发言权。而且，物流和其他职能部门处于平等地位，也有利于权利的平衡和企业的整体经济利益。

(2) 物流总经理设立一些次级职能部门，有助于提高物流管理的效率　从整体上看，公司层面设立物流总经理，次级职能部门分别设有经理，代表物流活动的各个方面，并作为独立实体进行管理，做到权责分明，提高物流管理的效率。

因此，正式的组织结构是一种平衡的结果，一方面尽量减少管理部门的个数以促进部门间的协调，另一方面将不同物流活动分别进行管理以获得技术上的高效率。但采用正式物流管理组织，需增设管理机构，增加财务支出。

3. 半正式的物流管理组织形式

采用半正式的组织形式的企业认为物流规划和运作常常涉及企业组织结构中的不同部门。因此，企业会委派物流管理者协调那些既与物流有关，又涉及其他不同职能部门的项目，其形式如图 2-3 所示。该种组织形式通常被称为矩阵型组织。它是一种有效的组织形式，但其缺点是可能造成权利、责任界定不清。

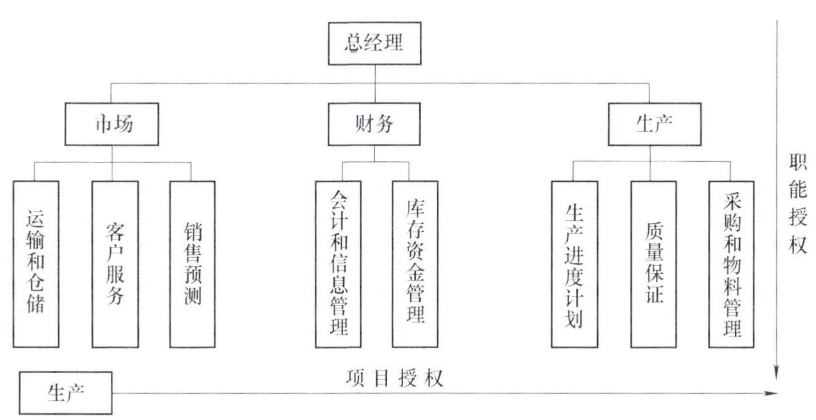

图 2-3　半正式的物流管理组织形式

二、现代企业物流管理组织结构类型

物流管理组织应根据企业经营的目的，选择形式最佳类型来改造

1. 传统型

传统型物流管理组织结构的一般形式如图 2-4 所示，物流的各

构成要素都是作为制造、市场和销售、财务和管理等部门的从属职能而存在。在这种机构中，中下层管理者的目标往往相互对立，最高经营者常常要为解决这些对立的问题而费尽周折。同时，物流职责分散，哪个部门也不考虑综合物流管理，严重影响总体物流的合理化。

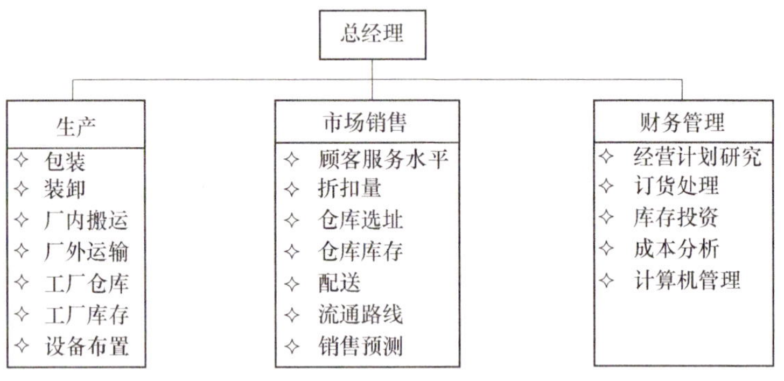

图 2-4　传统型物流管理组织结构

2. 直线型

直线型物流管理组织结构是一种按物流基本职能设置物流机构的形式，如图 2-5 所示。在这种机构中，物流经理通过计划与实际工作完成情况直接监督员工的工作，它起着与制造、销售同样的功能。物流经理负责所有物流活动，如订货处理、库存管理、仓库保管、运输和配送活动等，对总体物流成本的降低负责。

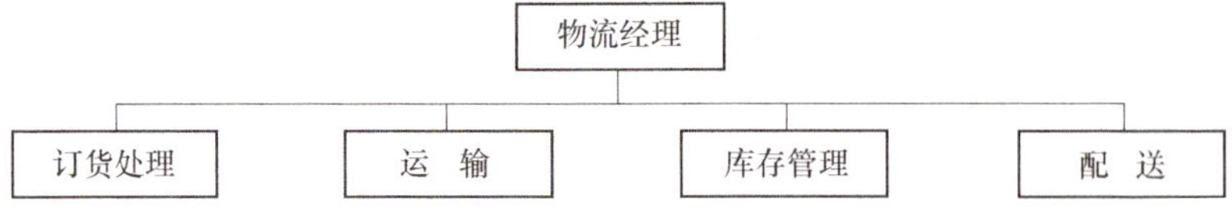

图 2-5　直线型物流管理组织结构

直线型组织结构是最早、最简单的一种组织结构形式。其特点有：组织中各种职务按垂直系统直线排列，结构比较简单，权力集中；运作简便，各级主管人员对所属下级拥有直接的一切职权，组织中每一个人只能向一个直接上级报告；权责分明，便于管理；由

于各物流环节作业强度不同，易造成忙闲不均，稳定性差的现象；每个部门基本关心的是本部门的工作，因而部门间的协调比较差等。

一般而言，直线型物流管理组织结构只适用于那些没有必要按职能实行专业化管理的小型组织，或者是现场的作业管理等。

3. 扁平化结构型

在传统物流管理幅度理论中，当企业规模扩大时，原来的有效办法是增加管理层次，而现在的有效办法是增加管理幅度。当管理层次减少而管理幅度增加时，金字塔状的组织形式就被“压缩”成扁平状的组织形式。

扁平化结构型的优点主要表现在以下两个方面：

1）分权管理成为一种普遍趋势，运作效率高。金字塔状的组织结构是与集权管理体制相适应的，而在分权的管理体制之下，各层级之间的联系相对减少，各基层组织之间相对独立，扁平化的组织形式能够有效运作。

2）企业快速适应市场变化的需要，适应性强。传统的组织形式难以适应快速变化的市场环境，为了不被淘汰，就必须实行扁平化。现代信息技术的发展，特别是计算机管理信息系统的出现，使传统的管理幅度理论不再有效。

4. M 型

M 型组织结构，又称事业部门型组织结构。这种结构的基本特征是，战略决策和经营决策分离。根据业务按产品、服务、客户、地区等设立半自主性的经营事业部，公司的战略决策和经营决策由不同的部门和人员负责，使高层领导从繁重的日常经营业务中解脱出来，集中精力致力于企业的长期经营决策，并监督、协调各事业部的活动和评价各部门的绩效。

与 U 型结构（一种按职能划分部门的纵向一体化的职能结构）相比较，M 型结构具有治理方面的优势，且适合现代企业经营发展的要求。M 型组织结构是一种多单位的企业体制，但各个单位不是独立的法人实体，仍然是企业的内部经营机构，如分公司。

5. 职能型

在职能型组织结构中，采用专业分工的方式，物流管理组织内除直线主管外还相应地设立一些组织机构，分担某些职能管理的业务。这些职能机构有权在自己的业务范围内，向下级单位下达命令和指示；下级直线主管除了接受上级直线主管的领导外，还必须接受上级各职能机构的领导和指示。

这种组织结构的优点是：能够充分发挥职能机构的专业管理作用，适应现代组织技术比较复杂和管理分工较细的特点，因而有可能发挥专家的作用，减轻上层主管人员的负担。但其缺点也比较明显，即：妨碍了组织中必要的集中领导和统一指挥，形成了多头领导；各部门容易过分强调本部门的重要性而忽视与其他部门的配合、忽视组织的整体目标；不利于明确划分直线人员和职能科室的职责权限，容易造成管理的混乱；加大了最高主管监督协调整个组织的要求等。它适用于任务复杂、需要具有专门知识的管理等。

6. 项目式

项目式物流管理组织结构形式，是按项目来划分所有资源，每个项目组之间相对独立。即每个项目有完成项目任务所必需的所有资源，每个项目实施组织有明确的项目经理。也就是说，每个项目的负责人，对上直接接受企业主管或大项目经理领导，对下负责本项目资源的运用以完成项目任务。

项目式物流管理组织结构最突出的特点是“集中决策、分散经营”，即总公司控制着整个公司的重大决策和战略目标，分公司或事业部独立经营。它是在组织领导方式上从集权制迈向分权制的一种改革，具有如下优点：

（1）统一指挥，目标明确　由于项目成员只受项目经理领导，不会出现多头领导的现象，便于实现统一指挥。同时，项目式组织是基于某项目而组建的，圆满完成项目任务是项目组织的首要目标，因此，每个项目成员的责任及目标明确：即是通过对项目总目标的分解而获得的。

（2）便于实施项目控制　由于项目式组织结构按项目划分资源，项目经理在项目范围内具有绝对的控制权，因此从项目角度讲有利

于项目进度、成本和质量等方面的控制与协调，而不像职能式组织形式或矩阵式组织形式那样，项目经理要通过职能经理的协调才能达到对项目的控制。

（3）利于复合型人才的成长　从物流管理人才培育的角度看，物流管理项目的实施涉及计划、组织、用人、指挥与控制等多种职能，从某种角度看它也提供了一条复合型管理人才的成长之路。一方面，从项目管理范围来看，从管理小项目的小项目经理，经过管理大中型项目的项目经理，成长为管理多项目的项目群经理，直至最后成长为企业的主管。另一方面，一个项目中拥有不同才能的人员，人员之间的相互交流学习也为员工的能力开发提供了良好的机会。

7. 参谋型

参谋型物流管理组织结构，是一种按照各个参谋职能设置部门机构的形式，其典型的组织形式如图 2-6 所示。

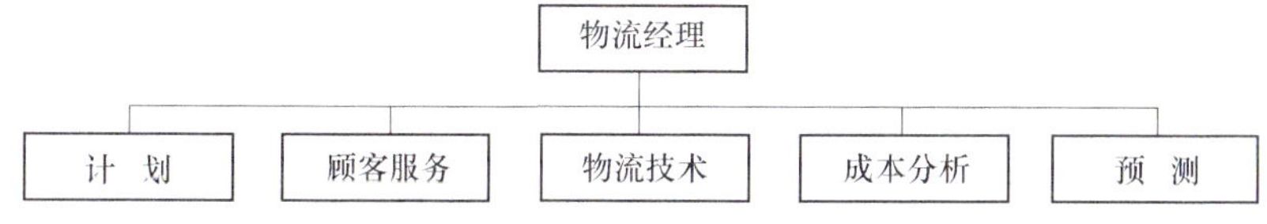

图 2-6　参谋型示意图

参谋型物流管理组织结构只把有关物流活动的参谋组织单独抽调出来，基本物流活动还在原来的部门中进行，把分散在各种基本职能活动中的与物流有关的各种参谋组织管理活动结合起来，能够在较短的时期内，使企业经营顺利地采用新的物流管理手段。但也存在由于基本生产员工明哲保身或者事不关己、高高挂起的原因，有可能听不到反对意见，出现影响决策的正确性的不良现象。该结构类型设置常常被那些刚开始实施综合物流合理化经营的企业所采用，参谋组织主要从计划、预测、顾客服务、技术、成本分析五个方面为物流经理进行有效决策提供参谋和建议。

8. 运用型

运用型物流管理组织结构是一种运用原来的机构设置形式来顺

利地完成各种物流合理化经营措施和改善方法的机构，这种机构形式不必为此另设管理机构。它主要通过采纳外聘专家的意见或实施各种控制措施等，对物流诸活动进行调整，从而推动综合物流合理化，降低物流成本。

（1）成立协调委员会和工作小组　这里的协调委员会是一种非正式的运用型物流管理组织。委员会的成员由各主要的物流环节的人员组成。委员会提供了沟通的方式，有利于各环节的合作，是解决协调问题的一种简单直接的方式。工作小组是与协调委员会类似的一种非正式物流管理组织。其工作的重心是对交叉职能的工作进行安排和管理。

协调委员会和工作小组都可以解决特定状况下出现的问题，比如新的物流设施选址问题等。但委员会一般是为完成某些特定的任务而组建的，工作小组则是一个以完成基本工作为目标的相对固定的组织形式。小组成员出自不同的背景，有不同的经验和学识，他们之间的协作所产生的成果显然比成员各自的技能简单加总要有效得多，所以不失为一种高效的组织形式。但是，在组织工作小组时，却常常会碰到一些障碍。比如说，难以达成一个共识的目标。而且，在小组工作中，各人之间的职责和权力分配难以清晰界定，这造成了管理上的困难。另外，各成员由于出自不同的背景，他们之间的协调和沟通往往也是个难题。

（2）建立激励机制　传统的管理模式中，预算是许多企业主要的控制机制，这通常不利于激励协作关系，如为了降低库存成本而导致的运输费用的上升，在运输经理的眼中即是不合理的，因为运输经理的表现主要是靠运输成本与预算的比较来衡量，库存成本并不在运输经理的预算范围内，这可能导致经理人员为了完成自己的预算要求而并不愿意提供全力的协作。因此，为了促进合作，常需要建立一些激励机制。

9. 矩阵型

矩阵型物流管理组织结构又叫专业划分制组织结构，是一种混合组织结构，就是在同一组织机构中，把按职能划分部门和按项目划分部门相结合而产生的一种组织形式。在这种组织中，每个成员

既要接受垂直部门的领导，又要在执行某项物流活动时接受项目负责人的指挥。可以说，矩阵结构是对统一指挥原则的一种有意识的违背。它是由纵横两套管理系统组成的组织结构，一套是纵向的职能领导系统；另一套是为完成某一任务而组成的横向项目系统。也就是既有按职能划分的垂直领导系统，又有按项目划分的横向领导系统的结构。

矩阵型物流管理组织结构的主要优点是：灵活性和适应性较强，既最大限度地发挥了职能型和项目型两种组织形式的优势，又在一定程度上避免了两者的缺陷，有利于加强各职能部门之间的协作和配合，并且有利于开发新技术、新产品和激发组织成员的创造性。其主要缺陷是：组织结构稳定性较差，双重职权关系容易引起冲突，同时还可能产生项目经理过多、机构臃肿的弊端。它主要适用于科研、设计、规划项目等创新性较强的工作或者单位。

10. 物流子公司

物流子公司是指为了执行母公司的全部物流活动或部分物流活动而设立的企业。它与母公司有着非常密切的关系，因为设立物流子公司的目的，一方面是为了使物流更加合理化，另一方面是为母公司培养中高层管理干部。它是现代企业物流机构设置的一种全新形式。按其业务内容，大体可分为物流业务子公司和物流服务子公司两大类。

（1）物流业务子公司　此类子公司主要从事具体的物流业务（如包装、装卸、运输、保管、配送等）。它又分为两种情况：一是专门从事装卸搬运、运输、保管、包装等基本物流业务而从其母公司独立出来的公司；二是为了有效地利用母公司闲置的仓库、土地、建筑物等设施而设置的公司。

（2）物流服务子公司　此类子公司是为了接受母公司的全部或部分物流管理业务而设置的。它也分两种情况：一是仅仅执行物流的事务性业务，而物流的实务性业务全部委托给专门的物流事业者的物流管理子公司；二是以处理物流的事务性业务为主，但又兼营近距离配送业务的混合型物流管理子公司。

第三节 物流管理组织设计

一、物流管理组织设计时应考虑的因素

1. 企业所属类型

企业的类型不同，物流管理的侧重点不同，物流管理组织的结构设计也相应各有特点，如原材料生产型的企业，它们是其他企业原材料的供应者，其产品种类虽一般较少，但通常是大批量地实施物流活动，一般要成立正式的物流管理部门与之适应。

2. 企业物流战略

企业物流管理组织是帮助企业管理者实现物流管理目标的手段。不管公司战略的精确定义是什么，它对解释物流管理组织的结构和业绩间的关系非常重要。如果公司战略主要是成本导向型，一个围绕形式化和集权化的物流系统就会很有用。相反，如果公司采用“差异化战略”，形式化和集权化使顾客被从上级管理层传下来的独裁的、指令性的政策所疏远，这种损失会超过其成本优势。此时，一个分权化的、非正式的方式可能更有效。当一个企业的战略发生了重大调整时，毫无疑问，企业物流管理组织的结构也需要做相应的变动以适应和支持新的战略。

3. 企业物流规模

企业物流规模的大小对企业物流管理的组织结构有明显的影响作用，如对于规模大的企业，目前流行一种新形式的组织设计，把组织设计的侧重点放到顾客需要或工作过程方面，用跨职能的项目小组取代僵硬的部门设置，这种组织结构的改变在提高效率方面发挥了作用。

4. 公司结构

物流管理组织职能结构必须与所支持的组织结构相一致。一个分权化的、部门高度自治的公司，其物流活动也会反映出同样特点。当公司通过组织再造和缩小规模改变其组织构成时，物流职能也必须适应这一改变。

5. 企业物流技术

科学技术是第一生产力。先进的物流技术是实现物流管理现代化的必要硬件条件。以追求利润为目标的企业（特别是生产制造企业），都需要采取一定的技术，将投入转换为产出。因此，在进行物流管理组织结构设计时不可忽视物流技术对组织结构提出的要求。越是常规的技术，结构就越应该标准化，即采用机械式的组织结构；越是非常规的技术，结构就越应该是有机式的。

6. 企业物流环境

企业物流环境是企业物流管理组织结构设计的一个主要影响因素。从本质上说，较稳定的企业环境，采用机械式组织更为有效；而动态的、不稳定的环境，则采用机动式组织更佳。由于现今企业面临的竞争压力增大，企业环境也不似从前稳定，故企业物流组织应该能够对环境的变化做出有益于企业运行的反应，设计要充分体现出“柔性”的特征。

总之，企业物流管理组织设计一定要从企业的实际出发，综合考虑所属类型，企业物流战略，企业规模、结构、环境及物流技术水平等多种因素，以建立最适宜的物流管理组织。物流管理组织的调整，要适应企业经营方式变革和企业内部管理向集约化转换的需要。

建立合理的物流管理组织是物流管理成败的关键

二、物流管理组织设计原则

要保证一个管理组织的正常有效运行，组织设计必须科学合理。

1. 系统整体性原则

这是由物流管理组织的本质决定的。有组织的集体之所以比个人的力量大，就在于把个体经过相互联系而结合成为一个分工协作的整体。因此，运用系统论的方法研究物流系统各要素之间的联系，确保物流管理组织整体目标实现。

2. 有效的管理幅度与管理层次原则

管理幅度是一个上级管理者直接领导下级人数的多少。管理层次是一个组织中从最高层到最低层所经历的层次数。管理幅度与管理层次成反比，增加管理幅度则会减少管理层次，相反减少管理幅度会加长管理层次。

3. 统一指挥原则

权力系统是依靠上下级之间的联系所形成的指挥链而构成的。指挥链就是指挥信息的传输系统。如果破坏了指挥链，就不可能统一整个组织人员的思想和行为，朝着共同的管理目标而努力。它是建立在明确的权力系统之上的一个基本原则。

4. 权利与责任相对称原则

从组织结构的规律来看，一定的人总是在一定的岗位上担任一定的职务，这样就产生了与岗位职务相适应的权力和责任。只有做到有职、有权、有责才能使系统得以平衡地运行。因此，组织设计要明确各层次不同岗位的管理职责及相应的管理权限，特别注意的是管理职责要与管理权限对等。若有权无责，或责任小于权利，就会助长瞎指挥、乱拍板，滥用职权。有责无权，或权利太小，就不利于职责的完成，而且会束缚管理者的工作积极性和创造性。

5. 合理分工与密切协作原则

物流管理组织是在任务分解的基础上建立起来的，合理的物流管理分工便于积累经验和实施专业化的物流业务，也有利于做到权责分明，调动管理组织成员的工作积极性和创造性，从而提高物流管理效率。

三、物流管理组织设计形式规范

1. 明确性

一个组织结构如果没有详细的组织手册，就没有一个工作人员知道自己的归属和方向，就会造成摩擦、浪费时间、引起纷争、延误决策，组织结构就会成为阻力而不是“助力”，物流管理组织也同样如此。因此，物流管理组织中的每个管理部门、每个人，特别是每位管理人员，需要了解自己的归属，了解应该和谁协作，到哪里去获得所需要的信息，如何才能获得。明确性绝不等同于简单的组织结构。事实上，有些看来简单的组织结构却缺乏明确性，而有些似乎复杂的组织结构却有高度的明确性。

2. 经济性

同明确性密切相关的一个必要条件是经济性。组织越经济，其

投入能成为绩效的也就越多。经济性组织结构可以使人学会自我控制，并鼓励人们自我激励，把时间和注意力用于使机构运转。也就是说，从事管理和组织、内部控制、内部信息交流和人事岗位的人，特别是有高度工作能力的人，应该保持在最低限度。

3. 远景导向性

远景目标是所有活动进行的目的。如同传送带一样，只有最终目的明确，这种传送才会更快捷，组织就更有效率。但要注意的是，组织结构不应把远景引向错误的绩效方面去，也不应该鼓励管理人员把注意力主要放在陈旧简易、令人生厌的产品和业务上，而忽略那些看起来是困难的，但却是新的、发展中的产品和业务；组织结构不应该鼓励其管理人员固守于没有利润的产品和业务，而应让他们投身于更有利润的产品和业务中去。总而言之，组织结构必须使意愿和能力为成果而工作，而不是为工作而工作。

4. 工作任务明晰性

物流管理组织工作任务明晰性主要体现在两个方面：一是组织应该使每个人，特别是每个管理人员、每个专业人员、每个管理单位，都明确各自的任务。只有目的任务明确，才能使各项活动更加有效；另一方面，组织也应该使每个人理解共同的任务，即整个组织的任务。组织中的每个成员，为了把自己的努力同组织的共同利益联系起来，需要了解如何使自己的任务适应整体的任务。因此，组织结构的任务是需要促进而不是阻碍信息交流。

5. 便于决策性

物流管理的过程，也是不是断做出决策的过程。一项决策在工作和行动中得以实现并取得成就以前，始终只是一种良好的愿望。作为物流管理的决策机构——物流管理组织，必须在正确的问题上由恰当的组织层次来做出决策，必须使决策转化为工作和成就。组织设计也必须在它是阻碍还是加强决策过程方面进行检验。

6. 稳定性与适应性

一个组织需要充分程度的稳定性，必须在世界处于动乱时仍能进行工作，必须能以过去的绩效和成就为基础来进行建设，必须能规划其未来和连续性。但是，稳定并不等于僵硬。相反，组织结构

要求高度的适应性。一个极其僵化的组织结构不但不稳定，而且很脆弱。只有当组织结构能够适应新需求、新条件时，它才能继续存在。所以，适应性是一个主要的必需条件。

7. 永存性与自我更新

一个组织要获得永存，组织就必须从内部产生未来的领导者，并能不断地自我更新。因此，组织的管理层次不能太多。此外，组织结构还应帮助每个人学习和发展，在每个层次上培养和考查每个工作者担任下一个更高层次职位的能力，特别是培养和考查目前的初、中级管理人员担任高级和高层职位的能力。

案例链接

物流管理组织的新格局

物流热历经机构改革的风风雨雨，能沿着更理性的轨道前进吗？在等待中度过了春天的物流界，渐渐地忙碌起来。

2003 年初，随着商务部与国家发展和改革委员会相继正式挂牌，其各自承担的主要职责在 5 月份也终于浮出水面，我国物流管理组织的新格局的轮廓逐渐显现出来。对于中国现代物流业的发展来说，这一次改革所带来的深远影响，站在今天的关口，人们也许一时还很难做出全面的估量。但是，可以肯定的是，物流的发展将会因此获得来自政府更有力度的政策推动与宏观调控。

一、政府管理：从缺位到到位

现代物流作为一个新事物，在它短短几年的发展过程中，政府管理的“缺位”与“越位”现象多次被人们谈起。2003 年春天的机构改革，将物流管理明确地纳入了政府部门的职责范围，从国家层面上实现了管理机构的“到位”，而承担这项重任的便是新组建的商务部与国家发展和改革委员会。

在这两个机构的“三定”方案中，我们都可以看到对物流管理职能明确的表述。国务院赋予商务部拟订国内贸易发展规划，研究提出流通体制改革意见，培育发展城乡市场，推进流通产业结构调整的职责，并大力发展连锁经营、物流配送、电子商务等现代流通方式。在商务部 25 个内设机构中，商业改革发展司主要承担该项职

责，它将负责拟订现代流通服务业的发展战略、行业规划，拟订优化流通产业结构、深化流通体制改革的方针政策，拟订连锁经营、物流配送等现代流通方式的发展规划并组织实施。与此同时，国家发展和改革委员会作为新的国家宏观调控和整体指导部门，在其内设的26个机构中，经济贸易司将负责提出现代物流业发展的战略和规划，协调流通体制改革中的重大问题。

记者曾仔细对照过相关机构在此次改革前的职责表述，物流应该算是第一次“登堂入室”有了一席之地。例如，发改委经贸司基本承袭了原国家计委经贸流通司的大部分职能，而惟一新赋予的任务就是进行物流的战略规划。当然，不可否认，政府多个部门对现代物流的大力支持，一直是近年来中国物流业发展的亮点，许多推动与协调工作实际上早已经先行出笼，甚至包括一些具有很强实践指导意义的政策也已在酝酿当中。新组建的机构必将在已有基础上，注入新的思维，推进物流业的发展。

但是，记者在对物流界人士的采访中也发现，新的政府管理格局并没有完全解决他们心中久存的问题，物流管理体制的统一协调依然任重道远。国务院发展研究中心近年来几次针对中国物流业发表的报告中，都把条块分割的管理体制列为制约物流发展的主要因素之一。对于物流业这样一个关联度高的复合型产业，它几乎涉及到物质资料生产和流通的所有部门，政府的推动作用必须形成合力，这一点理论界与决策参考机构已经有了共识。国务院发展研究中心市场经济研究所王微博士认为，从今天看，物流管理体制继续滞后于物流实践，这反映出各部门对物流的认识上还有待统一，另一方面也说明现有的理论研究还没有被国家决策层所认识。物流作为新的流通方式、新的服务业，应该成为下一步深化改革的内容。

二、分工与协调二者不可或缺

随着物流热带动起的规划热、园区投建热在全国各地纷纷上演，重复规划、资源浪费的现象开始引发人们对物流热中的“炒作”成分进行反思，物流的定义问题在2002年下半年再次成为物流研究的热点之首。与几年前的概念普及不同，这一次显然与政府在政策制订过程中的困惑有着更多的关系。当然这一次探讨的结果也直接地

反映在新的机构格局中。

国家发展和改革委员会综合运输研究所汪鸣先生认为，物流所具备的跨行业、跨部门特征决定了它不可能由一个部门来完成对其管理。物流还不是一个单独的产业形态，出台宏观产业政策进行调控的时机还不够成熟，因为制定政策要有明确的政策对象，而物流涉及的范围却很宽泛，产业边界并不清晰。汪鸣说，他更多把现代物流看成是一项管理技术，只要物流的理论、思想、方式能够应用到各行各业中，在管理过程中得到体现，实现了低成本、高效率运行的目标就可以了。

当记者问到，机构改革后，政府的各部门将在物流业发展中各自扮演什么样的角色时，汪鸣认为，尽管只有经贸司的职责中明确写进了物流二字，但应该说发改委参与物流宏观调控的机构不会只有这一个。例如，工交行业经济运行过程中，在考虑区域之间的物资调拨、生产布局合理化时，必然要运用到现代物流管理思想；交通运输现代化是不可能脱离现代物流而发展的，新设立的交通运输司在提出交通运输发展的战略、规划、体制改革建议及运输技术进步的政策时，中国物流业的一些问题实际也在这里得到了关注。

分工与协调，统筹与分解，实际上都是中国物流业需要解决的。在大多数人还是把对政府要求的重心放在各部门统筹规划和协调管理上时，一些专家也提出，更务实的态度，还需要构成整个物流体系的生产、流通、交通运输各个环节，都能够从各自的角度出发，踏踏实实把自己的事做好。

三、商贸物流率先领跑

虽然说理论界普遍认为，对现代物流可以从商贸流通、生产制造、综合运输多个角度进行诠释，但是以建立大流通体制为主要改革出发点的本次政府机构调整，间接地也为现代物流明确了一条定位思路：即通过发展现代物流，促进流通现代化，进而带动生产和整个经济现代化的发展。

物流界专家普遍认为，商务部的组建并被赋予推进流通体制改革的重任，将使现代物流在商贸企业中的运用摆脱体制的约束，获得更有力的推动，在未来的一段时间里，商贸领域的物流配送发展很值得期待。

自2002年1月国家召开“推动流通现代化工作现场会”以来，现代物流在流通现代化中的重要作用迅速得到了政府和市场的广泛认同，在中国物流与采购联合会《2002年中国物流发展报告（红皮书）》中，零售业被认为是物流改革率先出现高潮的最主要的行业之一。随着自身结构调整和业态变革，国内零售市场面临着一股急速的“连锁化”浪潮，而连锁经营的重要内容之一便是物流整合，建立高效、低成本的物流配送中心，正是连锁经营企业的核心竞争力，这也是现代物流这个领域得到迅速发展的内在根据。该报告主要撰写人、中国物流与采购联合会研究室主任贺登才认为，随着连锁经营在日用品超市、家电、成品油、汽车、图书分销、医药等行业流通领域的迅速扩张，物流配送也会相应发展起来。

在最近商务部发出的关于扩大内需的通知中，关于加快发展现代物流业的一些思路已经开始流露，例如对中心城市、交通枢纽、物资集散地和口岸地区大型物流基础设施建设要进行合理规划、资源整合、功能再造；引导企业内部物流、第三方物流、综合性物流和专业性物流协调发展；指导工商企业优化供应链管理和资源配置，避免重复建设和资源浪费，切实降低物流成本。看来，对物流热中的突出问题实施一些降温措施已是必然。而根据记者从国家发展和改革委员会了解到的信息，在机构人员调整到位后，从去年开始拟订的全国物流规划大纲进一步修订后也将出台。（资料来源：国际商报）

专家点评

“结构决定功能。”高效率的物流管理组织机构是现代物流快速高效运作的重要基础条件之一。我国政府已开始认识到物流管理组织机构的重要性。随着商务部与国家发展和改革委员会相继正式挂牌，物流管理已被明确纳入政府部门的职责范围，从国家层面上实现了管理组织机构的“到位”。

复习思考题

1. 物流管理组织的职能有哪些？
2. 物流管理组织的构成要素有哪些？
3. 物流管理组织形式有哪几种？
4. 现代企业物流管理组织结构类型有哪些？
5. 物流管理组织设计原则有哪些？

第三章

物流运作管理

培训学习目标 重点掌握运输线路的选择、运输合理化的途径、订量与批量订货法库存控制的计算，掌握各种运输方式的特点、仓储管理的作业原则、零库存管理的基本原理、装卸搬运作业合理化的原则，了解不合理运输主要表现形式、定量与定期订货法的区别。

第一节 运输管理

运输是使用各种运输工具运送人或物的生产活动。它以改变运输对象空间状态为主要任务，是改变物品空间状态的主要手段，是社会物质生产过程的必要条件，是国民经济的基础和先行，也是物流的主要功能之一。

一、运输概述

千头万绪的物流工作，运输是第一条

1. 物流中运输的定义

物流中的运输，是用运输设备将物品从一地点向另一地点运送，其中包括集货、分配、搬运、中转、装入、卸下、分散等一系列操作。它是在不同地域范围内（如两个城市、两个工厂之间），以改变物品的空间位置为目的的活动，它与搬运的区别在于，运输是较大空间范围的活动，而搬运是在同一地域之内的活动。

2. 运输基本原理

在物流过程中，指导运输管理的基本原理是规模经济和距离

经济。

（1）规模经济　规模经济的特点是随着运输规模的增长，使单位产品的运输成本下降。运输规模经济的存在，是因为有关固定费用可以按整批的产品量分摊，通过规模运输还可享受运输费用折扣，也可使单位产品的运输成本下降。总之，规模经济使得产品的批量运输显得合理，如铁路或水路运输，由于运输量大，其每单位重量的费用要低于诸如汽车或飞机等运输能力较小的运输方式。

（2）距离经济　距离经济的特点是每单位距离的运输成本随运输距离的增加而减少。距离经济的合理性类似于规模经济，尤其体现在固定费用的分摊上，距离越长可使固定费用分摊后的值越小，导致每单位距离支付的总费用越小。

3. 运输原则

做好运输管理工作，是保证高质量物流服务的重要环节。在物流过程中，运输工作应该贯彻以下四个基本原则：

（1）及时性原则　是指按照货主规定的时间把物品运往目的地，是衡量运输效果的重要指标之一。运输时间的长短和到货的准确性不仅决定着零部件周转的快慢，而且还对生产能否顺利进行影响极大，由于运输不及时造成用户缺货，有时会对客户企业造成巨大的经济损失。现代化运输工具是缩短运输时间的主要手段。除选择现代化运输工具外，关键是要做好物品在不同运输工具之间的衔接工作。如果衔接不好，就往往会发生有了货而没有运输工具，或者是有了运输工具却又没有货的现象；也容易产生由于短途运输和长途运输没有衔接好，造成运输工具等候物品的现象。这些都将延长物品的待运时间，影响物品的及时发运。此外，对于委托中转的物品，中转单位必须做到随来随转，及时把物品转运出去。

（2）准确性原则　是指在运输过程中准时准点到货，无差错事故，做到无错运、漏运、丢失、溢出、误到港（站）、误交付，准确无误地完成任务。物流运输的准确性在很大程度上决定于发送和接收环节，同时与运输方式也有一定的关系，如汽车运输可做到“门到门”运输，中转环节少，不易发生差错事故；铁路运输受客观环境因素的影响小，也容易做到准时准点到货。

(3) 安全性原则 是指在运输过程中要保证物品的完整和安全。它是物流运输的前提，因为没有安全，就没有物流运输的顺利完成，相反，还会造成经济损失及其影响。安全性包括人身、设备和被运货物的安全。为了保证运输安全，应首先了解被运物品的特性，如重量、体积、贵重程度、结构及物理化学性质（易碎、易燃等危险性）等，然后再选择安全可靠的运输方式，采用合理的运输组织方法。

(4) 经济性原则 是指以最经济合理的方法运输产品，降低运输的总体成本。由于运输费用在物流费用中占有相当大的比重，节省运输费用的支出，是降低运输总成本、减少物流费用的最主要方法。节约运输费用的主要途径则是开展合理运输，即选择最经济合理的运输路线和运输方式，尽量减少运输环节、缩短运输里程，用最少的费用把产品运达到目的地。为了降低运输成本，还必须努力提高运输设备和运输工具的利用率，避免重复与浪费。此外，要加强对运输设备和运输工具的维修保养，延长使用年限，发挥最大劳动效率，做到用最少的劳动消耗，取得最多的经济效益。

4. 运输与物流其他环节的关系

(1) 运输与包装 物资的包装材料、包装规格、包装方法等都不同程度地影响着运输。只有当包装的外廓尺寸与运载工具载货空间尺寸构成可约整数倍时，运载工具的载货容积才能得到最充分的利用，且包装成本与运输效果存在着“效益背反”的关系。

(2) 运输与装卸 装卸作业是伴随运输活动发生的。一般一次运输伴随两次以上装卸活动，装卸的质量直接影响到运输质量。途中装卸时，装卸作业是运输换装或中转的衔接手段。

(3) 运输和储存 在运输活动组织中，不确定因素的存在会导致物品在生产者仓库中存放的时间延长，也影响到库存安全水平。

(4) 运输与配送 运输是将物品大批量、长距离地从生产地送达配送中心或直接送达客户，而配送是将物品从配送中心就近发送到本地区内各客户手中，运距往往较短。从整个物流环节来看，配送处于“干线末端运输”的位置。

二、运输方式

所谓运输方式，是运输方法和形式的统称。一定的运输方式是一定的历史条件的产物，现代运输已形成了由铁路、公路、水路、航空和管道等多种运输方式构成的综合运输体系。现代各种运输方式的定义、特点及适用范围，见表3-1。

表3-1　现代各种运输方式的定义、特点及适用范围

运输方式	定　义	优　点	缺　点	适用范围
铁路运输	使用铁路列车运送客货的一种运输方式	载运量大，速度快，可满足大量货物一次性高效率运输；运输成本较低，适合运输费用负担能力较小的货物；因采用轨道运输，不大受自然条件限制，事故相对较少，安全性高；我国铁路运输网相对比较完善，可将货物运往全国各地；环境污染小	投资大，建设周期长；灵活性差，不适合紧急运输的要求，且只能在固定线路上实现运输，需要以其他运输手段配合和衔接；近距离运输费用较高，其经济里程一般在200km以上	主要承担长距离、大数量的货运，在没有水运条件地区，几乎所有大批量货物都是依靠铁路，是在干线运输中起主力运输作用的运输形式
公路运输	使用汽车，也使用其他车辆（如人、畜力车）在公路上进行货客运输的一种方式	机动、灵活性强，可满足用户的多种需求；公路建设期短，投资较低，易于因地制宜，对收到站设施要求不高；可实现“门到门”运输；可作为其他运输方式的衔接手段	车辆载重量少，运输单位小，不适合于大量运输；经济半径，一般在200km以内，长距离运输运费较高	承担近距离、小批量的货运和水运、铁路运输难以到达地区的长途、大批量货运及铁路、水运优势难以发挥的短途运输。由于公路运输有很强灵活性，近年来，在有铁路、水运的地区，较长途的大批量运输也开始使用公路运输

（续）

运输方式	定　义	优　点	缺　点	适用范围
水路运输	使用船舶运送货物的一种运输方式	成本低，运量大，续航能力强，可实施远距离水路运输	运输速度较慢；港口的装卸费用较高；航行受天气影响较大；运输的正确性和安全性较差	主要承担大批量、长距离、宽大、重量大的货物运输，是在干线运输中起主力作用的运输形式。在内河及沿海，水运也常作为小型运输工具使用，担任补充及衔接大批量干线运输的任务
航空运输	使用飞机或其他航空器进行运输的一种形式	运输速度快，不受地形的限制	运费高，不适合低价值货物和大量货物的运输；重量受到限制；机场所在地以外的城市在利用上受到限制	适合于运费负担能力大的少量货物的长距离运输，主要适合运载的货物有两类，一类是价值高、运费承担能力很强的货物，如贵重设备的零部件、高档产品等；另一类是紧急需要的物资，如救灾抢险物资等。在火车、汽车都达不到的地区也可依靠航空运输
管道运输	利用管道输送气体、液体和粉状固体的一种运输方式	由于采用密封设备，在运输过程中可避免散失、丢失等损失；不存在其他运输设备本身在运输过程中消耗动力所形成的无效运输问题；运量大，运输效率高；占用土地少；便于实施自动化管理	运输对象受到限制	适合于量大且连续不断的气体或液体等货物的运输

在选择运输方式时，运输费用是个很重要的因素。公路、铁路和水运和航空运输的运费比较，如图 3-1 所示，其中也包含终端的装卸费用。纵轴上的 C1、C2、C3 点表示各运输方式相应的终端费用。当运距小于 D1 时，公路运输费用最低；D1 ~ D2 的距离范围内，铁路运输最便宜；D2 ~ D3 的距离范围内，水路运输最便宜。

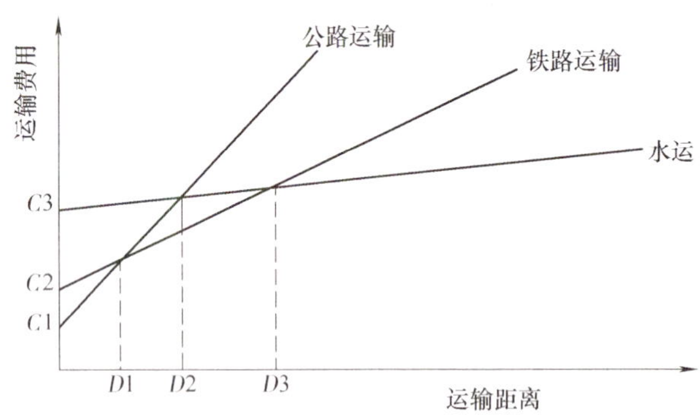

图 3-1　各种运输方式运输距离与运输费用关系

选择运输方式时，应充分了解各种运输方式的优、缺点及各自最佳适用范围，运用科学的方法，进行全方位的思维。如利用飞机运输时，表面看来费用高，不经济不划算，但仔细算起来也未必如此。有些货物利用航空运输，虽然运费增加了，但保管费、装卸搬运费、包装费可能减少，物流的总成本不一定比利用铁路运输成本高，而且还可能带来销售效益、市场效益或形象效益。

案例链接

空运鲜啤

美国布鲁克林酿酒厂（BrooNyn Brewery）是一家在美国生产和分销布鲁克林拉格牌和布郎牌淡色啤酒的啤酒厂，虽然它在美国本土还没有确立起一种国家名牌，但在日本市场却已为其创建了一个每年 200 亿美元的市场销售额。

Taiyo 资源有限公司是 Taiyo 石油公司的一家国际附属企业。在这个公司的 Keiji Miyamoto 访问布鲁克林酿酒厂之前，该酿酒厂还

没有立即将其啤酒出口到日本的计划。Miyamoto认为，日本消费者会喜欢这种啤酒，于是便说服布鲁克林酿酒厂与Hiroyo贸易公司会面，讨论在日本的营销业务。Hiroyo贸易公司建议布鲁克林酿酒厂将啤酒空运到日本，并通过广告宣传其进口啤酒具有独一无二的新鲜度。

这种做法不仅是一个令人感兴趣的营销战略，而且也是一种独一无二的物流作业，因为高成本使得目前还没有其他哪一家酿酒厂通过航空将啤酒出口到日本。在最初的几个月里使用了各种航空承运人。最后，日本金刚砂航空公司（Emery Worldwide—Japan）被选为布鲁克林酿酒厂唯一的航空承运人。金刚砂公司之所以被选中，是因为它向布鲁克林酿酒厂提供了增值服务。金刚砂公司在其J. F. K. 国际机场的终点站交付啤酒，并在飞往东京的商务航班上安排运输，金刚砂公司还通过其日本报关行办理清关手续。这些服务有助于保证产品完全符合新鲜要求。

啤酒之所以能达到新鲜要求，是因为这样的物流作业可以在啤酒酿造后的一周内将啤酒从酿酒厂立接运达顾客手中，而海外装运啤酒的平均订货周期为40天。啤酒的新鲜度使之能够超过一般价值定价，高于海运装运啤酒价格的5倍。虽然布鲁克林拉格在美国是一种平均价位的啤酒，但在日本，它是一种溢价产品，获得了极高的利润。

拉格的高价并没有阻碍其在日本的销售。1988年，即进入日本市场的第一年，布鲁克林酿酒厂就取得了50万美元的销售额。1989年销售额增加到100万美元，而1990年则为130万美元，其出口总量占布鲁克林酿酒厂总销售额的10%。

目前，布鲁克林酿酒厂已改变包装，通过装运小桶装啤酒而不是瓶装啤酒来降低运输成本。虽然小桶重量与瓶装啤酒相等，但减少了玻璃破碎而使啤酒损毁的机会。此外，小桶啤酒对保护性包装的要求也许较低，这将进一步降低装运成本。

专家点评

通过航空公司运送啤酒的企业恐怕不多。本案例的布鲁克林酿酒厂在物流运作中有两点值得我们借鉴：一是通过航空运送啤酒，虽然运输成本高，但由于能保持啤酒具有独一无二的新鲜度，使其成为一种溢价产品，仍赢得市场欢迎；二是通过改进包装，用小桶装啤酒代替瓶装啤酒，降低了包装和储存成本。通过以上两方面的结合，实际上总的物流成本能够得到有效的控制。

三、运输合理化

合理运输，是指物品从供应地向接受地的实体流动过程中，运送距离最短，运输费用最省，运送速度最快，中转少，质量好，没有对流、迂回、过远、重复等不合理现象的运输。它是一个相对的概念，是从全局利益出发，力求运输距离短、运输能力省、运输费用低、中间转运少、到达速度快、运输质量高，并充分有效地发挥各种运输方式的作用和运输能力。因此，组织合理运输，对提高运输保障的整体效益十分有利。

1. 影响运输合理化的因素

运输合理化的影响因素很多，其中起决定性作用的有五个方面因素，称做合理运输的“五要素”。

（1）运输距离　在运输过程中，运输时间、货损、运费、车辆或船舶周转等运输的若干技术经济指标，都与运距有一定的比例关系。因此，运距长短是运输合理与否的一个最基本因素。缩短运输距离既具有宏观的社会效益，也具有微观的企业效益。

（2）运输环节　每增加一次运输，不但会增加起运的运费和总运费，而且必然要增加运输的附属活动，如装卸、包装等，各项技术经济指标也会因此下降。所以，减少运输环节，尤其是同种运输方式的环节，对合理运输有促进作用。

（3）运输方式　由于各种运输方式的技术经济特点不同，其最佳适用范围也不同。如何根据各种运输方式优势的适用领域，对运输方式进行优化选择，按各种运输方式的特点组织运输作业，最大限度发挥各种运输方式的优势，是运输合理化的重要一环。

（4）运输时间　运输是物流过程中需要花费较多时间的环节，尤其是远程运输，在全部物流时间中，运输时间占绝大部分，所以，

运输时间的缩短对整个流通时间的缩短有决定性的作用。此外，运输时间短，有利于运输工具的加速周转，充分发挥运力的作用；有利于货主资金的周转；有利于运输线路通过能力的提高，对运输合理化有很大贡献。

（5）运输费用　运费在全部物流费用中占有很大比例，运费高低在很大程度上决定着整个物流系统的竞争能力。实际上，运输费用的降低，无论对货主企业来讲还是对物流经营企业来讲，都是运输合理化的一个重要目标，也是各种合理化措施是否行之有效的最终判断依据之一。

2. 不合理运输主要表现形式

不合理运输是在现有条件下可以达到的运输水平而未达到，从而造成了运力浪费、运输时间增加、运费超支等问题的运输。其主要表现形式有：对流运输、迂回运输、过远运输、重复运输以及空驶等。

（1）对流运输　亦称“相向运输”、“交错运输”，指同一种货物，或彼此间可以互相代用而又不影响管理、技术及效益的货物，在同一线路上或平行线路上作相对方向的运输。已经制定了合理流向图的产品，一般必须按合理流向指定的方向运输，如果与合理流向图指定的方向相反，也属对流运输。

在判断对流运输时需注意的是，有的对流运输是不很明显的隐蔽对流，例如不同时间的相向运输，从发生运输的那个时间看，并无出现对流，可能会做出错误的判断，所以要注意隐蔽的对流运输。

（2）迂回运输　是指可以选取短距离进行运输而实际上是选择了路程较长路线进行运输的一种不合理形式。迂回运输有一定复杂性，不能简单处之，只有当计划不周、地理不熟、组织不当而发生的迂回，才属于不合理运输。如果最短距离有交通阻塞、道路情况不好或有对噪声、排气等特殊限制而不能使用时发生的迂回，不能称为不合理运输。

（3）过远运输　是指调运物资时舍近求远，近处有资源不调而从远处调，造成可采取近程运输而未采取，拉长了货物运距，造成浪费现象的运输。过远运输占用运力时间长，运输工具周转慢，物资占压资金时间长，不但增加了费用支出，而且还由于远距离运输自然条件相差大，容易出现货损。

(4) 重复运输　是指本来可以直接将货物运到目的地，但是在未达目的地之处，或目的地之外的其他场所将货卸下，再重复装运送达目的地；或同品种货物在同一地点一面运进一面运出的运输。重复运输的最大弊端是增加了非必要的中间环节，延缓了流通速度，增加了费用，增大了货损。

(5) 返程或起程空驶　空车无货载行驶，可以说是不合理运输的最严重形式。在实际运输组织中，有时候必须调运空车，从管理上不能将其看成不合理运输。但是，因调运不当，货源计划不周，不采用运输社会化而形成的空驶，是不合理运输的表现。

(6) 倒流运输　是指货物从销地或中转地向产地或起运地回流的一种运输现象。其不合理程度要甚于对流运输，其原因在于，往返两程的运输都是不必要的，形成了双程的浪费。倒流运输也可以看成是隐蔽对流的一种特殊形式。

(7) 运力选择不当　是指未按各种运输方式特点合理选择运输方式造成的不合理现象，包括：弃水走陆，铁路、大型船舶的过近运输，运输工具承载能力选择不当形式。

(8) 托运方式选择不当　是指对于货主而言，在可以选择最好托运方式而未选择，造成运力浪费及费用支出加大的一种不合理运输。例如，应选择整车未选择，反而采取零担托运，应当直达而选择了中转运输，应当中转运输而选择了直达运输等都属于这一类型的不合理运输。

3. 物流中运输合理化的途径

(1) 合理规划运输网络　运输网络，是由彼此协作、相互补充、紧密配合的各种运输方式的交通线路、站港和枢纽所共同组成的，并以交通线路为连结线，交通枢纽为连接点，具有一定组合结构和等级层次的、可进行直达运输或联合运输的网络。合理配置各物流基地（或物流中心）、合理规划运输线路布局，不但可以改善各支线运输条件，使整个运输过程得以完善和优化，而且可以避免或大大减少对流、迂回、过远、重复、过多空驶行程等不合理运输，利于物品直达运输，提高物流的效率。

在合理规划运输网络时，应遵循以下原则：一是运输网的建设规模和发展速度要与经济和社会发展相适应；二是运输网的布局要充分考虑自然地理条件和经济特点；三是运输网的布局要与经济发展战略和工农业生产布局相适应；四是建设运输网要充分发挥各种运输方式的优势；五是要发挥现有运输网络的潜力，加强现有运输网的技术改造；六是要在运输网建设中贯彻国防要求。

（2）合理选择运输方式　铁路、公路、水运、航空、管道等五大运输方式，各有自身的优点与不足。一般说来，水路运输具有运量大、成本低的优点；铁路运输不受气候影响，可深入内陆和横贯内陆实现货物长距离的准时运输；公路运输机动灵活，适合近距离、小批量、多品种、多批次的运输，在运输“轻、薄、短、小”货物方面胜于铁路和水运，同时，又能开展“门到门”的送货服务，中途搬运、装卸次数少；航空运输速度快，适合快运保鲜、高价值物品、紧急救险、救灾物资等；管道运输具有连续性，占地小，不必包装，但只限于气体、液体和粉状物等。

> 在选择运输方式时，既可单独选择一种，也可采用多式联运

在选择运输方式时，应考虑的因素有：

1）运输物品的种类。在运输物品种类方面，物品的形状、单件重量容积、危险性、变质性等都成为选择运输方式的制约因素。

2）运输量。在运量方面，一次运输的批量不同，选择的运输手段也会不同，一般来说，原材料等大件的货物运输适合于铁路或水路运输。

3）运输距离。货物运输距离的长短直接影响到运输手段的选择。通常，中短距离运输比较适合于汽车运输。

4）运输时间。货物运输时间长短与交货期有关，应该根据交货期来选择适合的运输方式。

5）运输费用。物品价格的高低关系到承担运费的能力，也成为选择运输手段的重要考虑因素。

总的说来，应在考虑物流服务对物流系统的要求和允许的物流费用的基础上做出决定。

例　某公司欲将产品从座落于位置A的工厂运往座落于位置B的公司自备仓库，年运量D为700000件，每件产品的价格C为30元，每年的存货成本I为产品价格的30%。公司希望选择使总成本最小的运输方式。据估计，运输时间每减少一天，平均库存水平可以减少1%。各种运输服务的有关参数见表3-2。

表3-2　各种运输服务参数

运输方式	运输费率	运达时间/天	每年运输年批次	平均存货量$Q/2$/件
铁路	0.10	21	10	100000
驮背运输	0.15	14	20	50000×0.93
卡车	0.20	5	20	50000×0.84
航空	1.40	2	40	25000×0.81

注：安全库存约为订货量的1/2。

解：在途运输的年存货成本为$ICDT/365$，两端储存点存货成本各为$ICQ/2$，但其中的C值有差别，工厂储存点的C为产品的价格，购买者储存点的C为产品价格与运费率之和。运输服务方案比选见表3-3。

表3-3　运输服务方案比选　　（单位：元）

成本类型	计算方法	运输服务方案			
		铁路	驮背运输	卡车	航空
运输	$R \times D$	0.1×700000=70000	0.15×700000=105000	0.2×700000=140000	1.4×700000=980000
在途存货	$ICDT/365$	(0.3×30×700000×21)÷365=362466	(0.3×30×700000×14)÷365=241644	(0.3×30×700000×5)÷365=86301	(0.3×30×700000×2)÷365=34521
工厂存货	$ICQ/2$	0.3×30×100000=900000	0.3×30×50000×0.93=418500	0.3×30×50000×0.84=378000	0.3×30×25000×0.81=182250
仓库存货	$I(C+R)Q/2$	0.3×30.1×100000=903000	0.3×30.15×50000×0.93=420593	0.3×30.2×50000×0.84=380520	0.3×30.4×25000×0.81=190755
总成本		2172466	1185737	984821	1387526

由上表计算可知，在四种运输服务方案中，卡车运输的总成本最低，故应选择卡车运输。

（3）合理选择运输路线　运输路线的选择影响到运输设备和人员的利用，正确地确定合理的运输路线可以提高运输时效，降低运输成本，因此，合理选择运输路线是实现合理化运输的一个重要途径。运输路线选择时，要考虑的因素主要有：

1）线路距离。在运输起止点确立的情况下，一般选择运距短、中间装卸次数少的线路，以便提高运输效率。

2）运输方式。不同的运输方式，其技术经济特性不同，装载物品的方式、载重量、装载容积等也不相同。

3）运力条件。选择线路时，应根据现有的运输设施、设备条件，如工具种类、数量、设备状况等进行合理的组织安排。选择运输线路时，还要考虑这些运输线路沿途货运量的多寡。货运量多，必定是繁忙的路线，繁忙的路线一般不易安排运次，存在延误交货期的风险，同时成本也较高，不符合经济效益标准。

4）港口或站点因素。海上运输选择运输航线时还要考虑船舶途经和停靠港口的水深是否适宜，气候是否良好，航道是否宽阔，有无较好的存储装卸设备、便利的内陆交通条件、低廉的港口使用费和充足的燃料供应。航空、铁路、公路运输同样也需考虑类似因素。

5）技术因素。即从技术上考虑选择最经济和最短的路线组织运输。

6）客户的要求。客户需要运输货物的品种、数量、规格、时间都有很大的差异，选择路线时需要考虑到客户的具体要求，合理地选择运输路线。

7）安全因素。安全因素要考虑两方面：一是自然原因引起的，如地震、洪水、暴风、海啸、潮汐、水流、暗礁以及流冰等；二是社会原因引起的，如战争、罢工、政府有关政策、禁令等。

（4）开展“四就”直拨运输　“四就”直拨运输，是指在运输过程中，货物不运进批发仓库，采取直拨的办法，把货物直接分拨给批发、零售店或用户，从而减少中转运输环节，力求以最少的中转次数完成运输任务的一种形式。一般批量到站或到港的货物，首

先要进入分配部门或批发部门的仓库，然后再按流程分拨或销售给用户。这样一来，往往会出现不合理运输。运用直拨的办法，把货物直接分拨给基层批发、零售中间环节，可减少中间环节，在时间与运输成本方面都收到良好的效益。其主要形式、含义与具体方式，见表3-4。

表3-4 “四就”直拨运输主要形式、含义与具体方式

主要形式	含义	具体方式
就厂直拨	物流部门从工厂收购产品，在经厂验收后，不经过中间仓库和不必要的转运环节，直接调拨给销售部门或直接运到车站码头，运往目的地的方式	分为厂际直拨、厂站直拨、厂库直拨，用工厂专用线或码头直接发运
就车站直拨	物流部门对外地到达车站的货物，在交通运输部门允许占用货位的时间内，经交接验收后，直接分拨或运给各销售部门	直接运往各销售部门、直接运往要货单位
就仓库直拨	在货物发货时越过逐级层层调拨，省略不必要的中间环节，直接从仓库拨给销售部门	对需要储存保管的货物就仓库直拨，对需要更新库存的货物就仓库直拨，对常年生产、常年销售的货物就仓库直拨，对季节生产、常年销售的货物就仓库直拨
就车船直拨	对外地用车、船运入的货物，经交接验收后，不在车站或码头停放，不入库保管，随即通过其他运输工具换装直接运至销售部门	就火车直装汽车、就船直装火车或汽车、就大船过驳小船

(5) 优化运输组织方法，提升运输能力 即一方面针对各项运输任务特点，采用科学合理的运输组织方法，加速载运工具周转、减少空驶行程；另一方面通过挖掘现有载运工具载运能力，提升运输能力。目前，国内外在发掘现有载运工具载运能力来提升运输能力的有效措施有：

1）提高运输工具实载率。实载率有两个含义：一是运输工具实际载重与运距之乘积和额定载重与行驶里程之乘积的比率，这在安

排单车、单船运输时，是作为判断装载合理与否的重要指标；二是运输工具的统计指标，即一定时期内该运输工具实际完成的货物周转量（以吨千米计）占额定载重吨位与行驶千米之乘积的百分比。这里行驶的千米数，不但包括载货行驶，也包括空驶。提高实载率有利于充分利用运输工具的额定载重能力，减少空驶和不满载行驶，减少浪费。

一票货物越重，就越能“摊薄”成本

2）铁路运输中采用“满载超轴”。“超轴”是指在机车能力允许的情况下，多加挂列车车辆。我国在客运紧张时，也采取加长列车、多挂车辆的办法，在不增加机车情况下增加运输量，多载货、不空驶，提高运输工具实载率，避免运力闲置浪费。

3）水运拖带法和顶推法。如在水路运输竹、木等物资时，利用竹、木本身浮力，不用运输工具载运，采取拖带法运输，可省去运输工具本身的动力消耗；将无动力驳船编成一定队形（一般是纵列）用拖轮拖带行驶，可具有比船舶载乘运输载运量大的优点；将内河驳船编成一定队形，由机动船顶推前进的航行方法的优点是航行阻力小、顶推量大、速度较快、运输成本很低等。

4）公路运输中开展拖挂运输。同水路运输中拖带法和顶推法一样，为充分利用汽车牵引动力，在汽车后部增加挂车，从而达到增加运输能力。

需要说明的是，在采用以上方法提高运输能力时，要注意严格按照运输设备技术要求合理配积载，进行捆绑加固，避免超载、超高、超宽等超限运输，防止损坏车体、路面、桥梁等事故的发生。据统计，70%的道路安全事故是由于车辆超限超载引发的，50%的群死群伤性重特大道路交通事故与超限超载有直接关系，超限超载运输已经成为道路交通安全的“第一杀手”，车辆超限超载运输给人民生命财产造成了巨大损失。

案例链接

山东“大舜”号海难

1999年11月24日13时，山东烟大汽车轮渡股份有限公司经营

的“大舜”号客货混装船，载客304人，汽车61辆，由烟台地方港出发赴大连，途中遇风浪，于15时30分返航。调整航向时，船舶横风横浪行驶，船体大角度横摇。由于船载车辆紧固不良，产生移位、碰撞，致使甲板起火、船机失灵。经多方施救无效，于23时38分翻沉，造成282人死亡，直接经济损失约9000万元人民币。这就是“11·24”特大海难事故。事故调查处理于2000年11月终结，有关责任人员受到严肃处理。

专家点评

大海是神秘莫测的，在科技条件不先进的情况下，海难往往难以避免。事实上，大多数海难都是人为造成的。这些人为因素主要有：轮船公司经营运作不良、不适当的时机出海、不适当的船况出海、货船装载不当或者超载、客船严重超载、驾驶途中操作不当、火灾以及其他意外情况的发生等等。应对之策：一是利用法律的力量加强管理，最大限度地降低发生人为意外的可能；二是制定紧急预案，若海难事故发生时，及时启动应急营救和处置方案；三是加强国际合作共同对付海难。

（6）开发专用运输工具，提高运输装备技术水平　改进或开发先进运输设备是运输合理化的重要途径。例如，滚装集装箱轮船、滚装汽车轮船、载驳船、水泥罐车、罐式集装箱、平板玻璃集装箱、台架式集装箱、带辊道卡车、带尾板升降机卡车、双层集装箱火车、翼形卡车等各种专用船、专用车辆的技术开发与利用；桶形物专用托盘、平板玻璃集装架、仓库笼、模块化包装等各种集装单元的技术开发与利用等。这些与运输密切相关的技术装备水平直接关系到运输作业效率、运输安全和运输质量。

（7）通过流通加工，使运输合理化　有不少产品，由于产品本身形态及特性原因，很难实现运输的合理化，如果进行适当加工，就能够有效解决合理运输问题，例如，将造纸材料在产地预先加工成干纸浆，然后压缩体积运输，就能解决造纸材料运输不满载的问题。将轻泡产品预先捆紧包装成规定尺寸，装车时就容易提高装载量；将水产品及肉类预先冷冻，就可提高车辆装载率并降低运输

损耗。

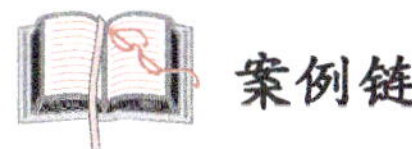

案例链接

日本花王公司的复合运输体系

日本花王公司是一家著名的日用品生产企业，其物流不仅以完善的信息系统闻名，而且还拥有极其发达、相当合理的运输体系，其运输体系主要手段是建立公司独特的复合运输来优化各种方式及路线。花王公司复合运输的主要特征表现有自动仓库、特种专用车辆、计划运输、组合运输等。到20世纪70年代末，花王公司的物流起点是工厂的自动化仓库，公司所有工厂全部导入了自动立体化仓库，从而完全实现了自动机械化作业。物品从各工厂进入仓库时，所有物品用平托盘装载，然后自动进行库存。出货时根据在线供应系统的指令，自动备货分拣，并装载在货车上。

复合运输系统的终点是销售公司的仓库。为了提高销售公司仓库的效率，花王公司配备了三段式的平托盘和叉车，物品托盘运输比率达到100%，充分发挥了复合运输的优势。除此之外，自动化立体仓库也在花王销售公司中得到大力推进，到20世纪80年代中期，近29万家销售公司的仓库都实现了立体自动化。

在花王公司积极推进工厂仓库和销售公司仓库自动机械化的同时，起着连接作用的运输也是其物流系统变革中的重要一环。这方面的成就主要表现在专用特种车辆的开发上，这种专用特殊车辆就是能装载14.5t的轻型货车，该货车可以装载20个TⅡ型的平托盘，并用轻型铝材在货车货台配置了起重装置。后来，花王公司开发了能装载19t货物、平面24个平托盘的新型货车。针对从销售公司到零售商的物品运输，花王公司又开发出了“特殊架装车”。特殊架装车是由厢式车、托盘车以及衣架展示运输车等8种专用特种车辆组成，后来又积极开发和推动了集装箱运输车。这些专用特种车辆成了对零售店配送的主力工具。

在花王公司的物流运输体系中，最有名的是其计划运输系统。这种运输系统是为了避免交通阻塞，提高物流作业效率，选择最佳的运输路线和最佳的运输时间，在最短的时间内将物品运抵客户的计划系统。例如，面向日本静冈花王销售公司的货车，一般在夜里2点钟从东京出发，走东名高速公路，于早上7点钟抵达静冈花王，从而使货车能避开交通高峰，顺利通畅的实现物品配送。花王公司针对每个销售公司的地理环境、交通道路状况和经营特点，安排了不同的运输时间和运输路线，而且所有这些计划都是用图表的形式表示，真正确保了物品的及时配送，最终实现了全公司物品输送的高效率。

花王公司计划运输体系是与花王公司的另一个系统——物品组合运输系统相联系，物品组合运输系统解决的问题是防止货车往返之中的空载。显然，要真正防止货物空载，就必须搜寻运输的物品。开始时，花王公司主要是与花王的原材料供应商进行组合运输，亦即花王公司将物品从工厂或总公司运抵销售公司后，与当地花王公司供应商联系，将生产所需的原材料装车运回工厂，这样就不会出现空载。后来，物品运输组合的对象逐渐扩大，已不仅仅限于与花王公司经营相关联的企业，所有其他企业都可以利用花王公司的车辆运载物品。如花王公司运输车辆在静冈每天早上8点卸完货物后，就装载清水的拉面或电动零部件运到客户位于东京的批发店。现在参与花王组合的企业已达100多家，花王工厂与其销售公司之间近80%的物品运输都实行了组合运输。由于花王运输系统及时、合理，现在越来越多的企业都愿意加入其组合物品运输。

专家点评

运输合理化是个庞大的题目。总的包含三大部分内容：即对国家和区域的运输体系进行合理的总体规划；运输企业合理的经营运作；运输使用者对运力的合理利用。本案例的日本花王公司对其物流进行系统规划，形成了极其发达、相当合理的运输体系，成为其核心竞争力的一部分。其中有三点值得我们借鉴：

一、从物流各环节来看，其复合运输体系的起止点——工厂的自动化仓库和销售公司的仓库都采用了完全实现了自动机械化作业，物品从各工厂进入仓库时，所有物品用平托盘装载，然后自动进行

库存。出货时根据在线供应系统的指令，自动备货分拣，并装载在货车上。其销售公司仓库配备了三段式的平托盘和叉车，物品托盘运输比率达到100%，充分发挥了复合运输的优势。在运输环节，为提高运送效率，公司针对本公司产品特点开发或改装了合适的专用特种车辆，如配有起重装置、能装载20个TⅡ型平托盘的14.5t轻型货车，能装载平均24个TⅡ型平托盘的19t轻型货车，以及由厢式车、托盘车以及衣架展示运输车等8种专用特种车辆组成的“特殊架装车”。这些专用特种车辆的使用，大大提高了途中运送和装卸的效率，成为对零售店配送的主力工具。

二、从物流各环节衔接来看，为使各物流环节有机融合，避免忙闲不均，提高物流效率，花王公司采用计划运输系统来加强各物流环节的衔接、选择最佳的运输路线和最佳的运输时间，真正确保了物品的及时配送，最终实现了全公司物品输送的高效率。

三、为防止货车往返之中的空载，花王开发了物品组合运输系统。通过与原材料供应商及所有其他企业进行车辆运载物品组合运输，在确保本系统及时、合理供给的同时，也大大降低了运输成本。

第二节 仓储管理与库存控制

一、仓储管理

1. 仓库

仓库是人们生产、生活资料最集中的地方，也是战略物资的重要基地

所谓仓库是指保管、存储物品的建筑物和场所的总称。它不仅包括用于对商品、生产资料、工具或其他财产进行保管的场所或建筑物等设施，还包括用于防止减少或损伤货物而进行作业的土地或水面。它是物流系统的基础设施，按其营运形态、保管形态、建筑形态和功能等可划分为不同的类型，见表3-5。

表 3-5　仓库的分类

划分标准	仓库种类	含　义
根据营运形态分类	自用仓库	各生产或流通企业为了本企业物流业务的需要而修建的附属仓库。这类仓库只储存本企业的原材料、燃料、产品或商品，一般工厂、企业、商店的仓库以及部队的后勤仓库，多属于这一类
	营业仓库	专门为了经营储运业务而修建的仓库，它面向社会服务或者以一个部门的物流业务为主，并且兼营其他部门的物流业务，例如商业、物资、外贸等系统的储运公司的仓库等。营业仓库由仓库所有人独立经营或者由分工的仓库管理部门独立核算经营
	公用仓库	属于公共服务的配套设施，为社会物流服务的公共仓库，例如铁路车站的货场仓库、港口的码头仓库、公路货场的货栈仓库等
根据保管形态分类	普通仓库	常温下的一般仓库，用于存放一般性物资，对于仓库没有特殊的要求，只要求具有一般通用的库房和堆场，用于存放普通货物，例如一般的金属材料仓库、机电产品仓库等。仓库设施较为简单，但储藏的物资种类繁杂，作业过程和保管方法、要求均不同
	保温仓库	用于储存对湿度、温度等有特殊要求的货物的仓库，包括恒温、恒湿和冷藏库等，例如粮食、水果、肉类等的储存。这类仓库在建筑上要有隔热、防寒和密封等功能，并配备专门的设备，例如空调、制冷机等
	特种仓库	用来储存危险品的仓库，例如石油库、化学危险品库等，以及专门用于储藏粮食的粮仓等。特种仓库的储藏物单一，保管方法一致，但需要特殊的保管条件
	水上仓库	漂浮在水面的储藏货物的趸船、囤船、浮驳或者其他水上建筑，或者在划定水面保管木材的特定水域，沉浸在水下保管物资的水域。近年来，由于国际运输油轮的超大型化，许多港口因水深限制，大型船舶都不能直接进港卸油，往往采用在深水区设立大型水面油库（超大型油轮）作为仓库转驳运油

（续）

划分标准	仓库种类	含 义
根据功能及其他分类	储存仓库	主要对货物进行保管，以解决生产和消费的不均衡，例如季节生产的大米储存到第二年卖。常年生产的化肥要想在春、秋季节集中供应也只有通过仓储来解决
	流通仓库	这种仓库除具有保管功能外，还能进行流通加工、装配、简单加工、包装、理货以及配送功能，具有周转快、附加值高、时间性强的特点，从而减少在联结生产和消费的流通过程中商品因停滞而花费的费用
	配送中心	向市场或直接向消费者配送商品的仓库。作为配送中心的仓库往往具有存货种类众多、存货量较少的现象，通常要进行商品包装拆除、配货组合等作业，一般还开展配送业务
	保税仓库（保税货场）	经海关批准，在海关的监管下，专供存放未办理关税手续而入境或过境货物的场所。也就是说，保税仓库是获得海关许可的，能长期储存外国货物的本国国土上的仓库；同样，保税货场是获得海关许可的，能装卸或搬运外国货物并暂时存放的场所

此外，还可根据建筑形态分类。如按建筑构造不同，可分为平房仓库、多层仓库、高层仓库和地下仓库等；按建筑材料不同，可分为钢筋混凝土仓库、混凝土预制板建筑仓库、钢骨架建筑仓库和木制建筑仓库等。

仓储系统是物流网络中节点部分，是供应商、客户、送达方和运输企业在物流环节上的枢纽

2. 仓储系统的构成

仓储系统主要由储存空间、货品、人员及设备等要素构成。

（1）储存空间　储存空间即仓库内的保管空间。在进行储存空间规划时，必须考虑到空间大小、柱子排列、梁下高度、走道、设备回转半径等基本因素，再配合其他相关因素的分析，方可做出完善的设计。

（2）货品　货品是储存系统的重要组成要素。分析货品的特征、货品在储存空间的摆放方法以及货品的管理和控制是储存系统要解决的关键问题。货品的特征包括供应商、货品特性、数量、进货规

定、品种等。影响货品在储存空间摆放的因素包括货品单位、货位策略的决定、货位指派原则的运用、货品特性、补货的方便性、单位在库时间、订购频率等。

(3) 人员 规模较大的仓库中，人员分工比较细，可能包括仓管人员、搬运人员、理货拣货和补货人员等。仓管人员负责管理及盘点作业，拣货人员负责拣货作业，补货人员负责补货作业，搬运人员负责入库、出库搬运作业、翻堆作业（为了货品先进先出、通风、避免气味混合等目的）。而对于一般仓库，作业人员可以实行统一调配，不细分作业工种。

(4) 设备 除了上述三项基本要素，另一个关键要素为储存设备、搬运与输送设备。如果货品不是直接堆放在地面上，则必须考虑相关的托盘、货架等。如果不是仅仅依靠人力搬运，则必须考虑使用叉车、笼车、输送机等输送与搬运设备和储存设备。

3. 仓储管理

(1) 仓储管理的目标 仓储管理的目标可以概括为使仓库空间利用与库存货品的处置成本之间实现平衡。具体表现在：空间利用率最大化，人员及设备的有效使用，所有货品都能随时存取，货品的有效移动，保证货品的品质和良好的管理等方面。此外，明亮的通道、干净的地板、适当且有次序的储存及安全的运行也是良好管理所关心的问题，这将使工作条件变得有效率及促使工作积极性的提高。

(2) 仓储管理的作业原则 仓储保管是一个综合复杂的过程，如何使保管合理化，保证保管货物的质量，提高保管效率，是物流研究的一个很重要的内容。一般认为仓储保管必须遵循保证质量、讲究科学、提高效益、预防为主等原则，具体到仓储作业中，可以概括为以下原则：

1）面向通道原则。为使货物出入库方便，也便于管理者上架存放和取出物品，货物的码放和货架的朝向都应面向通道。

2）高层堆码原则。为了有效利用仓储容积，提高仓容利用率，应尽可能将货物向高处码放。遵循这一原则必须考虑货物的重量、包装的抗压能力及仓储地面的承受力，一般为了保证安全，应尽可能采用货架保管货物。

3）先入先出原则。为了防止货物因保管时间过长而导致变质、破损、老化、机能退化、腐败等，应遵循先入库货物先出库的原则，加快库存的周转。特别是当前大量的食品、生活用品和电子产品，随着商品多样化、个性化的增强，更新换代的速度加快，贯彻这一原则更为重要。

4）回转对应原则。根据货物出库的频率选定它在仓储的存储位置。也就是将出货和进货频率高的物品，如易耗品和原材料等，放在靠近仓储出入口处，便于作业。流动性较差的物品如耐用品等放在距离仓储出入口稍远的地方。季节性物品依据季节特性来选定放置的场所，如电风扇等夏季用品在春夏两季放在离仓储出入口较近的位置，而在秋冬季就可以和电暖气交换位置，放在离仓储出入口较远的位置。

5）同一性原则。为了提高仓储作业的效率和保管的便利，相同品种的货物尽可能放在同一仓储、同一区域保管。由管理人员熟悉物品位置，可以缩短出入库时间，提高效率。

6）类似性原则。将类似物品放在相邻近的地方保管，便于货物的准确分类，从而提高保管效益，如日用品应尽量放在一个库内或邻近库内。

7）重量特性原则。根据物品重量不同安排保管的位置。一般是将重的货物放在下边，轻的放在上边。还可以根据货物重量的特性，选择货物存放的高度，较轻的货物存放在人体腰部以上的货架以便拿取。

8）形状特性原则。依据形状安排货物的码放方式，一般标准的形状可以向高空码放，或放在标准货架上，不标准的形状，要根据具体的形状决定码放方式。

9）位置标识原则。为了便于货物的查找，提高出入库效率，存放货物的场所需要有明确的标识。国外常采用不同颜色进行标识，有序放置和有效区分，以灵活利用不同货架货仓的位置。

10）关联性原则。根据货物出入库记录，预测出入库货物的关联性，将相关联的货物存放在邻近的区域内。

在仓储保管中除了遵循上述原则外，还必须根据货物的特点及本身的物理化学性质，确定库存保管的方法和采取必要的保养手段。

库存商品即使不使用也会产生损耗，按其损耗的原因分为异常损耗和自然损耗。异常损耗是指由于非正常原因，如对商品保管不善、装卸搬运不当以及管理制度不严所造成的锈蚀、变质、破损、丢失、燃烧等有形损耗；自然损耗是商品在储存过程中，由于自然因素的影响，本身发生物理和化学变化所造成的不可避免的自然减量，主要表现为干燥、风化、挥发、粘结、散失、破碎等。仓储保管要研究和了解商品质量变化的规律及其影响因素，确保商品安全，防止和减少商品各种损耗或损失的发生。

（3）仓储作业流程　仓储作业的流程可以分为物资流动过程和信息流通过程。物资流动过程就是货物从仓储外流向库内，经过合理停留再流向仓储外的过程；信息流通指保管物资的信息流动，是借助于一系列信息文件来实现的，如物资单据、凭证、台账、报表、资料等。信息流伴随着物流产生，同时保证和调节物流的数量、方向、速度、目标，使之按一定目标和规则流动。仓储作业的流程包括接运、验收、入库、保管、保养、出库、发货（配送）等环节。从作业的过程来看主要包括入库阶段、保管阶段和出库阶段。仓储作业的基本内容见表3-6。仓储作业流程如图3-2所示。

表3-6　仓储作业的基本内容

<table>
<tr><th colspan="3">仓库业务</th><th>作业活动内容</th></tr>
<tr><td rowspan="13">入库阶段</td><td rowspan="4">货物接运</td><td>车站码头提货</td><td rowspan="13">1. 提货或接车，库内接货
2. 进货商品和进货单据核对（质量和数量）
3. 建账、立卡、存档，确定新的库存量
4. 库存保管的信息处理（库存量数据更新）
5. 仓储空间分配和标识
6. 货物的分类码放
7. 退货处理</td></tr>
<tr><td>货主单位提货</td></tr>
<tr><td>托运单位送货到库</td></tr>
<tr><td>铁路专用线接货</td></tr>
<tr><td rowspan="6">货物验收</td><td>验收准备</td></tr>
<tr><td>核对凭证</td></tr>
<tr><td>数量验收</td></tr>
<tr><td>质量验收</td></tr>
<tr><td>填写验收报告</td></tr>
<tr><td>处理验收问题</td></tr>
<tr><td rowspan="3">货物入库</td><td>登账</td></tr>
<tr><td>立卡</td></tr>
<tr><td>建立货物档案</td></tr>
</table>

（续）

<table>
<tr><th colspan="3">仓库业务</th><th>作业活动内容</th></tr>
<tr><td rowspan="6">保管阶段</td><td rowspan="3">保管作业</td><td>数量管理</td><td rowspan="6">1. 堆码苫垫
2. 科学保养
3. 流通加工
4. 定期检查
5. 盘活库存</td></tr>
<tr><td>质量维护</td></tr>
<tr><td>流通加工</td></tr>
<tr><td rowspan="3">发货准备</td><td>数量清点</td></tr>
<tr><td>质量检查</td></tr>
<tr><td>必要包装</td></tr>
<tr><td rowspan="6">出库阶段</td><td rowspan="2">自提方式</td><td>备货作业</td><td rowspan="6">1. 检查出库凭证
2. 备货、拣货
3. 复核检查
4. 点货交货并清理
5. 运输包装
6. 配货配车或代办托运</td></tr>
<tr><td>分拣包装</td></tr>
<tr><td rowspan="2">中转发运</td><td>集结保管</td></tr>
<tr><td>集中调度</td></tr>
<tr><td rowspan="2">送货方式</td><td>配货配车</td></tr>
<tr><td>送达结算</td></tr>
</table>

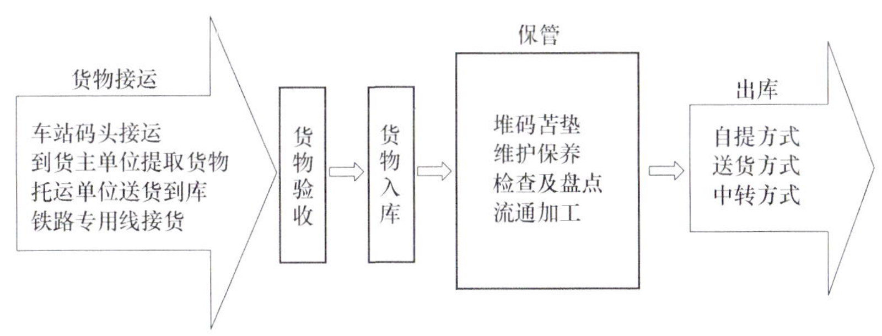

图 3-2　仓储作业流程

案例链接

某企业仓储管理操作流程

一、概述

为了提高仓库管理部门的仓库管理水平，提高包括仓储、配送、运输、单证处理等方面的服务质量，提高工作效率，降低仓库的运作成本，以达到公司及所有客户在仓库管理方面的要求，一般来说仓储部门需要制定仓储管理标准操作流程。以下内容为某大型国营企业下属的仓储部门制定的仓储管理操作流程。

二、仓库操作流程

1. 产品进仓（操作流程见图 3-3）

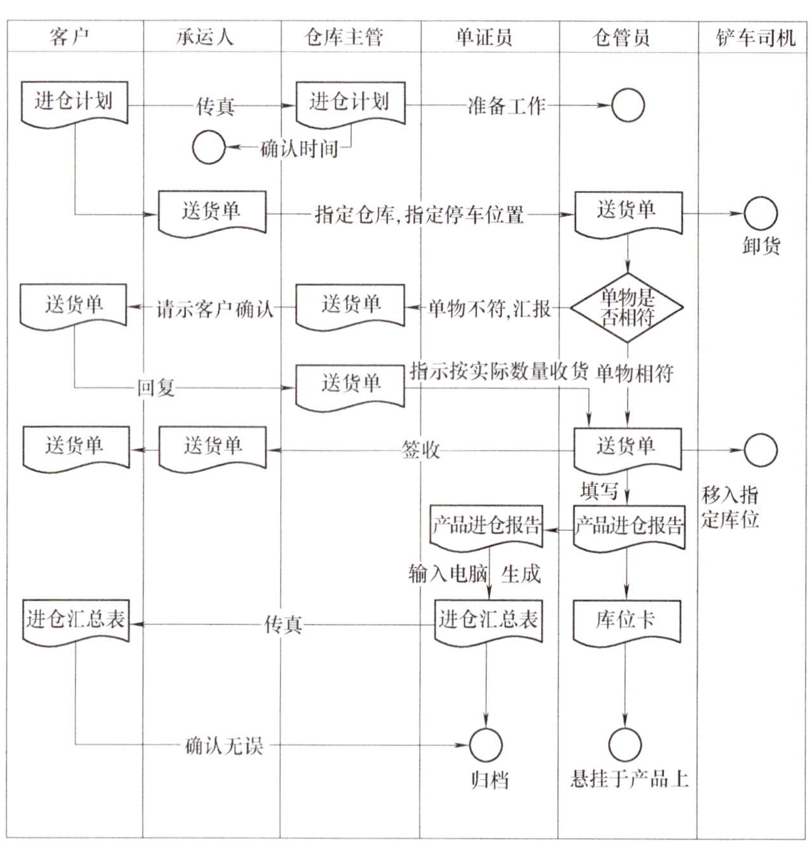

图 3-3 产品进仓操作流程图

（1）产品入库准备工作

1）提前一天得到客户的书面产品进仓计划。

2）事先与承运人联系以得到较确切的车辆到达时间。

3）提前安排好足够的设备和人员。

4）预先安排好车位、库位，准备好托盘。

（2）产品入库

1）车辆进库登记。

2）对承运司机宣传仓库防火要求及其他安全措施。

3）仓管员核对集装箱号、封号是否与装箱单一致（只限于进口产品）。

4）仓管组长根据送货单上的送货品种及数量，合理安排库位和车辆的停放位置。

5）仓库主管安排仓管员、铲车司机、搬运工卸货。

6）卸货过程中，铲车司机必须严格控制车速，轻举轻放，禁止急刹车。二托产品需叠放在一起时，必须在其中放隔板且上面托盘的底边必须完全放在隔板上；搬运工不得站立在产品上卸货，必须按照客户的要求控制产品的堆放高度；有向上标志的产品必须按照要求摆放，堆放于上层的和包装较小的产品应使用塑料薄膜加以固定。现场仓管员监督以上操作规程，违规行为一经发现需及时制止并记录，劝阻无效的上报仓库主管。

7）铲车司机在将货物运到库位时，必须将同一规格且同一进仓日期的货物放在一个库位，放满后再另开一个库位，尾数托盘放在最外面。

8）卸车完毕后，仓管员必须核对实际收货规格、数量是否与送货单或装车明细一致，如有差异应及时上报仓库主管，书面通知客户。

9）仓管员填写产品进仓报告。

10）仓管员按照实际收货规格、数量签收送货单并盖章，填写库位卡上的产品规格、数量、库位、进仓日期并签名，悬挂在指定库位（破损货物进仓需填写破损产品进仓记录），将所有文件移交单证员。

（3）单证处理

1）单证员将产品进仓报告上的实际收货规格、数量、库位输入电脑系统。

2）生成并打印每日进仓汇总表并传真给客户公司的有关人员核对。

3）核对无误后进行数据备份并将所有文件归档。

(4) 退货进仓

1) 退货进仓必须有客户的退货通知，并得到客户的事先确认。

2) 仓管员仔细清点退货，确认数量无误后签收退货通知，填写产品进仓报告（注明退货）和红色的库位卡。

3) 单证员将此项数据输入在“退货进仓”科目。

4) 没有客户的书面通知，不得将退货作为正常销售产品发给提货人。

2. 产品出仓

产品出仓流程，如图3-4所示。

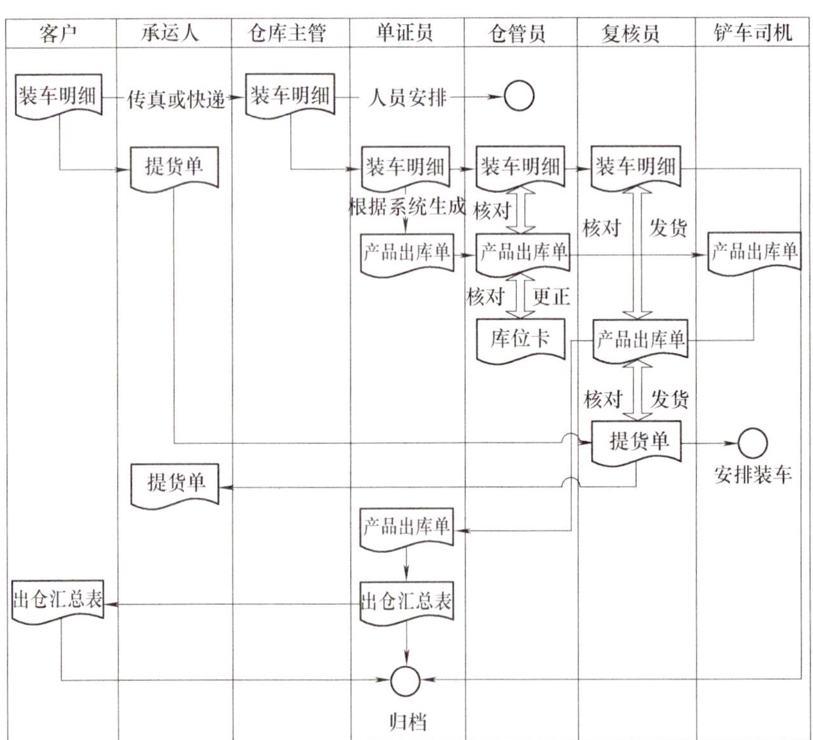

图3-4　产品出仓流程

(1) 产品出库准备

1) 提前从客户处得到产品出库计划与装车明细。

2）联系承运人，确定车辆的到达时间。

3）仓库主管根据实际的场地及车辆到达情况安排备货。

4）单证员根据装车明细打出产品出库单一并交给仓管员。

5）仓管员按照产品出库单上所标识的库位、规格、数量安排铲车司机和搬运工到指定区域取货。

6）取货完毕后，仓管员应核对库位、规格、数量是否与装车明细一致，并在库位卡上填写出货数量、结存数量、出货日期、客户名称、单证号、签名，核对结存实际数量是否与库位卡上的一致。

7）在所有过程中发现差异，仓管员无权擅自处理，应立即通知仓库主管与客户联系，并及时进行相应调整。

8）专门人员按照客户要求对产品进行盖章，合格证应粘贴规范并确保所有的产品外箱上有合格证。

9）备货完毕后，仓管员将装车明细、产品出库单移交复核人员复核，将结存数量为零的库位卡交单证员。

（2）货物移交，装车

1）对车辆进库登记。

2）对承运司机宣传仓库防火要求及其他安全措施。

3）复核员核对司机携带的提货单与装车明细是否一致。

4）复核员陪同提货人员清点产品，无误后安排铲车司机和搬运工装车。

5）装车时，复核员应在旁边监督，由于仓库原因造成的产品损坏应及时调换。

6）装车完毕后，双方在提货单和装车明细上按照实际数量签收以示货权的转移，此后造成的产品损坏，未经客户方相关人员的书面通知，仓库不予调换。

7）铲车司机将剩余空托盘堆放整齐，并放到指定区域。

（3）单证处理

1）单证员将产品出库单上的实际发货规格、数量、库位输入电脑系统。

2）生成并打印每日出仓汇总表并传真给客户公司有关人员核对。

3）核对无误后进行数据备份并将所有文件归档。

（4）报废品处理

1）产品因自身质量问题需进行报废处理的，需由携带客户书面通知的提货人提走，或由本公司的车队运回客户处。

2）由于本公司责任造成的货物损坏，经客户确认已无法正常销售的，由相关责任人的部门经理填写产品报废表，交总经理签字后将损坏产品移入特定区域，等候处理意见，月底时由财务部门开具支票赔偿客户。

3. 日常管理

1）严格遵守公司的考勤制度，准时上班，请假一天以上的需填写请假单，交部门经理签字并记入考勤表。如有急事无法得到书面批准的，需打电话向仓库主管请示，事后补添请假单。未经允许请假者作旷工处理。

2）工作期间必须穿着工作服，佩戴劳动防护用品，佩戴工作铭牌，禁止赤膊、穿拖鞋。

3）禁止携带危险品进入仓库，铲车加油即买即用，不能放过夜。备用油必须存放在危险品仓库，吸烟到指定地方。

4）人员下班以前，需检查所有的电源是否全部切断，门窗是否关好。

5）每班的用餐时间为半小时，但仓库必须确保有人值班。

6）除客户及有业务联系的供应商外，其他非本公司人员未经仓库经理许可不得进入库区。

7）任何人不得踢、踩踏和坐在产品上，或将产品挪作他用（如登高）。

8）货物堆放需整齐，托盘必须放在库位线内。同一托盘上只能放同一规格、同一批次号的产品；同一库位原则上也只能放同一规格、同一批次号的产品；在仓库空间缺乏的情况下，可放同一规格不同批次号的产品，但必须做到批次号较新的放在里面以确保先进先出。

9）不同贮存情况的货物用不同颜色的库位卡进行标识（正常销售产品为绿色，待检品为黄色，不合格品为红色），单证员应在电脑

系统中加以区别并在产品出库单上注明，仓管员在发货时应注意，如发现库位卡为非绿色且产品出库单上未注明，应立即与单证员联系。

10）密切注意产品纸箱上的标识，如防潮、方向箭头、易碎等，有方向箭头指示的货物必须按照其指示堆放，堆放层数必须限制在客户要求以下。堆放在上层或纸箱较小的产品，需用塑料薄膜进行加固。需堆放两层的易碎品，在两托盘之间需用木板进行隔离。

11）空托盘应在出货后进行整理，同一尺寸规格的放在一起，整齐地堆放在干燥的地方。坏的托盘统一堆放，仓库主管安排人员定期修理。

12）仓库主管每月安排一次仓库大扫除，空闲时安排搬运工对堆放于铲车通道两旁的货物进行除灰。保持仓库地面无积水、无尘土、无杂物、无油迹。

13）仓库电工经常检查仓库内照明电、动力电的线路情况，消除火险隐患的存在，确保仓库的正常运转。

4. 盘点

（1）仓库自盘

1）仓库主管应利用空闲时间安排人员对仓库中的货物进行循环盘点，每月至少对所有产品盘点一次，对进出较频繁的产品至少盘点两次。

2）仓管员每两人一组，一人盘点、一人复核记录。在盘点时必须点清每个托盘上的货物，核对实际库存量与库位卡上的记录量。仓管组长作为另一组，对仓管员的盘点进行复核，直到两组的物理盘点数量达成一致。如实际库存与库位卡上的记录有差异，应在盘点汇总表上注明，并将库位卡取下交仓库主管。

3）仓库主管查明原因，如系混装造成的，应及时通知客户公司相关人员确认并对当事人进行处罚，交单证员修改仓库电脑数据库，并记录差异以备月度盘点；如系破损造成，单证员调整成品库存为破损库存，完成破损产品进仓记录传真给客户。

4）仓管员修改库位卡，并放回原处。

5）仓库主管不定期对已做过循环盘点的库存进行随机抽检，如有卡物不符的，应追究当时负责的仓管组长责任。

(2) 月度盘点、年终盘点

1) 由客户确定盘点时间及盘点范围，仓库必须提前一天将需发运的货物装车或另行堆放并标识。

2) 盘点基准数以客户的电脑系统数据为准，仓库电脑系统的数据必须与客户的数据一致。

3) 盘点时，仓库的一切进出库工作必须停止，每个仓库的仓管组长带领下属仓管员陪同客户公司相关人员对各自管辖的仓库进行盘点（盘点方式同仓库自盘）。

4) 物理盘点结束后，由仓管组长提交盘点汇总表给单证员进行汇总，汇总报表需与客户的报表核对，有差异的由仓库主管复盘，复盘后仍有差异的，仓库主管应立即查找原因并在盘点差异表上签字后交仓库管理部门经理，同时提交的还包括差异情况说明、相关人员处罚意见书。

5) 单证员将在盘点中存在差异（包括规格、数量、库位）的库存货物盘点汇总表汇总成库存调整申请表，调整仓库电脑系统数据，如有必要，交客户公司人员调整客户的数据库，盘亏部分由公司仓库主管填写产品报废表，交总经理签字后由财务部支付。

5. 数据库系统管理

(1) 系统简介　物流仓库管理系统是基于 DOS 和 WINDOWS 平台下的 FOXPRO 数据库系统，有着强大的数据输入、输出、查询和报表生成功能。

(2) 数据来源　单证包括进出库的各种凭证上的数字，是数据输入的唯一来源，单证上的有效签字保证了数据的合法性和可追溯性。数据输入必须是单证上填写的原始数据而不是经过处理的数据。单证上修改过的数据必须加盖更正章和当事人签名。

(3) 出货指令　在客户对产品出库顺序没有要求时，必须遵循先进先出的方法，如客户指定需要某个批次号，则按照强制出库的方法。

(4) 数据备份　经过客户确认的进出仓数据，定期备份到服务器或软盘中，所有数据和有效单证、报表必须保存三年。

(5) 数据库维护　单证员有责任保证数据库的正常运行，未经IT部门同意不得安装任何软件，不得从网络中下载软件，不得使用外来软盘、光盘。如数据库不能运行，任何人不得擅自修改，应立即通知IT部门。禁止透露开机密码。

6. 库存调整

(1) 产品并库

1) 在库位数量不足且产品堆放不足整个库位的情况较多时，可采取同一规格同一批号或不同批号的整批产品进行并库。只能采取多库位并一个库位的方式，不能将一个库位的产品拆分到多个库位。

2) 同一规格同一批次号的产品并库，将数量少的库位内的产品移到数量较多的外面，并将所有尾数托盘上的货物进行合并。

3) 两个批次号以上的同一规格产品并库，生产日期晚的放在库位最里面，早的放在库位外面。不同批次号的产品之间应有一定的间隔，尾数托盘上的货物不能合并。

4) 并库操作后只能在库位卡上改库位，数量不变动。并填写产品并库表交单证员。

5) 单证员接到产品并库表后，立即将其输入电脑更改库位，并传真库存调整申请表到客户处。

6) 每个库位在并库后允许有很多张库位卡，但不能在原库位卡上添加并入的数量。

(2) 产品贮存情况调整

1) 库位卡的颜色意味着产品的不同贮存情况（正常销售产品为绿色，待检品为黄色，不合格品为红色），如需改变产品的贮存情况，必须有客户的书面通知（如QC报告等）。

2) 退货入库的产品一律做红色库位卡，单证员在数据输入时，应录在“退货入库”科目，直到得到客户的书面通知，再进行贮存情况的转换。

3) 如在仓库贮存期间产生的货损（纸箱潮湿、严重变形，产品破碎等），且经过客户确认为无法进行正常销售的，由仓管员将破损货物由原库位拉出，修改库位卡，将其放入新的库位并制作新的红色库位卡，完成产品情况调整表。单证员根据产品情况调整表调整电脑系统，完成破损产品进仓记录并传真客户。月底盘点时，仓库主管将当月的破损产品进仓记录进行汇总，填写产品报废表，交总经理签字后将损坏产品移入特定区域，等候处理意见，月底时由财务部门开具支票赔偿客户。

4）如在仓库贮存期间产生货物短缺且在盘点时发现，仓库主管填写产品报废表交总经理签字后由财务部门开具支票赔偿客户。单证员根据产品报废表调整库存量并通知客户，仓库内部追查责任人。

5）提取非正常销售的产品必须有客户的特殊提单或在普通提单的显眼位置上标注符号或文字说明。

7. 设备管理

1）设备的管理和维护需由专人负责和记录，并制定相应的管理制度以确保设备的正常使用，如设备保管责任记录，设备维修保养记录（主要是平衡重力铲车）、设备定期检查记录等。

2）操作者在使用设备前应对该设备进行例行检查，并将检查结果记录在“设备定期检查记录”中。如发现设备在使用时发生故障，应立即通知仓库主管并联系专业技术人员进行维修。禁止设备带故障操作，禁止操作人员无证维修。

3）操作人员在使用设备时，应在设备的正常工作范围内操作，严格禁止超速、超重等操作。

4）设备使用完毕后，应将其停放到指定位置或交还设备保管人员。

5）设备的管理和维护人员有责任对设备进行日常的保养：包括铲车的定期保养（更换机油、滤清器等），更换液压车的液压油，托盘修理，货架系统检修。

6）仓库主管监督设备使用情况，定期检查“设备保管记录”、“设备维修保养记录”、“设备定期检查记录”等报表。

7）仓库管理部经理制定每月的设备维修保养预算，上报主管副总经理批准。仓库主管负责设备维修保养预算的控制，超过预算的部分应书面说明。

8）仓库主管安排人员在空闲时间修理损坏的托盘。

8. 危险品管理

1）仓库内使用的危险品（如汽油、柴油、油漆等）必须由专人购买、保管、使用。仓库区域和办公室内禁止存放任何形式的危险品，禁止将盛放危险品的容器放在高温处或在阳光直射处，危险品必须放在危险品仓库内。

2）对铲车进行加油，必须在仓库外的指定区域，且铲车必须熄火。

3）未使用完的油漆和有机溶剂密封后交行政仓库进行保存。

4）购买的用于铲车动力的汽油、柴油必须一次性用完，并确保容器内无残留。

5）危险品整理后应分散堆放在各个仓库。

9. 环境卫生与害虫防治

1）在仓库内的四角安放捕鼠器、粘鼠板，每星期检查一次。仓库内禁止使用毒饵诱杀老鼠。

2）在仓库上方安装紫外线灯诱杀昆虫，定期进行清理（夏季每星期一次，春秋季节每月一次）。

3）存放食品的仓库禁止使用除虫剂，只能采用物理灭杀的方法；其他仓库必须使用符合国家标准的除虫剂并由专业公司施行。

4）仓库区域内一旦发现有小规模活动的羽化白蚁，应立即向仓库管理部经理汇报，联系专业除虫公司检查仓库及周边地区并进行蚁巢的清理。

5）仓库内的窗户除了通风，平时应予以关闭，避免鸟类和昆虫的进入而污染产品。

6）经常清除仓库周边的杂草、积水等昆虫滋生地。

7）每天工作前，仓库主管安排人员打扫仓库地面、装卸货区域、办公室，保证地面无积水、无尘土、无杂物、无油迹。

8）每天正常工作结束后，当班仓管组长安排人员清理场地上的空托盘，将铲车和液压车停放在指定位置。

9）仓库主管在每月月底安排一次整个仓库的大扫除，内容除了日常清洁外还包括门窗清洁、用湿拖把清洁地面、清除墙角的积灰和蛛网、掸除产品外包装表面的积灰、清洁灯管和灯泡、办公室内的文档整理及电脑打印机传真机的清洁等工作。

10. 温湿度控制

1）客户的产品对贮存环境的温湿度有特殊要求的，应按照客户的要求执行，无要求的照以下标准执行。

2）仓库主管安排专人记录每天仓库内的温度和湿度，每天三次，分别为8：00，12：00，16：00，并保持记录的连续性。

3）普通仓库内温度保持在38℃以下，相对湿度85%以下，如果超过规定范围，记录人员应立即通知仓库主管采取措施进行降温除湿。

4）常规的降温方法有通风，地面泼冷水；常用的除湿方法有使用生石灰、干燥剂等。

11. 安全、健康及环境

（1）常规的安全用品和设施

1）个人用品：纱手套（铲车司机、搬运工使用）、安全帽（货架式仓库使用）、劳防鞋、安全带（登高作业使用）。

2）消防设施：手提式灭火器、手推式灭火器、消火栓、消防水枪、水带、火灾报警装置、喷淋系统（大型仓库）、应急照明设施。

（2）门卫、保安制度

1）任何需要进入仓库的外来车辆、人员必须在门卫处签字并领取身份铭牌，由门卫登记进出库时间、人数及车辆载货情况。

2）门卫需向进入仓库的人员简要讲述仓库安全制度（内容包括防火安全、行走安全、禁止摄影、禁止奔跑、车辆限速5km/h等）。

3）执行保安巡逻制度，加强节假日和员工休息时的仓库内巡逻工作，检查内容有：门窗是否关好、电源是否切断、场地上是否还有货物和托盘，台风季节及霉雨季节应加强仓库排水系统和屋面渗水的检查。

4）检查出库车辆的单证是否齐全，是否有夹带情况。

5）控制仓库内的车辆数量，防止因车辆过多而引起场地堵塞。

6）禁止小孩、动物进入仓库。

7）外公司人员参观仓库，需由本公司经理以上人员陪同。

（3）消防制度

1）消防制度的实施由每个仓库的仓库主管负责。

2）建立业余消防队伍，定期由当地主管消防的政府部门中的专业人员对业余消防队员进行消防知识和消防设施使用方面的培训。

3）定期检查并更换消防设施，使其时刻保持良好的状态。

4）严格禁止挪用消防设施的行为。

5）严格按照消防法规规定的“五距”进行货物堆放。

6）严禁在通道上堆放货物，保持消防通道的畅通。

7）加强危险品的管理。

8）火险报警装置由专人24小时值班看管。

（4）安全操作制度

1）禁止无证驾驶、操作和维修设备。

2）进入仓库必须穿着、佩戴公司要求的服装、铭牌和劳防用品。

3）车辆必须按照仓库限速标志的速度行驶。

12. 紧急情况处理

（1）火灾

1）一旦发生火灾，不论火势大小，先拨打119电话进行报警。

2）仓库主管在最短时间内疏散仓库内的所有人员到安全区域，并清点人数。

3）业余消防队员应控制火势的蔓延，并尽量将火势扑灭。

（2）人员伤害事故

1）在第一时间对伤者采取紧急救助措施，包括止血、肢体固定等。

2）拨打120救助电话。

3）转移伤者。

（3）失窃

1）保护现场不受破坏。

2）拨打110电话报警，检查损失情况并配合警方调查。

专家点评

科学规范的操作流程，是提高仓储服务质量，提高工作效率，降低仓储运作成本的重要保证。本案例中某企业规范、合理的仓储操作流程给我们提供了一个很好的范例。

库存控制是实现合理存储的重要手段

二、库存控制

1. 库存的定义和分类

（1）库存的定义　库存是指处于储存状态的商品，是储存的表现形态。具有整合需求和供给、维持物流系统中各项活动顺畅进行的功能。企业为了能及时满足客户的订货需求，就必须经常保持一定数量的商品库存。企业存货不足，会造成供货不及时、供应链断裂，丧失市场占有率或交易机会；整体社会存货不足，会造成物资贫乏、供不应求。而商品库存需要一定的维持费用，同时还存在由于商品积压和损坏而产生的库存风险。因此，在库存管理中既要保持合理的库存数量，防止缺货和库存不足，又要避免库存过量，发生不必要的库存费用。

（2）库存的分类　按照企业库存管理的目的不同，库存分类见表3-7。

表 3-7　库存的分类

类　型	含　义
经常库存	也叫周转库存，是指为满足客户日常的需求而建立的库存。经常库存的目的是为了衔接供需，缓冲供需之间在时间上的矛盾，保障供需双方的经营活动都能顺利进行。这种库存的补充是按照一定的数量界限或时间间隔反复进行的
保险库存	也叫安全库存，是指为了防止由于不确定因素（例如，突发性大量订货或供应商延期交货）影响订货需求而准备的缓冲库存。根据资料显示，这种缓冲库存约占零售业库存的1/30
季节性库存	是指为了满足特定季节中出现的特定需求而建立的库存，或是指对季节性商品在出产的季节大量收储所建立的库存
加工和运输过程库存	是指处于流通加工或等待加工而处于暂时储存状态的商品。运输过程的库存是指处于运输状态（在途）或者为了运输的目的（待运）而暂时处于储存状态的商品

（续）

类　型	含　义
促销库存	是指为了应付企业的促销活动产生的预期销售增加而建立的库存
时间效用库存	是指为了避免商品价格上涨造成损失，或者为了从商品价格上涨中获利而建立的库存
沉淀库存 或积压库存	是指因商品品质变坏或损坏，或者是因没有市场而滞销的商品库存，还包括超额储存的库存

2. 影响库存水平的因素

影响库存水平的因素可谓众多，我们可以利用因果分析，从经营、生产、运输、销售和订购周期等五个方面对库存要因进行分析。

（1）从经营方面看　库存量水平的高低需要在经营目标与利润等因素中进行权衡。经营的目标满足客户服务的要求，因而必须保持一定的预备库存，但要实现利润最大化，就必须降低订购成本，也要降低生产准备成本，更要降低库存持有成本，因而库存量水平的高低需要在这些因素中进行权衡。

（2）从生产方面看　商品特性、生产流程和周期以及生产模式等都将在许多方面对库存产生影响。例如，季节性消费的商品——圣诞传统礼品、饰品等，就不能够完全等到节日到来之时才突击生产，通常都按订单提前进行均衡生产，这样就必然在一定时期内形成大量库存。

（3）从运输方面看　运输也是影响库存的重要因素之一。在运输问题上，运输费用、运输方法、运输途径对库存水平的影响都很大，运输效益与库存效益之间存在极强的二律背反关系。

（4）从销售方面看　销售渠道、客户服务水平等对库存具有重要影响。一方面，销售渠道对库存的影响也是显著的，环节越多库存总水平就会越高，减少流通环节就能减少流通过程中的库存。另一方面，客户服务水平与库存之间存在极强的二律背反关系，高的客户服务水平通常需要高库存来维持，但是库存管理成本不能超过由此带来的库存成本节约。客户订购的稳定性对销售库存的影响可以通过加强客户关系维护与管理、提高销售预测的精确度来纠正可能或已经发生的偏差。

(5) 从订购周期看　订购因素在一定程度上对库存水平产生影响。订购周期是指从确定对某种商品有需求到需求被满足之间的时间间隔，也称为提前期。其中包括了订单传输时间、订单处理和配货时间、额外补充存货时间以及订购、装运、交付、运输时间四个变量。这些因素都在一定程度上对库存水平造成影响。

3. 现代库存管理方法

(1) ABC 分类管理法（ABC Classification）　又称巴雷托分析法，是根据在技术或经济方面的主要特征，进行分类排队，分清重点和一般，从而有区别地确定管理方式的一种分析方法。由于它把被分析的对象分成 A 、B、C 三类，所以又称为 ABC 分析法。ABC 分类管理方法包括如何进行分类与是如何进行管理两个步骤。

1) 如何进行分类。通常按库存物资所占总库存资金的比例和所占库存总品种数目的比例这两个指标来进行分类。ABC 类库存物资的划分如图 3-5 所示。具体地说，A 类库存品种数目少但资金占用大，即 A 类库存品种约占库存品种总数的 15%，而其占用资金金额约占库存资金总额的 70% ~80%；C 类库存品种数目大，但资金占用小，即 C 类库存品种约占库存品种总数的 55%，而其占用资金金额占库存资金总额的 5% 以下；B 类库存介于两者之间，B 类库存品种约占库存品种总数的 30%，而其占用资金金额约占库存资金总额的 15% ~25%。

2) 如何进行管理。在对库存进行 ABC 分类之后，接着便是根

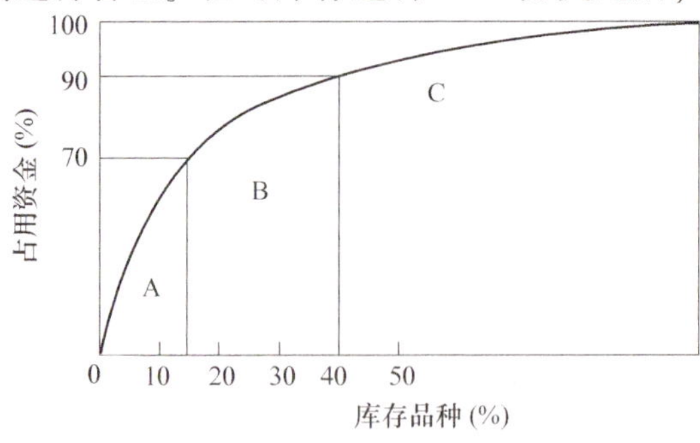

图 3-5　ABC 分类曲线图

据企业的经营策略对不同级别的库存进行不同的管理和控制。

① A 类库存。这类库存物资数量虽少，但对企业却最为重要，是最需要严格管理和控制的库存。企业必须对这类库存定时进行盘点，详细记录及经常检查分析物资使用、存量增减和品质维持等信息，加强进货、发货、运送管理，在满足企业内部需要和顾客需要的前提下，维持尽可能低的经常库存量和安全库存量，加强与供应链上、下游企业合作来降低库存水平，加快库存周转率。

② B 类库存。这类库存属于一般重要的库存，对该类库存的管理强度介于 A 类库存和 C 类库存之间。对 B 类库存一般需要进行正常的例行管理和控制。

③ C 类库存。这类库存物资数量最大，但对企业的重要性却最低，因而被视为不重要的库存。对于这类库存一般只需进行简单的管理和控制，如实行大量采购大量库存，减少该类库存的管理人员和设施、库存检查时间间隔等。

（2）关键因素分析法（Critical Value Analysis，简称为CVA） ABC 分类法在库存管理中虽然有其优点，但也有不足之处。通常表现为 C 类物品往往得不到应有的重视，而 C 类物品往往也会导致整个装配线的停工，因此，我们常常在库存管理中引入关键因素分析法（Critical Value Analysis，CVA）进行管理。

关键因素分析法的基本思想是按照工作人员的主观认定对每个库存品种进行重要度打分，评出的分数称为分数值（Point Value），再依据分数值的高低将物资品种划分为 3 ~4 个级别，即最高优先级（Top Priority）、较高优先级（High Priority）、中优先级（Medium Priority）和低优先级（Low Priority），见表 3-8。

表 3-8 CVA 法库存种类及其管理策略

库存类型	特点	管理措施
最高优先级	经营管理中的关键物品，或 A 类重点客户的存货	不许缺货
较高优先级	生产经营中的基础性物品，或 B 类客户的存货	允许偶尔缺货
中等优先级	生产经营中比较重要的物品，或 C 类客户的存货	允许合理范围内缺货
较低优先级	生产经营中需要，但可替代的物品	允许缺货

CVA 管理法比起 ABC 分类法有着更强的目的性，但在使用中要注意，人们往往倾向于制定高的优先级，结果高优先级的物品种类很多，最终哪种物品也得不到应有的重视。CVA 分析管理法和 ABC 分析法结合使用，可以达到分清主次、抓住关键环节的目的。在对成千上万种物品进行优先级分类时，也不得不借用 ABC 分类法进行归类。

(3) 准时供应制（JIT）与零库存管理法　传统的生产方式采用的是由前向后推动式的生产方式，即由原材料仓库向第一道生产工序供应原材料，进行加工和生产，由此向后推，直到制成品转入产成品仓库，等待销售发货，在这种生产系统中，大量原材料、在制品、半成品、产成品的存在，必然导致大量生产资料、资金的占用和费用的浪费。

而 JIT 的基本思想正好与传统生产方式相反，它是以客户为中心，根据客户需求组织生产，所以 JIT 是一种拉式管理，即逆着生产工序，由客户需求开始，订单——产成品——组件——配件——零件和原材料，最后到供应商。具体做法就是根据客户的订单组织生产，根据订单要求的产品数量和时间，上道工序就应该提供相应数量的组件。更前一道工序就应该提供相应的配件，再前一道工序提供需要的零件或原材料，由供应商保证供应。整个生产是动态的，逐个向前逼进的。上道工序提供的正好是下道工序所需要的，且时间上正好（准时，Just In Time），数量上正好。

JIT 系统要求企业的供、产、销各环节紧密配合，大大降低了库存，从而降低成本，提高生产效率和效益。而且，JIT 不仅是一种旨在降低库存、消除整个生产过程中的浪费、优化利用企业资源、全面提高企业生产率的管理哲学，而且是一种先进的经营管理方式，它一环扣一环，不允许有任何一个环节出现质量问题（包括制造质量、工作质量、管理质量）。JIT 不仅是库存管理的一场革命，而且也是整个企业管理思想的一场革命。它把物流、商流、信息流有机结合到一起，成为一个高度统一、高度集中的整体，使企业的生产过程组织严密，平滑畅通，没有冗余的库存，实现了生产与库存成本大幅度降低。而“零库存”更是库存管理的目标。

零库存是指物料（包括原材料、半成品和产成品等）在采购、生产、销售、配送等一个或几个经营环节中，不以仓库存储的形式存在，而均处于周转的状态。

零库存管理的基本原理是：

1）产品生产按照生产流程，各工序之间紧密配合，严格按生产进度时间表规定的生产节拍进行。

2）根据客户需要，以最终产品的生产数量为基础，拉动各有关工序的生产活动，按生产流程相反方向，计算逐道工序每天需要的零部件和材料的品名与数量。

3）上道工序严格按下道工序的需要进行生产，并准时按完成的在制品交下道工序。因此，在各道工序上，最多有一天的在制品库存，甚至几乎等于零。

4）外购零部件和材料严格按各工序需用数量由协作厂和供应商在每天开工前准时送达指定的生产线。因此，在各道工序，外购零部件和材料最多有一天的库存，甚至等于零。

5）实行准时生产制。厂内物料流通与产品生产流程在时间和数量上同步进行，密切配合，使原材料、零部件、在制品和产品的库存减少到最低限度，几乎接近于零。

零库存管理方式的优点很多，如这种方式既可保证原材料、零部件等的及时供应，保证其JIT采购的实施，又可大大减少原材料、零部件的库存资金占用，避免库存积压，减少资金占用的利息支出，而且还可以节省仓库建设投资和仓库管理费用等。其实施各环节优点和效益见表3-9，难点和成本见表3-10。

表3-9　零库存实施各环节优点和效益

零库存实施环节	优点和效益
采购环节（准时化采购）	将原材料库存降到最低甚至零，可减少原材料库存占用资金和优化应付账款，以及降低库存管理成本（包括仓库费用、人员费用、呆滞库存等）
生产环节（准时化生产）	可将生产环节中的在制品和半成品降到最低，减少在制品和半成品库存占用资金

（续）

零库存实施环节	优点和效益
物流配送环节（准时制配送和协同物流）	可在物流和运输中做到一体化协同运作、减少中间仓储和搬运等环节，将物流成本控制在最低水平，如零售业巨头沃尔玛在配送中运用的交叉驳运方法（Cross Docking）等
销售环节（准时制销售）	可按“真实的”订单生产，“消灭”成品库存；或者是销售预测准确，将成品库存降到最低甚至零，减少成品库存占用资金和优化应收账款回款，规避成品因市场变化和产品升级换代而产生的降价风险。同样还有库存管理成本的降低（包括仓库费用、人员费用、呆滞库存等）

表 3-10 零库存实施各环节难点和成本

零库存实施的环节	难点和成本
采购环节（准时制采购）	1. 企业准时制采购得以实现，一般来说要求采购总量相对较大，且企业采购量对供应商而言有重要地位，这不是每个企业都具备的 2. 企业为实现准时制采购，需与少数几家供应厂商结成固定关系，甚至是单一供应关系，相对于多元采购会有供应商评价和考核困难甚至意外断档等风险 3. 小批量供应、运输或配送频率高，造成较高的物流成本 4. 必须和供应商有良好的即时信息交流，需要较大的信息化投入 5. 采用供应商管理库存（VMI）的方式实现的零库存，由于企业计划、市场变化和产品更新等因素，会造成供应商产品积压和报废，影响长久合作的关系（实际上，这种零库存是通过库存转移得以实现的）
生产环节（准时制生产）	1. 生产设备需要有较大的柔性，生产设备更新的投资成本较大 2. 生产计划和车间作业管理模式需相应改变，如实行看板管理、轮动管理等 3. 需投入生产作业软件管理系统
物流配送环节（准时制配送和协同物流）	1. 要求在物流和运输中做到一体化协同运作，减少中间仓储和搬运等环节 2. 需要在各协作厂商间建立信息交换平台 3. 物流和配送实际网络的建设要配套

(4) 供应商管理库存 (Vendor Managed Inventory, VMI)　供应商管理库存 (VMI) 是指通过信息共享，由供应链的上游企业根据下游企业的销售信息和库存量，主动对下游企业的库存进行管理和控制的管理模式。它是一种在用户和供应商之间的合作性策略，以对双方来说都是最低的成本优化产品的可获性，在一个相互同意的目标框架下由供应商管理库存，并且经常性监督和修正该目标框架以形成一种连续改进的环境。其主要思想是供应商在用户的允许下设立库存，确定库存水平和补给策略，拥有库存控制权。

1) VMI 运作的基本目标

① 降低供应链的库存成本。

② 改善企业资金流。

③ 提高服务水平。

④ 提高相互信任度。

⑤ 提高企业的核心竞争力。

2) VMI 运作的基本原则

① 目标一致性原则 (框架协议)，即使用双方应明确各自的责任，达成一致的目标，如库存放在哪里，什么时候支付，是否要管理费，要花费多少等，并要体现在框架协议中。

② 互惠原则 (双方成本最小)，即是从供应链的角度出发，意在减少合作双方物流总成本，而不是关于单个企业成本如何分配或谁来支付的问题。通过 VMI 策略可使双方的成本都获得减少。

③ 合作性原则 (合作精神)，即在实施 VMI 时，要求合作双方要有较好的合作精神，只有建立良好的相互信任与信息透明机制，供应商和用户才能更好地合作。

④ 持续改进原则，即通过长期地不合作、磨合，使供需双方才能在长期的合作过程中共享利益与消除浪费。

(5) 联合库存管理 (Joint Managed Inventory, JMI)　联合管理库存 (JMI) 是为适应供应链一体化而出现的一种全新的库存管理模式，这种模式更多地体现了供应链节点企业之间的协作关系，能够有效解决供应链中的“牛鞭效应”，提高供应链同步化程度。它是一种客户与供应商协同合作的策略，在一定程度上降低了整个供应链

体系的库存水平，减少了供应商和客户之间的重复操作，是实现供应链体系中库存优化控制的有效途径。

JMI 可以看做是 VMI 的进一步发展与深化，物流企业通过共享库存信息，联合制定统一的计划，加强相互间的信息交流与协调，有利于改善供应链的运作效率，增强企业间的合作关系。JMI 在供应链每个企业内增加了计划执行的集成，并可以在客户服务水平、库存风险和成本管理方面取得显著的效果。其流程图如图 3-6 所示，管理模式如图 3-7 所示。

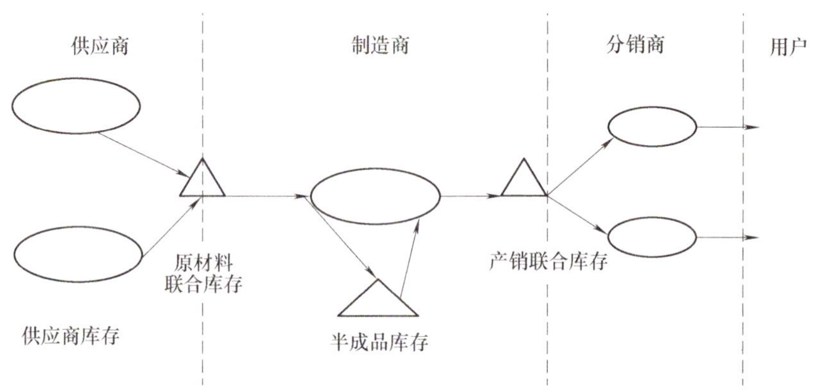

图 3-6 JMI 的流程图

JMI 把供应链系统管理进一步集成为上游和下游两个协调管理中心，并强调体现了战略供应链企业之间双方的互利合作关系。JMI 是解决供应链系统中由于各节点企业的相互独立库存运作模式导致的需求放大现象，提高供应链的同步化程度的一种有效方法，是一种在 VMI 的基础上发展起来的上游企业和下游企业权利责任平衡和风险共担的库存管理机制，即在供应链中实施合理的风险、成本与效益平衡机制，建立合理的库存管理风险预防和分担机制、合理的库存成本与运输成本分担机制与风险成本相对应的利益分配机制，起到了提高供应链的运作稳定性作用。在实施联合库存管理时，应注意以下几个要点：

1）建立供应链协调管理机制。

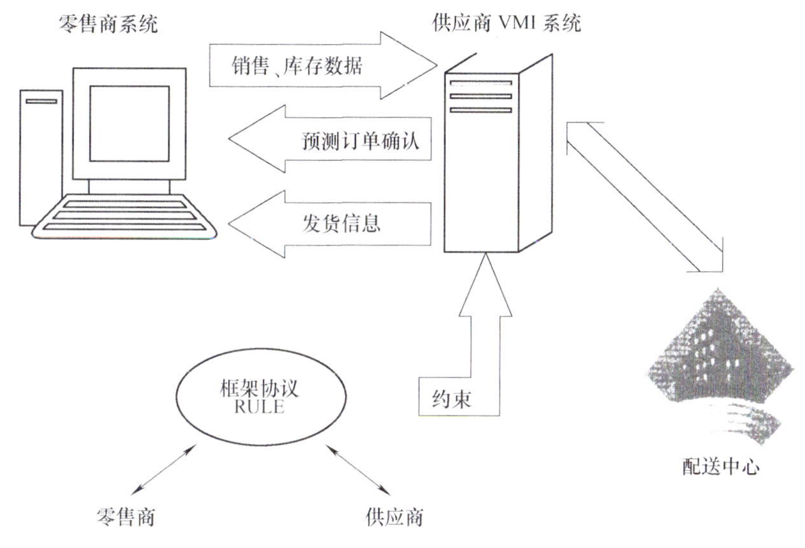

图 3-7　JMI 的管理模式

① 建立供应链共同愿景。要建立联合库存管理模式，首先供应链各方必须本着互利共赢的原则，建立共同的合作目标。为此，要理解供需双方在市场经营中的共同之处和冲突点，形成“共赢”的愿景。

② 建立 JMI 的协调控制方法。JMI 中心担负着协调供应链各方利益的角色，起协调整个供应链的作用 JMI 中心需要对库存优化的方法进行明确确定，包括库存如何在多个需求商之间调节与分配，库存的最大量和最低库存水平、安全库存的确定，需求的预测等。

③ 建立利益分配、激励机制。要有效运行基于协调中心的库存管理，必须建立一种公平的利益分配制度，并对参与协调的 JMI 中心的各个企业、各级供应部门进行有效的激励，防止机会主义行为，增加协作性和协调性。

2）建立信息沟通渠道。为了提高整个供应链需求信息的一致性和稳定性，减少由于多重预测导致的需求信息虚假，应增加供应链各方对需求信息获得的及时性和透明性。整个供应链通过构建库存管理网络系统，使所有的供应链信息与供应链的管理信息同步，提高供应链各方的协作效率，降低成本，提高质量。为此应建立一种信息沟通平台，在供应链中建立畅通的信息沟通桥梁和联系纽带。

3）发挥第三方物流系统的作用。实现JMI可借助第三方物流来具体实施。把库存管理功能外包给第三方物流公司，使企业更加集中于自己的核心业务，使供应链各方都取消了各自独立的库存，可增加供应链的敏捷性和协调性，提高物流服务水平和运作效率。

4）选择合适的JMI模式。JMI有集中库存和无库存两种基本模式。

① 集中库存模式。即各个供应商的零部件都直接存入核心企业的原材料库中，将各个供应商的分散库存为核心企业的集中库存。集中库存要求供应商的运作方式是：按核心企业的订单或订货信息组织生产，产品完成时，立即实行小批量多频次的配送方式直接送到核心企业的仓库中补充库存在这种模式下，库存管理的重点在于核心企业根据生产的需要，保持合理的库存量，既能满足需要，又使库存总成本最小。

② 无库存模式。即供应商和核心企业都不设立库存，核心企业实行无库存的生产方式。此时供应商直接向核心企业的生产线上进行连续小批量多频次的补货，并与之实行同步生产、同步供货，从而实现“在需要的时候把所需要的品种、数量送到需要的地点”这种准时化供货模式，由于完全取消了库存，所以效率最高、成本最低。但是对供应商和核心企业的运作标准化、配合程度、协作精神要求也高，操作过程要求也严格，而且二者的空间距离不能太远。

实证表明，JMI是一种先进的库存管理办法。JMI由上游企业拥有和管理库存，下游企业只需要帮助上游企业制定计划，从而使下游企业实现零库存，上游企业库存也可大幅度减小。

（6）协同式供应链库存管理（Collaborative Planning Forecasting & Replenishment，CPFR） CPFR是建立在JMI和VMI的最佳实践基础上，同时克服了二者缺乏供应链集成等主要缺点，能同时降低分销商的存货量，增加供应商的销售量。它应用一系列处理过程和技术模型，覆盖整个供应链合作过程，通过共同管理业务和共享信息来改善分销商和供应商的伙伴关系，提高预测的准确度，最终达到

提高供应链效率、降低库存和提高客户满意度的目的。CPFR 的最大优势是能及时准确地预测由各项促销措施或异常变化带来的销售高峰和波动，从而使分销商和供应商都做好充分的准备，赢得主动。CPFR 采取了多赢的原则，始终从全局出发，制定统一的管理目标以及实施方案，以库存管理为核心，兼顾供应链上其他方面的管理，因此 CPFR 更有利于实现伙伴间广泛深入的合作，帮助制定面向客户的合作框架，基于销售报告的生产计划，进而消除供应链过程约束等。

三、库存合理化

1. 库存合理化的内容

库存合理化是指以最经济的方法和手段从事库存活动，并发挥其作用的一种库存状态及其运行趋势。具体来说，库存合理化包含以下内容：

（1）库存结构符合生产力的发展需要　从微观上说，合理的库存结构是指在总量和存储时间上，库存货物的品种和规格的比例关系基本上是协调的；从宏观上说，库存结构符合生产力发展的要求，意味着库存的整体布局、仓库的地理位置和库存方式等应有利于生产力的发展。在社会化大生产的条件下，为了发展规模经济和提高生产、流通的经济效益，库存适当集中应当是库存合理化的一个重要标志。因为库存适当集中，除了有利于采用机械化、现代化方式进行各种操作外，更重要的是，它可以在降低存储费用和运输费用，以及提供保供能力等方面取得优势。无数事实证明，以集中化的库存来调节生产和流通，在一定时期内，库存货物的总量会远远低于同时期分散库存的货物总量。因此，相对来说，其资金占有量相对较少。与此同时，由于库存比较集中，存储货物的种类和品种更加齐全，在这样的结构下，库存的保供能力自然更加强大。

（2）组织管理科学化　库存组织管理科学化有以下几种表现：

1）存货物数量保持在合理的限度之内，既不能缺少，也不能过多。

2）货物存储的时间较短，货物周转速度较快。

3）货物存储结构合理，能充分满足生产和消费的需要。

4）货物存储空间合理，能充分满足不同的流通环节和不同地点的需要。

（3）库存“硬件”配置合理化 库存“硬件”是指各种用于库存作用的基础设备。实践证明，物流基础设施和设备数量不足，其技术水平落后，或者设备过剩、闲置，都会影响库存功能作用的有效发挥。如果设施和设备不足，或者技术落后，不但库存作业效率低下，而且也不可能对库存物资进行有效的维护和保养；如果设施和设备重复配置，以至于库存能力严重过剩，就会增加被储物品的成本而影响库存的整体效益。因此，库存“硬件”的配置应以能有效地实现库存职能，满足生产和消费需要为基准，从而做到适当合理地配置仓储设施和设备。

2. 合理库存量确定依据

由于进行库存量控制的标准是整个供应到销售的过程中总成本最低。因此，这一过程中涉及到的成本成为合理库存量确定的重要依据。

（1）采购成本 为补充库存而进行的每一次采购都涉及多种业务活动，这些活动都会给企业带来成本，包括准备订单及所有附属文件的办公及通信成本，安排货物接收，以及处理和保存所需信息的各种成本。

（2）价格折扣成本 在商业活动中，为鼓励采购，供应商大都对大批量采购提供价格折扣。对于小批量订货，供应商则可能收取附加费用。

（3）库存占用流动资金的成本 在购方发出补充库存订单后，供应商将要求购方为其商品付款。当购方公司最终又向其用户供货时，又会从其用户得到付款。然而，在向供方付款与得到用户付款之间会存在时差。在此期间，库存占用了企业的流动资金，其成本体现为外借资金利息支出，或不能将资金投资于他处所导致的机会成本。

（4）存储成本 存储成本是指存储货物实体而发生的费用，如房租、供暖、雇员和仓库照明费用等。

(5) 缺货成本　若因订货批量决策失误发生缺货，企业便会因不能满足用户需求而遭受损失。若用户是外部的，它们可能会向其他企业采购；而对于内部用户，缺货会导致生产设施闲置、低效率，以及最终导致，不能满足外部用户需求。

(6) 废弃成本　如果企业订货批量很大，库存产品便会在仓库中储存很长时间。在这种情况中，产品或者可能过时（如因时尚变化），或者可能变质（如多数食品的情况）等而发生的费用。

3. 库存控制技术

企业当然可以保持很多的库存，进而在任何可预见的需求水平都可以保证供应。但保持库存会导致费用支出和效率损失。如何让库存保持在一个合理的水平，即配送中心要确定要补什么货；补货量是多少；什么时间补货？通常使用的库存控制技术有以下三种：定量订货法，即固定订货数量，可变订货间隔；定期订货法，即固定订货间隔，可变订货数量；需求驱动精益供应，即按生产需求的准确数量及时间订货。

(1) 定量订货法　是指当库存量下降到预定的最低库存量（订货点）时，按规定数量（一般以经济批量 *EOQ* 为标准）进行订货补充的一种库存控制方法，也称订货点控制法。

其基本原理是：预先确定一个订货点 *ROL* 和订货批量 Q^*（一般取经济批量 *EOQ*），在销售过程中，随时检查库存，当库存下降到 *ROL* 时，就发出一个订货批量 Q^*，如图 3-8 所示。

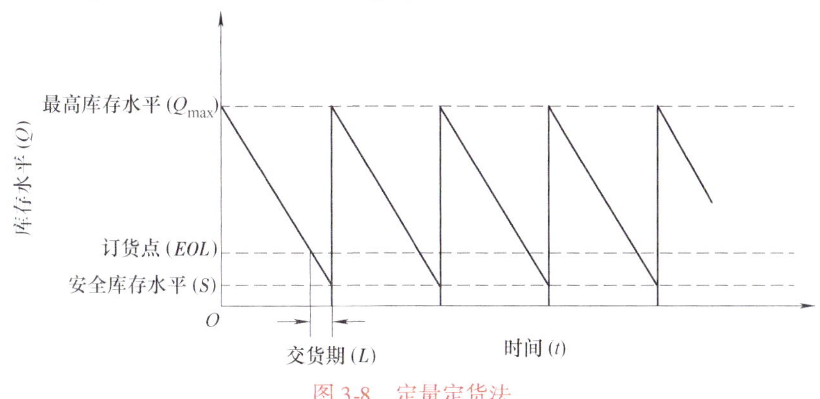

图 3-8　定量定货法

1）订货点的确定。在定量订货法中，发出订货时仓库里该品种保有的实际库存量叫做订货点。它是直接控制库存水平的关键。

① 在需求量和订货提前期都确定的情况下，不需要设置安全库存，可直接求出订货点。公式如下：

订货点 = 订货提前期的平均需求量
= 每个订货提前期的需求量
= 每天需求量 × 订货提前期(天)
= (全年需求量 /360) × 订货提前期(天)

即，$ROL = R_d \times L$

式中 R_d——需求或使用速度；

L——订货提前期（月/天/周）。

② 需求量变化，提前期固定时

订货点 = 订货提前期的平均需求量 + 安全库存
= （单位时间的平均需求量 × 订货提前期） + 安全库存

即，$ROL = (\bar{R}_d \times L) + S$

式中 $\bar{R}_d$——单位时间的平均需求量；

S——安全库存量。

在这种情况下，安全库存量的计算公式为

$$S = zQ_d\sqrt{L}$$

式中 Q_d——提前期内的需求量的标准差；

L——订货提前期（月/天/周）；

z——预定客户服务水平下需求量变化的安全系数，它可以根据预定的服务水平，由正态分布表 3-11 查出。

表 3-11 客户服务水平与安全系数对应关系的常用数据

服务水平	0.9998	0.99	0.98	0.95	0.90	0.80	0.70
安全系数	3.50	2.33	2.05	1.65	1.29	0.84	0.53

③ 需求量固定，提前期变化时

订货点 = 订货提前期的需求量 + 安全库存
= (单位时间的需求量 × 平均订货提前期) + 安全库存

即，$ROL = (R_d \times \bar{L}) + S$

式中　$\bar{L}$——平均订货提前期（月/天/周）。

在这种情况下，安全库存量的计算公式为

$$S = zR_{\mathrm{d}}Q_{\mathrm{t}}$$

式中　Q_{t}——提前期的标准差。

④ 需求量和提前期都随机变化时

订货点 = 订货提前期的需求量 + 安全库存

= （单位时间的平均需求量 × 平均订货提前期）+ 安全库存

即，$ROL = (\bar{R}_{\mathrm{d}} \times \bar{L}) + S$

在这种情况下，安全库存量的计算公式为

$$S = z\sqrt{Q_{\mathrm{d}}^2\bar{L} + \bar{R}_{\mathrm{d}}^2Q_{\mathrm{t}}^2}$$

2）订货批量的确定。订货批量就是一次订货的数量。它直接影响库存量的高低，同时也直接影响物资供应的满足程度。在定量订货中，对每一个具体的品种而言，每次订货批量都是相同的，通常是以经济批量作为订货批量。为便于讨论，模型假设如下：

① 需求量确定并已知，整个周期内的需求是均衡的。

② 供货周期固定并已知。

③ 集中到货，而不是陆续入库。

④ 不允许缺货，能满足所有需求。

⑤ 购买价格或运输费率等是固定的，并与订购的数量、时间无关。

⑥ 没有在途库存。

⑦ 只有一项商品库存，或虽有多种库存，但各不相关。

⑧ 资金可用性无限制。

在以上假设前提下，简单模型只考虑两类成本，即库存持有成本与订购成本。总库存成本与订购量的关系如图 3-9 所示。

基于上述假设，年总库存成本可由下面公式表示

$$TC = DP + \frac{DC}{Q} + \frac{QK}{2}$$

式中　TC——年总成本；

D——年需求量；

P——单位产品价格；

C——每次订购成本；

Q——订货批量；

K——单位产品持有成本。

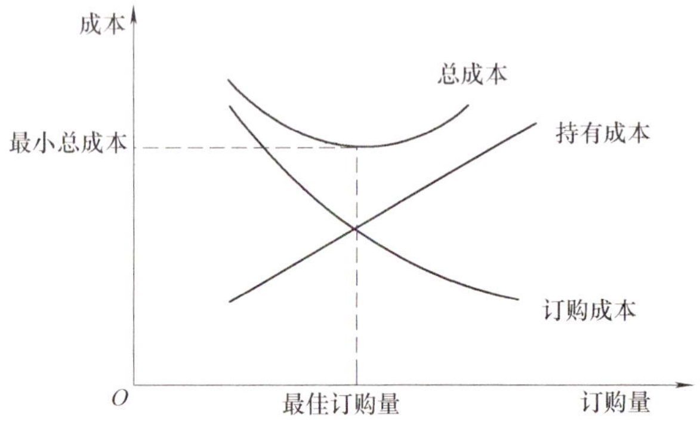

图 3-9 总库存成本与订购量的关系

为了获得使总成本达到最小的 Q，即经济订货批量，将 TC 函数对 Q 微分

$$EOQ = \sqrt{\frac{2CD}{K}} \text{ 或 } EOQ = \sqrt{\frac{2CD}{PF}}$$

式中 F——年持有成本率。

例 某仓库 A 商品年需求量为 30000 个，单位商品的购买价格为 20 元，每次订货成本为 240 元，单位商品的年保管费为 10 元，求：在保证供应的条件下，该商品的经济订货批量、每年的订货次数、平均订货间隔周期及最低年总库存成本。

解：由题意，$D = 30000$ 个，$P = 20$ 元，$C = 240$ 元，$K = 10$ 元，代入公式

$$\text{经济批量：}EOQ = \sqrt{\frac{2CD}{K}} = \sqrt{\frac{2 \times 240 \times 30000}{10}} = 1200 \text{ 个}$$

每年的订货次数 $N = 30000/1200 = 25$ 次

平均订货间隔周期 $T = 365/25 = 14.6$ 天

最低年总库存成本

$$TC = DP + \frac{DC}{EOQ} + \frac{EOQK}{2}$$

$$=30000\times20+\frac{30000\times240}{1200}+\frac{1200\times10}{2}$$

$$=606600\text{ 元}$$

上述模型是较理想的假设，而在实际订货过程中，会涉及很复杂的情况，这样的假设条件也会越来越少，如在订货的过程中会有一定的价格折扣，补货的速度会有一定的变化等，对于不同的企业和不同的商品都会有一定的差别。

对于订购商品价格随批量不同有折扣时，有必要确定在各种减价水平的持有成本和订货成本。通过比较不同价格水平下发生的总成本的大小来确定批量。

对于库存被连续逐渐补充时，库存一方面被逐渐地补充，一方面又在逐渐地被提取，以满足企业生产需求。此时要求库存供应速度必须高于内部及外部用户的需求速度。否则，易造成供应中断。其计算公式如下

$$EOQ=\sqrt{\frac{2CD}{PF\left(1-\frac{R_d}{R_s}\right)}}$$

式中 R_d——需求速度；

R_s——合约约定供应速度。

例 某仓库A商品年需求量为30000个，单位商品的购买价格为20元，每次订货成本为240元，单位商品的年保管费为10元。该仓库在采购中发现，A商品供应商为了促销，采取以下折扣策略：一次购买1000个以上打9折；一次购买1500个以上打8折。若单位商品的仓储保管成本为单价的一半，求在保证供应的条件下，甲仓库的最佳经济订货批量应为多少？

解：根据题意列出多重折扣价格表，见表3-12。

表3-12 多重折扣价格表

折扣区间	0	1	2
折扣点（个）	0	1000	1500
折扣价格（元/个）	20	18	16

① 计算折扣区间 1 的经济批量

$$经济批量\ EOQ_1^* = \sqrt{\frac{2CD}{K}} = \sqrt{2\times240\times30000/(18\times0.5)} = 1265\ 个$$

$\because 1000 < 1265 < 1500$　　　　$\therefore$ 取 1265 个。

② 计算折扣区间 2 的经济批量

$$经济批量\ EOQ_2^* = \sqrt{\frac{2CD}{K}} = \sqrt{2\times240\times30000/(16\times0.5)} = 1342\ 个$$

$\because 1342 < 1500$　　　　$\therefore$ 取 1500 个。

③ 计算 TC_1^* 和 TC_2 对应的年总库存成本

$$TC_1^* = DP_1 + DC/Q_1^* + Q_1^*K/2 = 30000\times18 + 30000\times240/1265 + 1265\times10/2 = 552016.7\ 元$$

$$TC_2 = DP_2 + DC/Q_2 + Q_2K/2 = 30000\times16 + 30000\times240/1500 + 1500\times10/2 = 492300\ 元$$

由于 $TC_2 < TC_1^*$，所以在批量折扣的条件下，最佳订货批量 EOQ^* 为 1500 个。

（2）定期订货法　是按预先确定的订货时间间隔进行订货补充的库存管理方法。

其基本原理是：预先确定一个订货周期 T 和最高库存量 Q_{max}，周期性的检查库存，根据最高库存量、实际库存、在途订货量和待出库商品数量，计算出每次订货批量，发出订货指令，组织订货，如图 3-10 所示。

定期订货法的实施主要取决于以下三个控制参数：

1）订货周期（T）。定期订货法中，订货周期决定了订货时机，它也就是定期订货法的订货点。订货间隔期的长短，直接决定了最高库存量的大小，也就是决定了仓库的库存水平的高低，因而决定了库存费用的大小。所以订货周期不能太大，太大了，就会使库存水平过高，也不能太小，太小了，订货批次太多，会增加订货费用。其计算公式为

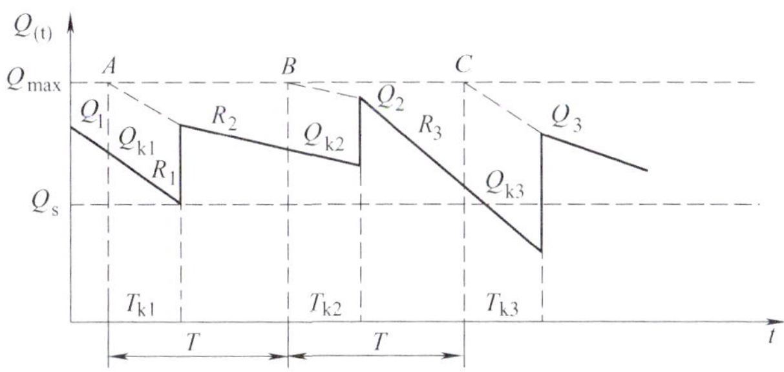

图 3-10　定期订货法基本原理

$$T=\frac{EOQ}{D}=\sqrt{\frac{2C}{KD}}$$

式中　T——订货周期；

D——产品需求量。

2）最高库存量（Q_{max}）。定期订货法的最高库存量应该以满足订货时间间隔期间的需求量为依据。最高库存量的确定应满足三个方面的要求，即订货周期的要求，交货期或订货提前期的要求和安全库存。其计算公式为

$$Q_{max}=R_d(T+L)+S$$

式中　R_d——需求速度；

L——平均订购时间；

S——安全库存量。

其中 S 的计算方法同前，现归纳见表 3-13。

表 3-13　安全库存量（S）计算公式

变化情况 / 计算参数	需求量变化，提前期固定时	需求量固定，提前期变化时	需求量和提前期都随机变化时
安全库存量（S）计算公式	$S=zQ_d\sqrt{L+T}$	$S=zR_dQ_t$	$S=z\sqrt{Q_d^2(\bar{L}+T)+\bar{R}_d^2Q_t^2}$

3）订货量（Q）。定期订货法没有固定不变的订货批量，每个周期的订货量的大小都是由当时的实际库存量的大小确定的，等于当时的实际库存量与最高库存量的差值。其计算公式为

$$Q = Q_{max} - Q_0 - Q_1 + Q_2 = R_d(T + L) + S - Q_0 - Q_1 + Q_2$$

式中 Q_0——现有库存量；

Q_1——在途库存量；

Q_2——已经售出但尚未提货的库存量。

定期订货法主要适用于：消费金额高，需要实施严密管理的重要物品；根据市场的状况和经营方针，需要经常调整生产或采购数量的物品；需求量变动幅度大，而且变动具有周期性，可以正确判断的物品；建筑工程、出口等可以确定的物品；设计变更风险大的物品；多种商品采购可以节省费用的情况；同一品种物品分散保管，同一品种物品向多家供货商订购，批量订购分期入库等订购、保管、入库不规则的物品；需要定期制造的物品等。一般多用于A类物资。

（3）定量与定期订货法的区别

1）提出订购请求时点的标准不同。定量订货法提出订购请求的时点标准是：当库存量下降到预定的订货点时，即提出订购请求。而定期订货法提出订购请求的时点标准则是：按预先规定的订货间隔周期，到了该订货的时点即提出订购请求。

2）请求订购的商品批量不同。定量订货法每次订购商品的批量相同，都是事先确定的经济订货批量；而定期订货法每到规定的请求订购期，订购的商品批量都不相同，可根据库存的实际情况计算后确定。

3）库存商品管理控制的程度不同。定期订货法要求仓库作业人员对库存商品进行严格的控制精心地管理，经常检查、详细记录、认真盘点；而用定量订货法时，对库存商品只要求进行一般的管理，简单的记录，不需要经常检查和盘点。

4）适用的商品范围不同。定量订货法适用于品种数量少，平均占用资金大的、需重点管理的A类商品；而定期订货法适用于品种数量大、平均占用资金少的、只需一般管理的B类、C类商品。

案例链接

透视“零库存”

——一汽大众应用物流系统纪实

中国一汽大众汽车有限公司目前仅捷达车就有七八十个品种、十七八种颜色，而每辆车都有2000多种零部件需要外购。从1997年到2000年年末，公司捷达车销售量从43947辆一路跃升至94150辆，市场兑现率已高达95%～97%。与这些令人心跳的数字形成鲜明对比的是公司零部件居然基本处于“零库存”状态，而制造这一巨大反差的就是一整套较为完善的物流控制系统。

对于一个占地9万多平方米，可同时生产三种不同品牌的、亚洲最大的整车车间，它的仓库也一定壮观非常吧？可这里的人却告诉记者：我们这儿没有仓库，只有入口。

走进一个标有“整车捷达入口处”牌子的房子，只见在上千平方米的房间内零零星星地摆着几箱汽车玻璃和小零件，四五个工作人员在有条不紊地用电动叉车往整车车间送零件。在入口处旁边的一个小亭子里，一位姓孙的小伙子正坐在电脑前用扫描枪扫描着一张张纸单上的条形码——他正在把定货单发往供货厂。这时，一辆满载着保险杠的货车开了进来，两个工作人员见状立即开着叉车跟了上去。几分钟后，这批保险杠就被陆续送进了车间。

据姓孙的保管员讲，一汽大众的零部件的送货形式有三种：第一种是电子看板，即公司每月把生产信息用扫描的方式通过电脑网络传送到各供货厂，对方根据这一信息安排自己的生产，然后公司按照生产情况发出供货信息，对方则马上用自备车辆将零部件送到公司各车间的入口处，再由入口处分配到车间的工位上。刚才看到的保险杠就采取这种形式。第二种叫作“准时化（Just in time）”，即公司按过车顺序把配货单传送到供货厂，对方也按顺序装货直接把零部件送到工位上，从而取消了中间仓库节。第三种是批量进货，供货厂每月对于那些不影响大局又没有变化的小零部件分批量地送一到两次。他说，过去这是整车车间的仓库，当时库里堆放着大量的零部件，货架之间只有供叉车勉强往来的过道，大货车根本开不进来。不仅每天上架、下架、维护、倒运需要消耗大量的人力、物力和财力，而且储存、运送过程中总要造成一定的货损货差。

现在每天平均两个小时要一次货，零部件放在这里的时间一般不超过一天。订货、生产零件、运送、组装等全过程都处于小批量、多批次的有序流动当中。公司原先有一个车队专门在各车间送货，现在车队已经解散了。为什么短短几年的时间一汽大众就会有如此大的变化？

原来，在该公司流行着这样一句话：在制品是万恶之源，用以形容大量库存带来的种种弊端。在生产初期，捷达车的品种比较单一，颜色也只有蓝、白、红三种。公司的生产全靠大量的库存来保证。随着市场需求的日益多样化，传统的生产组织方式面临着严峻的挑战。1997 年，“物流”的概念进入了公司决策层。考虑到应用德方的系统不仅要一次性投入 1500 万美元，每年的咨询和维护费用也需数百万美元，中方决定自己组织技术人员和外国专家进行物流管理系统的研究开发。1998 年年初，公司开发的物流控制系统获得成功并正式投入使用。如今，这个仅用了不足 300 万元人民币的系统已经受住了十几万辆车的考验。在整车车间，记者看到生产线上每辆车的车身上都贴着一张生产指令表，零部件的种类及装配顺序一目了然。计划部门按装车顺序通过电脑网络向各供货厂下计划，供货厂按照顺序生产、装货，生产线上的工人按顺序组装，一伸手拿到的零部件保证就是他正在操作的车上的。物流管理就这样使原本复杂的生产变成了简单而高效的“傻子工程”。令人称奇的是：整车车间的一条生产线过去只生产一种车型，其生产现场尚且拥挤不堪，而如今在一条生产线同时组装两到三种车型的混流生产方式下，不仅做到了及时、准确，而且生产现场比原先节约人员近 10%。此外，零部件的存储减少了，公司每年因此节约的成本达六、七亿元人民币。同时，供货厂也减少了 30% ~50% 的在制品及成品储备。先进的管理带来了实实在在的效益，也引发了一场深刻的管理革命。难怪公司总经理陆林奎感慨地说：一个单位谁是头儿？电脑！

随着物流控制系统的逐步完善，电脑网络由控制实物流、信息流延伸到公司的决策、生产、销售、财务核算等各个领域中，使公

司的管理步入了科学化、透明化。现在公司主要部门的管理人员人手一台微机，每个人以及供货厂方随时可以清楚地了解每一辆车的生产和销售情况。公司早已实现了“无纸化办公”，各部门之间均通过“e-mail”联系。德国大众公司每年的改进项目达1000多个，一汽大众依靠电脑网络实现了与德方同步改进，从而彻底改变了过去那种对方图纸没送来就干不了活儿的被动局面。工作方式的改善，不仅使领导层得以集中精力研究企业发展的战略性问题，也营造了一个充满激烈竞争的环境，促使每个员工不断提高自身的业务素质。透过“零库存”，我们看到，对于一个企业来说进行物流管理，领导者的超前意识、一批兢兢业业的专业技术人员和企业较强的开发能力是必不可少的前提。（资料来源：中国物流招投标网）

专家点评

在采购、生产和销售的不断循环的过程中，库存使各个相对独立的经济活动成为可能，是生产得以为继、满足客户不间断需求的重要保证。但过多的库存也会造成商品积压和损坏等而产生的库存风险。一汽大众通过研制先进的物流库存控制系统，使公司的管理步入了科学化、透明化，公司零部件基本上实现了“零库存”，既使物流管理工作上了一个台阶，又带了丰富的资金节省。

第三节　包装管理

一、包装概述

1. 包装的概念

所谓包装（package/packaging）是指为在流通过程中保护产品、方便储运、促进销售，按一定技术方法而采用的容器、材料及辅助物等的总体名称。也指为了达到上述目的而采用容器、材料和辅助物的过程中施加一定技术方法等的操作活动。它既是生产的终点，又是物流的起点。

2. 包装的作用

包装可以保护物品，使物品的形状、性能、品质在物流过程中不至于受损坏。通过包装还使物品形成一定的单元，便于物流作业处理。此外，包装使物品醒目、美观，可以促进销售。包装的作用主要有以下几个方面：

（1）保护物品　保护物品是包装的重要作用之一。在流通过程中，物品可能受到各种外界因素的影响，引起破损、污染、渗漏或变质，使其降低或失去使用价值。科学合理的包装，能使物品抵抗各种外界因素的破坏，从而保护物品的性能及质量和数量的完好。

（2）便于流通　包装为流通提供了条件和方便。将物品按一定的数量、形状、规格、大小及不同的容器进行包装，而且在包装外面通常都印有各种标志，反映被包装物的品名、数量、规格、颜色及整体包装的体积、毛重、净重、厂名、厂址及储运中的注意事项等，这样既有利于分配调拨、清点计数，也有利于合理运用各种运输工具和仓容，提高运输、装卸、堆码效率和储运效率，加速流转，提高流通的经济效益。

（3）促进销售　精美的商品包装，可起到美化商品、宣传商品和促进销售的作用。包装既能提高商品的市场竞争力，又能以其新颖独特的艺术魅力吸引顾客、指导消费，成为促进消费者购买的主导因素，是商品的无声推销员。

（4）方便与指导消费　销售包装随商品的不同，形式各种各样，包装大小适宜，便于消费者携带、保存和使用。包装上的绘图、商标和文字说明等，既方便消费者辨认，又介绍了商品的成分、性质、用途。使用和保管方法，起着方便与指导消费的作用。

（5）节约费用　商品包装与生产成本密切相关。合理的包装可以使零散的商品以一定数量的形式集成一体，从而大大提高装载容量并方便装卸运输，可以节省运输、仓储等项的费用支出。有的包装还可以多次回收利用，节约包装材料及包装容器的生产，有利于降低成本，提高经济效益。

3. 包装的分类

包装在生产、流通和销售领域中的作用不同，不同部门和不同

行业对包装分类的要求也不同，分类的目的也不一样。包装工业部门、包装使用部门、商业部门、运输部门等根据自己行业特点和要求，采用不同的分类标志和分类方法，对包装进行科学的分类。一般来讲，包装工业部门多按包装技术方法、包装适用范围、包装材料等进行分类；包装使用部门多按包装的防护性能和适用性进行分类；商业部门多按商品经营范围和包装机理分类；运输部门则按不同的运输方式、方法进行分类。由于包装种类繁多，选用分类标志不同，分类方法也多种多样。

（1）按包装功能分　以包装在流通中的功能作为分类标志，可分为工业包装和商业包装。

1）工业包装。工业包装是指以保护运输和保管过程中的物品为主要目的的包装，又称为外包装或大包装。例如，纸箱、木箱、桶、集合包装、托盘包装等。储运包装一般体积较大，外形尺寸标准化程度高，坚固耐用，广泛采用集合包装，表面印有明显的识别标志，主要功能是保护物品，方便运输、装卸和储存。

2）商业包装。商业包装是指以促进商品销售为目的的包装，亦称为单个包装或小包装。商业包装的特点是包装件小，对包装的技术要求美观、安全、卫生、新颖、易于携带，印刷装帧要求较高。商业包装一般随商品销售给顾客，起着直接保护商品、宣传和促进商品销售的作用。同时，也起着保护优质名牌商品以防假冒的作用。

（2）按包装材料分类　以包装材料作为分类标志，一般可分为纸制、木材、金属、塑料、玻璃和陶瓷、纤维织品、复合材料等包装。

1）纸制包装。纸制包装是以纸与纸板为原料制成的包装。常见的纸制包装有纸箱、瓦楞纸箱、纸盒、纸袋、纸管、纸桶等。主要用于日用百货、纺织品、食品、饮料、医药、家用电器等商品。在现代包装中，纸制包装仍占有很重要的地位。从环境保护和资源回收利用的观点来看，纸制包装有广阔的发展前景。

2）木制包装。木制包装是指以木材、木材制品和人造板材（如胶合板、纤维板等）制成的包装。常见的主要有木箱、木桶、胶合板箱、纤维板箱和桶及木制托盘等。木制包装主要用于怕压、怕振动冲击的仪器、仪表和各种机械等商品的包装。

3）金属包装。金属包装是指以黑铁皮、白铁皮、可锻铸铁、铝箔、铝合金等制成的各种包装。常见的主要有金属桶、金属盒、可锻铸铁及铝罐头盒、油罐、钢瓶等。

4）塑料包装。塑料包装是指以人工合成树脂为主要原料的高分子材料制成的包装。常见的主要的塑料包装材料有聚乙烯（PE）、聚氯乙烯（PVC）、聚丙烯（PP）、聚苯乙烯（PS）、聚醋（PET）等。塑料包装主要有全塑箱、钙塑箱、塑料桶、塑料盒、塑料瓶、塑料袋、塑料编织袋等。从环境保护的观点来看，应注意塑料薄膜袋、泡沫塑料盒造成的白色污染问题。

5）玻璃与陶瓷包装。玻璃与陶瓷包装是指以硅酸盐材料玻璃与陶瓷制成的包装。常见的主要有玻璃瓶、玻璃罐、陶瓷罐、陶瓷瓶、陶瓷坛、陶瓷缸等。

6）纤维制品包装。纤维制品包装是指以棉、麻、丝、毛等天然纤维和以人造纤维、合成纤维的织品制成的包装。常见的主要有麻袋、布袋、编织袋等。

7）复合材料包装。复合材料包装是指以两种或两种以上材料粘合制成的包装，亦称为复合包装。主要有纸与塑料、塑料与铝箔和纸、塑料与铝箔、塑料与木材、塑料与玻璃等材料制成的包装。

8）条编包装。条编包装是指以天然的竹条、藤条、荆条、柳条、芦苇、稻草等材料编织而成的包装。常用的有各种筐、篓、篮、包、袋等，主要用于盛装水果、蔬菜、薯类、洋芋、药材等。这种包装虽然强度低，容易破损，但其原料均为农副产品，资源丰富，制作简便，是农民从事的一项重要副业，而且成本低，是一种应充分利用的包装，也有利于促进农村经济的发展。

（3）按包装形态分　按包装的形态可分为个装、内装和外装三种。

1）个装。个装是指商品按个进行的包装，目的是为了提高商品价值或保护商品。

2）内装。内装是指商品的内部包装，目的是防止水、湿气、光热和冲击碰撞对商品的破坏。

3）外装。外装是指商品的外部包装，即将商品放入箱、袋、罐等容器中或直接捆扎，并标上标记、印记等，目的是便于对商品进行运输、装卸和保管、保护商品。

内包装和外包装属于工业包装，更着重于对物品的保护，其包装作业过程可以认为是物流领域内的活动。而单个包装作业一般属于生产领域活动。

（4）按包装操作技术方法分类　按照操作技术方法分类，包装可分为压缩包装、捆扎包装、收缩包装和拉伸包装等。

1）压缩包装。压缩包装是指通过压缩机械装置将松散的商品如棉、毛、丝、麻、草等原材料经施压，使其形成更小体积的一种包装方法。

2）捆扎包装。捆扎包装是指将各种散件的型材、器材、器件、工具等使用柔性捆扎材料经捆扎而形成其重量或体积较大的整体，以便在流通过程中进行机械化作业。

3）收缩包装。收缩包装是指将箱装、桶装及裸装的各种商品，放置在托盘或滑板上，再用热收缩薄膜塑料裹包后送入热缩装置内加热，使收缩薄膜受热而收缩，再经冷却而将整个货件形成一牢固整体的新技术方法。

4）拉伸包装。拉伸包装是将箱装、桶装及散体的商品放置在托盘或滑板上，再将货件放置在拉伸机械装置的底座上，经旋转而将拉伸塑料薄膜缠绕其上而形成较大整体的一种新技术捆包方法。

此外，还可以按经营贸易惯例，将包装分为内销商品包装、外贸出口商品包装和特殊商品包装；按包装使用范围，将包装分为专用包装和通用包装；按包装使用次数，将包装分为一次性使用包装、多次使用包装和固定周转使用包装；按包装结构形式，将包装分为固定式包装、折叠式包装和拆解式包装；按包装的抗御变形能力，将包装分为硬包装、半硬包装和软包装；按包装的防护技术，将包装分为防锈包装、防振缓冲包装、密封包装和保鲜包装等。

4. 包装的要求

包装应根据不同需要，对包装材料的选择、包装技术方法的选取有不同的要求，一般遵循“科学、经济、牢固、美观、适销”的原则和下列要求：

（1）储运过程免受外力破坏的要求　运输和储存是物品在流通中受到外力破坏作用最多的两个环节，易受到震动、冲击、压力、摩擦、高温、低温等各种外界因素的影响而遭到破坏和损坏。要保护物品安全，就要求物品包装应具有一定的强度、坚实、牢固、耐用。对于不同的运输方式和运输工具，还应有选择地采用相应的包装容器和技术处理。整个包装要适应流通领域中的储存运输条件，满足运输、装卸、搬运、储存的强度要求。

（2）销售中对包装贴近用户需求的要求　销售包装设计是包装工作中极为重要的环节，它的质量和水平直接关系到销售状况。销售包装设计要求将商品信息宣传和视觉审美传达相结合，因此，设计中要注意货架印象鲜明突出，包装文字清晰易懂，商标图形独特醒目，造型结构科学合理，装潢设计美观大方。商品大多是放在货架上销售的，成功的包装设计要求经包装过的商品与其他商品放在一起时能很快被注意、被发现，对顾客产生强有力的视觉冲击作用。销售包装设计可分为造型设计和装潢设计。所谓造型，主要是指包装的形状、材料、外部结构、几何特征等；所谓装潢，主要是指包装的表面色彩、图案、标签、美工、文字、照片等一切宣传美化商品的措施。销售包装的造型与装潢设计，应根据不同的经销目的，采用不同的方式。造型设计宗旨是：使商品便于陈列，便于使用、携带，美观大方。装潢设计的宗旨是：力求画面图文并茂，色彩搭配合理、明快亮丽，并使形象、文字、构图、色彩、商标应用协调一致，最大限度地吸引消费者的注意力。当今世界，对商品（尤其是消费品）包装的要求是方便、轻巧、适量、保健和新奇。在方便使用、利于销售的前提下，设置各式新奇包装以吸引顾客，充分展示各种流行色彩和古色古香的民族风格。

（3）包装的其他要求

1）商品包装必须根据商品的不同特性，分别采用相应的材料与技术处理，使包装完全符合商品物理化学性质的要求，如食品商品包装特别应注意包装的洁净卫生、密封防潮和避光阻氧，并应注意要有一定的抗压性。日用工业品商品包装不仅要注意保护商品，还

需注意外观造型优美别致，便于展销和方便使用。

2）标准化，即对包装容（重）量、包装材料、结构造型、规格尺寸、印刷标志、名词术语、封装方法等加以统一规定，逐步形成系列化和通用化。这样不仅有利于包装容器的生产，提高包装生产效率，简化包装容器的规格，节约原材料，降低成本，易于识别和计量，还有利于保证包装质量和商品安全，有利于包装回收利用。

3）考虑不同消费对象、不同国家和民族的风俗习惯。

4）不断采用现代化包装技术和包装材料，使包装轻量化、现代化。做到图案设计要新颖，印刷要精美，商标要醒目，主体要鲜明，色调要和谐，风格要独特。

二、包装合理化管理

包装管理是随着经济发展而出现的一种经济管理活动。商品包装管理的目的是通过实现包装合理化使商品流通有秩序地、协调地、富有成效地进行并创造良好的经济效益。包装是物流的起点，包装合理化是物流合理化的重要内容，也是物流合理化的基础。

1. 包装合理化的概念

包装合理化是物流合理化的组成部分，从现代物流观点看，包装合理化不单是包装本身的合理与否的问题，而是整个物流合理化前提下的包装合理化。

包装合理化一方面包括包装总体的合理化，这种合理化往往用整体物流效益与微观包装效益的统一来衡量。另一方面也包括包装材料、包装技术、包装方式的合理组合及运用。

2. 包装合理化管理要点

（1）防止包装不足　包装不足包括：包装强度不足，从而使包装防护性不足，造成被包装物的损失；包装材料水平不足，由于包装材料选择不当，材料不能很好承担运输防护及促进销售作用；包装容器的层次及容积不足，缺少必要层次与不足所需体积造成损失；包装成本过低，不能保证有效的包装等等。

（2）防止包装过剩　包装过剩包括：包装物强度设计过高，如包装材料截面过大，包装方式大大超过强度要求等，从而使包装防护性过高；包装材料选择不当，选择过高，如可以用纸板却不用而采用镀锌、镀锡材料等；包装技术过高，包装层次过多，包装体积过大；包装成本过高，一方面可能使包装成本支出大大超过减少损失可能获得的效益；另一方面，包装成本在商品成本中比重过高，损害了消费者利益。

包装过剩的浪费不可忽视，对于消费者而言，购买的主要目的是内装物的使用价值，包装物大多作为废物甩弃，因而会形成浪费。此外过重、过大的包装，有时适得其反，反而会降低促销能力，所以也不可取。根据日本的调查，目前发达国家包装过剩问题很严重，约在 20% 以上。

（3）从物流总体角度，用科学方法确定最优包装　由于物流诸因素是可变的，因此，包装也是不断发生变化的。确定包装形式，选择包装方法，都要与物流诸因素的变化相适应，例如：不同装卸方法决定着相应包装，如在技术不发达主要采用手工装卸方式的情况下，包装的重量必须限制在手工装卸的允许能力之下，包装的外形及尺寸也应适合于人工操作；在确定包装时，必须对保管的条件和方式有所了解，如采用高垛，就要求包装有很高的强度，否则就会压坏下层物品；输送工具类型、输送距离长短、道路情况如何等对包装有重要影响，如道路情况比较好的短距离汽车输送，可以采用轻便的包装，而同一种产品，如果进行长距离的水路联运，则要求严密厚实的包装。

3. 包装合理化发展趋势

（1）包装尺寸标准化　包装尺寸的确定过去大多是以保护物品、便于人工装卸搬运作业、节约包装材料等为考虑因素，对与物流其他作业环节的关联性考虑得不多。可见，实现包装的标准化不仅能满足物流活动的需要，还能促进包装工业生产的发展，以达到包装成本下降的目的。而目前包装合理化大多只是从局部出发，没有站在物流综合系统的角度，以物流总体的合理化为目标。实现包装的标准化对于实现物流全过程的物流整体合理化具有特别重要的意义。包装尺寸的设计，如纸箱尺寸的设计，与托盘、集装箱、车辆、货架等各种各样的物流子系统发生连动，要求其与包装、运输、装卸、

保管等不同物流环节的机械器具的尺寸设计建立在共同的标准之上。作为确定包装尺寸基础的是包装模数尺寸。为实现包装货物合理化而制定的包装尺寸的系列叫做包装模数，用这个规格确定的容器长度×容器宽度的组合尺寸称之为包装模数尺寸。包装模数尺寸的基础数值，即包装模数是根据托盘的尺寸，以托盘高效率承载包装物为前提确定的。标准的包装尺寸应该与包装模数尺寸相一致，只有这样，才能够保证物流各个环节的有效衔接。例如按照包装模数尺寸设计的包装箱就可以按照一定的堆码方式合理、高效率地码放在托盘上。由于国际上标准的不统一，造成往来贸易的很多麻烦。如日本的托盘能够装进国际标准规格的海上集装箱，但运往目的地后，要进入他国的国内物流系统时就发生了困难。据说三得利工厂从欧洲进口葡萄酒到日本时，要在欧洲制作日本规格的托盘，把商品装上后再运到日本；反过来，从日本运到欧洲去的商品，在日本制作欧洲规格的托盘，装好后再运到欧洲去。

（2）包装作业机械化　实现包装作业的机械化是提高包装作业效率、减轻人工包装作业强度的基础。例如，就瓦楞纸箱而言，分别有纸箱组装机、装箱机、贴封签机、钉合机等，将上述几种机器连接起来，组成全自动瓦楞纸箱机械系列，这样，可比原来节约劳动力70%，生产效率大幅度提高。一般说来，包装机械化首先从单个物品包装开始，之后向装箱、封口、挂提手等外包装关联作业推进。

（3）包装成本低廉化　在包装成本中所占比例最大的是包装材料费，容器、附属材料和劳务费等的总费用不少都超过总成本的50%，因此，需要通过对包装材料的价格和市场行情进行充分调查，采用科学、合理、经济的包装设计，提高包装作业的机械化程度，降低包装作业对人工的依赖程度等有效措施来控制包装成本。

（4）包装单位大型化　随着交易单位的大量化和物流过程中的装卸机械化，包装的大型化趋势也在增强。大型化包装有利于机械的使用，提高装卸搬运效率。集合包装就是一种扩大了的包装方式，它将一定数量的包装件或产品装入具有一定规格、强度且符合长期周转使用的大包装容器内，形成一个合适的搬运单元的包装技术。它包括集装箱、集装托盘、集装袋、滑片集装、框架集装和无托盘集装等。集合包装既是包装方式，又是一种新的运输方式。它的出现一方面使产品的生产流水线一直延伸到集合包装的完成，更好地满足产品装卸、运输、储存等流通环节的需要；另一方面是对传统的包装运输方式的重大改革，使产品运输包装发生了根本的变化。

（5）包装材料的资源节省化　包装中大量使用的纸箱、木箱、塑料容器等材料，消耗了大量的自然资源。资源的稀缺性、大量开发资源对于环境带来的破坏以及包装废弃物给环境带来的负面影响要求我们必须以节约资源作为包装合理化的重要衡量标准。实现包装材料的资源节省化的重要途径是加大包装材料的再利用程度，加强废弃包装物的回收，减少过剩包装。同时，开发和推广新型包装方式，减少对包装材料的使用。目前，包装发展趋势正朝着绿色环保包装发展。绿色包装材料的种类主要有：重复利用和再生的包装材料、可食性包装材料以及可分解材料。

案例链接

TECH PLASTUS 联合公司包装管理的合理化

TECH PLASTUS 联合公司是《财富》杂志上排名 500 强的塑料容器生产商。其产品主要是装食物的塑料容器，容器必须有两个组件组成：盒与盖。公司原先的作业方式是将配套好的盖和盒，以一对的形式包装储存。传统的操作过程要求首先分别生产盒与盖，然后在生产线上完成盒与盖的配套包装过程，再将其送到仓库中，随着业务的发展，产品的品种从 80 种增加至 500 种，而这些产品的盒与盖又有许多是可以相互匹配的。这样，传统的操作过程使得产品库存迅速增加，同时，缺货的现象却又经常发生。仓库操作人员经常需要从现有库存中打开包装，拿出产品，并进行重新的装配，以使产品满足已有订单的需求。这样一方面使工作的效率降低，同时也常常不能满足客户的需求，产品库存的精确性也受到了影响。

TECH PLASTUS 联合公司的解决方法是在生产线末端重新设计包装过程，将盒与盖进行独立的包装，并独立地进入到仓库中的一

个配套装配工作区，而不先进行盒与盖的配套。当每天收到客户订单时，再根据需要将所需的盒与盖放入包装线，两者被压缩包装在一起并按顾客的要求打上标签，然后成品被放上拖车运走。需求量大的盒与盖，平时可以多装配一些，然后包装入库储存，再进行大量库存的打标签和装运。

TECH PLASTUS 联合公司用于包装线的投资不到 2 万美元。把配套包装作业放到仓储过程中完成，使流动资金的周转效率大大提高，仓库的空间利用率也得到提高，同时库存的精确度也达到一个更能接受的水平。

专家点评

包装可以保护物品，便于流通，节约费用，而且还能使商品醒目、美观，促进销售，方便并指导消费者使用，已成为现代物流不可或缺的重要一环。TECH PLASTUS 联合公司用于包装线的投资不足 2 万美元，却使流动资金的周转效率大大提高，仓库空间利用率、库存的精确度都得到了很大的提高。

第四节　装卸搬运管理

一、装卸搬运概念与作用

1. 装卸搬运概念

装卸搬运是指在一定范围内进行的、以改变货物的存放状态和空间位置为主要目的的物流活动。通常用“装卸”或“搬运”来表示“装卸搬运”的全部含义。其实装卸和搬运是有区别的。其中装卸狭义的是指货物在指定地点以人力或机械装入运输设备或卸下，强调改变货物的存放状态，一般特指货物上下方向移动；狭义的搬运是指在同一场所内对货物进行水平移动为主的物流作业，强调改变货物的空间位置，一般指货物横向或斜向的移动。

装卸搬运活动在物流的每一个环节都存在，通过装卸搬运把物流的各个环节有效地连接起来，使物品真正的流动起来，是物流活

动不可缺少的环节。

装卸搬运具体来说包括货物的装载、卸货、移动、堆码上架、取货、备货、分拣等作业以及附属于这些活动的作业。装卸搬运和运输的区别主要是活动范围不同。运输是物流节点之间的作业，装卸搬运则是物流结点内的作业。

2. 装卸搬运的作用

装卸搬运是物流活动得以顺利进行的必要条件，在全部物流活动中占有重要地位，发挥着重要意义。

（1）影响物流效率　物流效率主要表现为运输效率和仓储效率，二者都与装卸搬运直接相关。在货物运输过程中，发运的装车时间和在目的地的卸车时间占有不小的比重，特别是在短途运输中，装卸车时间所占比重更大，有时甚至超过运输工具运行时间。所以，通过缩短装卸搬运时间可以提高运输效率。在仓储活动中，装卸搬运效率对货物的收发速度和货物周转速度产生直接影响，同时，装卸搬运组织与技术对仓库利用率和劳动生产率也有一定影响，装卸活动包括装车（船）、卸车（船）、堆垛、入库、出库以及上述各项活动之间的短程输送，是随运输和保管等活动而产生的必要活动。

在物流过程中，装卸活动是不断出现和反复进行的，它出现的频率高于其他各项物流活动，每次装卸活动都要花费很长时间，所以往往成为决定物流速度的关键。装卸活动所消耗的人力也很多，所以装卸费用在物流成本中所占的比重也较高。由此可见，装卸活动是影响物流效率、决定物流技术经济效果的重要环节，可以从以下几个数据中反映出来：

① 装卸搬运直接影响物流安全　在物流活动中确保劳动者、劳动手段和劳动对象的安全非常重要。装卸搬运特别是装卸作业，货物要发生垂直位移，不安全因素比较多。实际表明物流活动中发生的各种货物损失事故、设备毁坏事故、人身伤亡事故等，相当一部分是在装卸搬运过程中发生的。特别是一些危险品，在装卸搬运过程中如违反操作规程进行野蛮装卸，很容易造成燃烧、爆炸、泄漏等重大事故。

② 装卸搬运直接影响物流成本　装卸搬运是劳动力借助于劳动手段作用于劳动对象的生产活动。由于装卸搬运作业量比较大，它往往是货物运量和库存量的若干倍，因此，为了进行此项活动，必须配备足够的装卸搬运人员和装卸搬运设备。以我国为例，铁路运输的始发和到达的装卸作业费大致占运费的20%左右，船运占40%左右。因此，装卸是降低物流费用的重要环节。

（2）影响物流质量　因为装卸搬运是使货物产生垂直和水平方向上的位移，货物在移动过程中会受到各种外力的作用，如震动、撞击、挤压等，容易使货物包装和货物本身受损。此外，进行装卸操作时往往需要接触货物，因此，这是在物流过程中造成货物破损、散失、损耗、混合等损失的主要环节。例如袋装水泥纸袋破损和水泥散失主要发生在装卸过程中，玻璃、机械、器皿、煤炭等产品在装卸时最容易造成损失。每年我国由于装卸搬运造成的经济损失上亿元。装卸搬运损失在物流费用中占有一定的比重。

二、装卸搬运的特点

装卸搬运贯穿于物流活动的各个环节，是物流活动得以进行的必要条件。但是和运输产生空间效益、保管产生时间效益不同，它本身并不产生任何价值。它只是对物流成本、物流效益、物流质量和物流安全产生影响，从而间接影响物流活动，因此它具有以下几个特点：

1. 保障性

装卸搬运贯穿物流各环节的始末，保障物流各环节的顺利进行，因此具有保障性。

2. 服务性

装卸搬运不产生时间价值和空间价值，也不大量占有流动资金，不产生有形的产品，表面上看它具有为其他物流活动服务的特性，因此具有服务性。

3. 桥梁作用

装卸搬运将物流的各阶段有机地连接成一个整体，在物流各阶段起到桥梁的作用，因此具有桥梁作用，也称为连接功能。

4. 伴生性

装卸搬运伴随着生产和流通每个环节的开始和结束，它要达到的目的总是和其他物流环节密不可分。往往不是为了装卸而装卸，为了搬运而搬运，因此相对于其他物流活动装卸搬运具有伴生性的特点。

5. 创造“隐含价值”

从表面上看，装卸搬运不改变货物形态，不产生价值和使用价值，但由于它对物流成本、物流效益、物流质量和物流安全产生影响，如果忽视它就会使物流成本提高，影响生产和流通，因此认为它具有创造“隐含价值”的特点。

三、装卸搬运作业内容与方法

1. 装卸搬运作业内容

（1）装卸　将货物装上、装入运输设备或从运输设备上卸下，改变货物的存放状态。

（2）搬运　使货物在短距离内移动，改变货物的空间位置。

（3）堆码　将货物或包装货物进行码放、堆垛等。

（4）取货　从保管场所将货物取出。

（5）分拣　将货物按品种、发货方向、顾客需求等进行分类。

（6）理货　将货物备齐以便随时装货。

2. 装卸搬运作业方法

装卸搬运作业的基本方法，可以分别按作业对象、作业手段、装卸设备作业原理、作业方式不同进行分类。

（1）按作业对象分类　按作业对象（货物形态）分类，可分为：单件作业法、集装作业法、散装作业法三种。

1）单件作业法。单件、逐件的装卸搬运是人力作业阶段的主导方法。目前，长、大、笨重货物、危险货物及行包等仍采取传统的单件作业法。

2）集装作业法。先将货物集零为整（集装化）再行装卸搬运的方法称为集装作业法。它包括集装箱作业法、托盘作业法、网袋作业法、货捆作业法、滑板作业法及挂车作业法等。

3）散装作业法。它是建材、煤炭、矿石等大宗货物历来采用散装作业的方式。近来，粮谷、食糖、原盐、水泥、化肥、化工原料等随着作业量增大，为提高装卸搬运效率，降低成本也采用散装散卸。散装散卸方法基本上可分为：倾翻法、重力法、气力输送法、机械法共4种。

（2）按装卸搬运涉及的物流设施、设备对象分类　按装卸搬运涉及的物流设施、设备对象分类，可分为仓库装卸、铁路装卸、港口装卸、汽车装卸、飞机装卸等。

1）仓库装卸配合出库、入库、维护保养等活动进行，并且以堆垛、上架、取货等操作为主。

2）铁路装卸是对铁路货车的装进及卸出，特点是一次作业就实现车辆的装进或卸出，很少有像仓库装卸时出现的整装零卸或零装整卸的情况。

3）港口装卸包括码头前沿的装船、后方的支持性装卸活动，有的港口装卸还采用小船在码头与大船之间“过驳”的办法，因而其装卸的流程较为复杂，往往经过几次的装卸及搬运作业才能最后实现船与陆地之间货物过渡的目的。

4）汽车装卸一般一次装卸批量不大，由于汽车的灵活性，可以少量或舍去搬运活动，而直接、单纯利用装卸作业达到车与物流设施之间货物过渡的目的。

四、活性指数

装卸活性是装卸搬运专用术语，是指货物的存放状态对装卸搬运作用的方便（或难易）程度，也称装卸活性。如果很容易转变为下一步的装卸搬运而不需过多进行装卸搬运准备工作，则活性就高；如果难于转入下一步的装卸搬运，则活性就低。活性一般是用“活性指数”进行定量地衡量。根据物料所处的状态，即物料装卸、搬运的难易程度，可划分不同的级别，也即所谓的“活性指数”。一般说来，活性指数一般用数字0、1、2、3、4来表示，见表3-14。

表 3-14　活性指数表

活性指数	状态	是否需要下列活动				已完成的活动	未完成的活动
		聚集	拿起	抬高	运出		
0	散放在地上	要	要	要	要	0	4
1	放在容器内	否	要	要	要	1	3
2	放在托板上	否	否	要	要	2	2
3	放在车上	否	否	否	要	3	1
4	移动中	否	否	否	否	4	0

在货场装卸搬运过程中，下一步工序比上一步的活性指数高，因而下一步比上一步工序更便于作业时，称为“活化”。装卸搬运的工序、工步应设计得使货物的活性指数逐步提高，则称“步步活化”。通过合理设计工序、工步，在做到步步活化作业的同时，还要采取相应的措施和方法尽量节省劳力、降低能耗。从理论上讲，活性指数越高越好，但也必须考虑到实施的可能性。例如，物料在储存阶段中，活性指数为 4 的输送带和活性指数为 3 的车辆，在一般的仓库中很少被采用，这是因为大批量的物料不可能存放在输送带和车辆上。

为了说明和分析物料搬运的灵活程度，通常采用平均活性指数的方法。这个方法是对某一物流过程物料所具备的活性情况累加后计算其平均值，用 H 表示，见表 3-15。H 值的大小是确定改变搬运方式的信号。

表 3-15　平均活性指数与改善的基本步骤

平均活性指数	说　明	改善的基本步骤
$H\leqslant 0.5$	所分析的搬运系统半数以上处于活性指数为 0 的状态，即大部分处于散装情况	可采用料箱、推车等存放物料，分析使用托板、撬垫及叉车的可能性
$0.5<H\leqslant 1.3$	大部分物料处于集装状态	可采用叉车和动力搬动车，全面使用手推车、手动提升车，推广使用托板及叉车，采用简便输送机

（续）

平均活性指数	说　　明	改善的基本步骤
$1.3<H\leqslant 2.3$	装卸、搬运系统大多处于活性指数为 2 的状态	可采用单元化物料的连续装卸和运输，全面使用叉车、输送机（皮带、滚轮及滚筒式输送机），分析采用工业拖车的可能性及节省装卸搬运工的分析
$H>2.3$	大部分物料处于活性指数为 3 的状态	可选用拖车、机车车头拖挂的装卸搬运方式，全面使用工业拖车、输送机和叉车，重点在于节省装卸搬运工的分析

装卸搬运的活性分析，除了上述指数分析法外，还可采用活性分析图法。分析图法是将某一物流过程通过图示来表示装卸、搬运的活性程度，具有明确的直观性能，让人一看就清楚，薄弱环节容易被发现和改进，如图 3-11 所示。

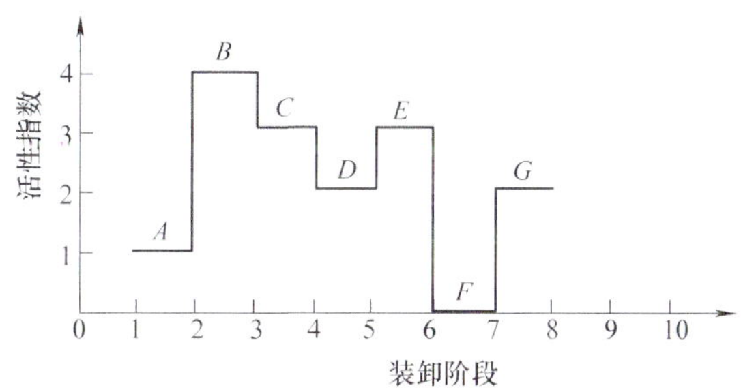

图 3-11　活性指数分析图

运用活性分析图法，通常分三步进行。

1）绘制装卸搬运图。

2）按搬运作业顺序做出物资活性指数变化图，并计算活性指数。

3）对装卸搬运作业的缺点进行分析改进，做出改进设计图，计算改进后的活性指数。

五、装卸搬运的种类

装卸搬运的种类，根据其表现的形态和具体的作业内容，有两种分类方法：

1. 装卸搬运形态的种类

（1）按作业场所分类　根据装卸搬运作业场所的不同，一般可分为三大类：

1）铁路装卸搬运。指所有在铁路车站及铁路货场进行的装卸搬运活动，既包括铁路车辆在铁路货场及站台的装卸搬运活动，也包括汽车在铁路货场及站台的装卸搬运活动，同时还包括铁路仓库、货场的堆码、拆垛、分拣、理货等作业。

2）港口装卸搬运。指所有在港口及港口货场进行的装卸搬运活动，包括在码头和港口仓库的堆码、拆垛、分拣、理货等作业。

3）场库装卸搬运。指在货物储存的料场或仓库进行的堆码、拆垛、分拣、理货、分装等作业。

（2）按货物形状分类　根据所装卸货物的形状和集装状况，可分为以下三类。

1）单件货物装卸。将包装物一个一个地单个搬运。

2）单元货物装卸。将货物装上托盘或装进集装箱搬运。

3）散装货物装卸。对如石油一类的液体或小麦一类的颗粒状货物的装卸。

（3）按装卸搬运机械分类　根据在装卸搬运中所采用的不同的装卸搬运机械，可以分为以下四类。

1）传送机装卸。以传送机为主完成的装卸搬运作业，一般在配送中心常见。

2）起重机装卸。以起重机械为装卸搬运工具的作业，一般用于货物重量、体积较大及数量较多的料棚、料场及比较高的仓库。

3）叉车装卸。广泛用在各类仓库、料场、料棚等区域，主要以搬运为主。

4）各种装货机装卸。如装料器、输入器等的装卸搬运，一般用于特殊货物如油类、谷类的装卸。

（4）按运输手段分类　根据装卸搬运货物采用的运输工具来分类，可以分为卡车装卸、铁路货车装卸、船舶装卸、飞机装卸等。

2. 装卸搬运作业的种类

主要指在物流中心内装卸搬运作业活动的种类，按操作特点可分为三类：

（1）堆码拆垛作业　堆码作业是指将货物移动或抬举到装运设备或固定设备的指定位置，再按所要求的状态放置的作业；拆垛作业则是堆码的逆向作业。

（2）分拣配货作业　分拣作业是在配货作业前或堆垛作业前将货物按品种、出入库顺序进行分类，再放到指定地点的作业。配货作业是将货物从所在仓库内的位置上，依据发货单的要求，按货物的种类、发货对象、出入库顺序等取出，并暂存在规定场所等待配送的作业活动。

（3）挪动移位作业　为了装卸搬运、分拣、配送等活动而发生的单纯改变货物支撑状态的作业和显著改变货物空间位置的作业。它包括水平、垂直、斜行搬送及几种形式的组合搬送。

六、装卸搬运作业合理化的原则

装卸搬运只能改变劳动对象的空间位置，而不能改变劳动对象的性质和形态，既不能提高也不能增加劳动对象的使用价值。但是装卸搬运必然要有劳动消耗，包括活劳动消耗和物化劳动消耗。这种劳动消耗量要以价值形态追加到装卸搬运对象的价值中去，从而增加了商品和物流成本。要提高装卸搬运效率，降低装卸搬运成本，需要科学地、合理地组织装卸搬运过程，尽量减少用于装卸搬运的劳动消耗。在进行装卸搬运活动过程中，应遵循以下原则。

1. 省力化原则

所谓省力，就是节省动力和人力。应巧妙利用货物本身的重量和落差原理，设法利用重力移动物品，如使物品在倾斜的辊道运输机上，或利用滑槽、滑板，在重力作用下移动，减少从下往上的装卸搬运，以减轻负重。不能利用重量和落差时，也尽量水平装卸搬运，如仓库的作业台与卡车车厢处于同一高度，手推车可以直接进出；卡车后面带尾板升降机，仓库作业台设装卸货升降装置等。总之，省力化装卸搬运原则是：能往下则不往上，能直行则不拐弯，能用机械则不用人力，能水平则不要上坡，能连续则不间断，能集装则不分散。

在不得不以人工作业时，也要注意重力的影响和作用。应减少人体的上下运动，避免反复从地面搬起重物，避免人力抬运或搬送过重物品。

2. 合理利用机械

初期阶段，搬运机械大多在以下情况使用：超重物品；搬运量大、耗费人力多、人力难以操作的；粉体或液体的物料搬运；速度太快或距离太长，人力不能胜任时；装卸作业高度差太大，人力无法操作时。今后的发展方向是，即使在人可以操作的场合，为了提高生产率、安全性、服务性和作业的适应性等，也应将人力操作转由机械来实现，而人可以在更高级的工作中发挥作用。

3. 消除无效搬运

即要提高搬运纯度，只搬运必要的物资。如有些物资要去除杂质之后再搬运比较合理，如煤炭搬运前应该清除其中的煤矸石；避免过度包装，减少无效负荷，因为包装材料最终是废弃物，多余包装不起作用反而增加了作业量；提高装载效率，充分发挥搬运机器的能力和装载空间，发货时的配车作业应该特别注意：中空的物件可以填装其他小物品再进行搬运；在物流系统作业规划与管理中，要减少倒搬次数，作业次数增多不仅浪费了人力、物力，而且还增加物品损坏的可能性。因为货物装卸搬运不产生价值，作业的次数越多，货物破损和发生事故的频率越大，费用越高，因此首先要考虑尽量减少装卸搬运次数。

4. 提高搬运活性

物品放置时要有利于下次搬运，如装入容器内并垫放的物品较散放于地面的物品易于搬运。在装上时要考虑便于卸下。在入库时要考虑便于出库。还要创造易于搬运的环境和使用易于搬运的包装。活性化原则，这里所说的活性化是指“从物的静止状态转变为装卸状态的难易程度”。如果容易或适于下一步装卸搬运作业，则活性化高，如仓库中的货物散乱摆放，与整齐堆码的差别；货物分散状态与堆码在托盘上的差别等。此外，在装卸搬运机械方面，可采用灵

活性较高的叉车、铲车、带轨道的吊车、能转动3600的吊车和带轮子、履带的吊车等。

5. 连续化原则

连续化装卸搬运可保持物流装卸搬运环节的顺畅、稳定，提高装卸搬运的效率，如采用输油、输气管道，气力输送设备、皮带传送机、辊道输送机、旋转货架等连续化装卸搬运设备。

6. 保持物流的均衡顺畅

物品的处理量波动大时会使搬运作业变得困难，在人力和相关机械设备的使用和调配方面非常困难。但是搬运作业受运输等其他环节的制约，其节奏不能完全自主决定，必须综合各方面因素妥善安排，使物流量尽量均衡，避免忙闲不均的现象。

7. 集装单元化原则

将散放物品归整为统一格式的集装单元称为集装单元化。集装箱运输、托盘一贯化物流等都是有效的做法；单元化装卸搬运是提高装卸搬运作业效率的有效方法，这对搬运作业的改善是至关重要的原则，可以达到以下目的：由于搬运单位变大，可以发挥机械的效能，提高作业效率，搬运方便，灵活性好；负载的大小均匀，有利于实行作业标准化；在作业过程中避免物品损伤；对保护被搬运的物品有利。

8. 人性化原则

装卸搬运是重体力劳动，很容易超过人的承受限度。如果不考虑人的因素或不够尊重人格，容易发生野蛮装卸和乱扔乱摔现象。搬运的东西在包装和捆包时应考虑人的正常能力和抓拿的方便性，也要注重安全性和防污染性等等。国外一些国家早已重视了这一点，在设计包装尺寸和重量时，以普通妇女搬运能力为标准。

确保作业安全和作业人员的人身安全也是重要的。要有严格的机械设备的检修制度，作业环境应留用安全作业空间、作业通道畅通、作业场所无障碍、地面要防滑等。

9. 提高综合效果

物流过程中运输、仓储、包装和装卸搬运各环节的改善，必须考虑综合效益，不能仅从单方面考虑。

第五节 配送管理

一、配送概述

1. 配送的定义

所谓配送，是指在经济合理区域范围内，根据客户要求，对物品进行拣选、加工、包装、分割、组配等作业，并按时送达指定地点的物流活动。配送作为物流中一种特殊的、综合的活动形式，它将商流与物流紧密结合，包含了物流中若干功能要素。

配送是一种“门到门”的服务形式

2. 配送的构成要素

集货、分拣、配货、配装、配送运输、送达服务及配送加工等是配送最基本的构成要素。

（1）集货　所谓集货，就是将分散的或小批量的物品集中起来，以便进行运输、配送的作业。集货是配送的重要环节，为了满足特定客户的配送要求，有时需要把从几家甚至几十家供应商处预订的物品集中，并将要求的物品分配到指定容器或场所。集货是配送的准备工作或基础工作，配送的优势之一，就是可以集中客户的需求进行一定规模的集货。

（2）分拣　所谓分拣，就是将物品按品种、出入库先后顺序进行分门别类堆放的作业。分拣是配送不同于其他物流作业的功能要素，也是配送成败的一项重要支持性工作。它是完善送货、支持送货的准备性工作，是不同配送企业在进货时进行竞争和提高自身经济效益的必然延伸。所以，也可以说分拣是送货向高级形式发展的必然要求。有了分拣，就会大大提高送货服务水平。

（3）配货　所谓配货，是指使用各种拣选设备和传输装置，将存放的物品，按客户要求分拣出来，配备齐全，送入指定发货地点。配货是配送工作的第一步，根据各个用户的需求情况，首先确定需要配送货物的种类和数量，然后在配送中心将所需货物挑选出来，即所谓的分拣。分拣工作可采用自动化的分拣设备，也可采用手工

方法。这主要取决于配送中心的规模及其现代化的程度，配货作业有两种基本形式。

1）分货方式（又叫播种方式）。分货方式是将需配送的同一种货物，从配送中心集中搬运到发货场地，然后再根据各用户对该种货物的需求量进行二次分配。这种方式适用于货物易于集中移动且对同一种货物需求量较大的情况。

2）拣选方式（又叫摘果方式）。拣选方式是用分拣车在配送中心分别为每个用户拣选其所需货物，此方法的特点是配送中心的每种货物的位置是固定的，适用于货物类型多、数量少的情况，这种配货方式便于管理和实现现代化。

（4）配装　在单个客户配送数量不能达到车辆的有效载运负荷时，就存在如何集中不同客户的配送货物，进行搭配装载以充分利用运能、运力的问题，这就需要配装。与一般送货不同之处在于，通过配装送货可以大大提高送货水平及降低送货成本，所以配装也是配送系统中有现代特点的功能要素，也是现代配送不同于以往送货的重要区别之一。在配装货物时，既要考虑车辆的载重量，又要考虑车辆的容积，使车辆的载重和容积都能得到有效的利用，这样就可以节省运力，减少配送的吨公里数，从而降低配送费用。

具体车辆配装要根据需配送货物的具体情况以及车辆情况，主要是依靠经验或简单的计算来选择最优的装车方案。当凭经验配装时，应遵循如下原则：

1）为了减少或避免差错，尽量把外观相近、容易混淆的货物分开装载。

2）重不压轻，大不压小，轻货应放在重货上面，包装强度差的应放在包装强度好的上面。

3）尽量做到“后送先装”。由于配送车辆大多是后开门的厢式货车，所以先卸车的货物应装在车厢后部，靠近车厢门，后卸车的货物装在前部。

4）货物与货物之间、货物与车辆之间应留有空隙并适当衬垫，防止货损。

5）不将散发臭味的货物与具有吸臭性的食品混装。

6）尽量不将散发粉尘的货物与清洁货物混装。

7）切勿将渗水货物与易受潮货物一同存放。

8）包装不同的货物应分开装载，如板条箱货物不要与纸箱、袋装货物堆放在一起。

9）具有尖角或其他突出物的货物应和其他货物分开装载或用木板隔离，以免损伤其他货物。

10）装载易滚动的卷状、桶状货物，要垂直摆放。

11）装货完毕，应在门端处采取适当的稳固措施，以防开门卸货时，货物倾倒造成货损或人身伤亡。

解决车辆配装量问题，当数据量小时还能用手工计算，但数据量大时，依靠手工计算将变得非常困难，需用数学方法来求解。现在已开发出车辆配装的软件，将配送货物的相关数据输入计算机，即可由计算机自动输出配装方案。在进行配装时，我们可以充分利用此类软件进行自动安排。

（5）配送运输　是运输中的末端运输或支线运输。和一般运输形态的主要区别在于：配送运输是较短距离、较小规模，频度较高的运输形式，一般使用汽车做运输工具。与干线运输的另一个区别是，配送运输的路线选择问题是一般干线运输所没有的，干线运输的干线是惟一的运输线，而配送运输由于配送客户多，一般城市交通路线又较复杂，如何组合成最佳路线，如何使配装和路线有效搭配等，是配送运输的特点，也是技术难度较大的工作。

（6）送达服务　将配好的货运输到客户还不算配送工作的结束，这是因为送达货和客户接货往往还会出现不协调，使配送前功尽弃。因此，要圆满地实现运到之货的移交，并有效地、方便地处理相关手续并完成结算，还应讲究卸货地点、卸货方式等。送达服务也是配送独具的特殊性。

（7）配送加工　所谓配送加工，就是按照配送客户的要求所进行的流通加工。在配送中，配送加工这一功能要素不具有普遍性，但往往是有重要作用的功能要素。因为通过配送加工，可以大大提高客户的满意程度。配送加工是流通加工的一种，但它又不同于一般流通加工的特点，即配送加工一般只取决于客户要求，其加工的

目的较为单一。

二、配送中心

配送中心是配送活动的组织者

1. 配送中心的定义

配送中心是指从事配送业务的物流场所或组织。它应符合：主要为特定的用户服务；配送功能健全；完善的信息网络；辐射范围小；多品种、小批量；以配送为主，储存为辅等要求。

2. 配送中心的基本功能

配送中心是专门从事货物配送活动的经济组织。换个角度来说，它又是集加工、理货、送货等多种职能于一体的物流据点。具体来说，配送中心有如下几种功能：

（1）采购功能　配送中心必须首先采购所要供应配送的商品，才能及时准确无误地为其用户即生产企业或商业企业供应物资。配送中心应根据市场的供求变化情况，制定并及时调整统一的、周全的采购计划，并由专门的人员与部门组织实施。

（2）存储功能　配送中心的服务对象是为数众多的生产企业和商业网点（比如连锁店和超级市场），配送中心需要按照用户的要求及时将各种配装好的货物送交到用户手中，满足生产和消费需要。因此，通过开展货物配送活动，配送中心能把各种工业品和农产品直接运送到用户手中，这在客观上可以起到生产和消费的媒介作用；同时，配送中心通过集货和存储货物，又起到了平衡供求的作用，由此能有效地解决季节性货物的产需衔接问题。为了顺利有序地完成向用户配送商品（货物）的任务，而且为了能够更好地发挥保障生产和消费需要的作用，配送中心通常要兴建现代化的仓库并配备一定数量的仓储设备，存储一定数量的商品。某些区域性的大型配送中心和开展“代理交货”配送业务的配送中心，不但要在配送货物的过程中存储货物，而且它所存储的货物数量更大，品种更多。由于配送中心所拥有的存储货物的能力使得存储功能成为配送中心中的一个重要功能。

（3）配组功能　由于每个用户企业对商品的品种、规格、型号、数量、质量、送达时间和地点等的要求不同，配送中心就必须按用

户的要求对商品进行分拣和配组。配送中心的这一功能是其与传统仓储企业的明显区别之一，这也是配送中心的最重要的特征之一。可以说，没有配组功能，就无所谓配送中心。

(4) 分拣功能　作为物流节点的配送中心，其服务对象（即客户）是为数众多的企业（在国外，配送中心的服务对象少则几十家，多则有数百家）。在这些为数众多的客户中，彼此之间差别很大：不仅各自的性质不同，而且其经营规模也大相径庭。因此，在订货或进货时，不同的用户对于货物的种类、规格、数量会提出不同的要求。针对这种情况，为了有效地进行配送，即为了同时向不同的用户配送多种货物，配送中心必须采取适当的方式对组织进来的货物进行拣选，并且在此基础上，按照配送计划分装和配装货物。这样，在商品流通实践中，配送中心除了能够储存货物、具有存储功能外，它还增加了分拣货物的功能，发挥分拣中心的作用。

(5) 分装功能　从配送中心的角度来看，它往往希望采用大批量的进货来降低进货价格和进货费用。但是用户企业为了降低库存、加快资金周转、减少资金占用，则往往要采用小批量进货的方法。为了满足用户的要求，即用户的小批量、多批次进货，配送中心就必须进行分装。

(6) 集散功能　在物流实践中，配送中心凭借其特殊的地位以及其拥有的各种先进的设施和设备，能够将分散在各个生产企业的产品（货物）集中到一起，然后经过分拣、配装向多家用户发运。与此同时，配送中心也可以做到把各个用户所需要的多种货物有效地组合（或配装）在一起，形成经济、合理的货载批量。配送中心在流通实践中所表现出来的这种功能即（货物）集散功能，也有人把它称为“配货、分散”功能。

集散功能是配送中心所具备的一项基本功能。实践证明，利用配送中心来集散货物，可以提高卡车的满载率，由此可以降低物流成本。

(7) 流通加工功能　经济高效的运输、装卸、保管一般需要大的包装形式。但在配送中心下位的零售商、最终客户，一般需要小的包装。为解决这一矛盾，有的配送中心设有流通加工功能。由此

形成了一定的加工（系初加工）能力，积极开展加工业务。这些配送中心能够按照用户提出的要求和根据合理配送商品的原则，将组织进来的货物加工成一定的规格、尺寸和形状。既方便了用户，省去了其烦琐劳动，又有利于提高物质资源的利用率和配送效率。对于配送活动本身来说，客观上则起着强化其整体功能的作用。这些加工功能是现代配送中心服务职能的具体体现。

（8）运送功能　配送中心需在其服务范围内，准时地把必要的商品及其数量送达客户，为了减少客户的库存或零库存，运送是多频次的。这就需要配备相应的运输设备及运输前后的装卸设备，这是良好快捷服务的重要保证之一。

（9）信息管理功能　在流通领域，为了从各供应商处准时地采购商品，然后准时地向众客户配送，提供快捷满意的服务，并最大限度地减少库存，提高工作效率，信息管理功能是十分重要的。配送中心应具有功能完备的仓库管理系统（WMS），并能与各供应商、各客户的 ERP 或其他信息系统实施实时的链接。

3. 配送中心类型

为了深化及细化认识配送中心，就要对配送中心作出适当的划分。从理论上和配送中心的作用上来划分，可以把配送中心分成许多种类。

（1）按配送中心承担的流通职能分类

1）供应配送中心。供应配送中心是专门为某个或某些用户（例如联营商店、联合公司）组织供应的配送中心。例如，为大型连锁超级市场组织供应的配送中心；代替零件加工厂送货的零件配送中心，使零件加工厂对装配厂的供应合理化；我国上海地区 6 家造船厂的配送钢板中心，也属于供应型配送中心。

2）销售配送中心。销售配送中心是以销售经营为目的，以配送为手段的配送中心。建立销售配送中心大体有 3 种类型：一种是生产企业为本身产品直接销售给消费者的配送中心，在国外，这种类型的配送中心很多；另一种是流通企业作为本身经营的一种方式，建立配送中心以扩大销售，我国目前拟建的配送中心大多属于这种类型，国外的例证也很多；第三种，是流通企业和生产企业联合的

协作性配送中心。比较起来看，国外和我国的发展趋向，都向以销售配送中心为主的方向发展。

（2）按配送区域的广泛程度分类

1）城市配送中心。城市配送中心是以城市范围为配送范围的配送中心。由于城市范围一般处于汽车运输的经济里程内，这种配送中心可直接配送到最终用户，且采用汽车进行配送，所以，这种配送中心往往和零售经营相结合。由于运距短，反应能力强，因而从事多品种、少批量、多用户的配送较有优势。“北京食品配送中心”就属于这种类型。

2）区域配送中心。区域配送中心是以较强的辐射能力和库存准备，向省（州）际、全国乃至国际范围的用户配送的配送中心。这种配送中心配送规模较大，一般而言，用户规模也较大，配送批量也较大，而且，往往是既配送给下一级的城市配送中心，也配送给营业所、商店、批发商和企业用户，虽然也从事零星的配送，但不是主体形式。这种类型的配送中心在国外十分普遍，美国马特公司的配送中心、蒙克斯帕配送中心等就属于这种类型。

（3）按配送中心的内部特性分类

1）储存型配送中心。储存型配送中心是有很强储存功能的配送中心。一般来讲，在买方市场，企业成品销售需要有较大库存支持，其配送中心可能有较强储存功能；在卖方市场，企业原材料、零部件供应需要有较大库存支持，这种供应配送中心也有较强的储存功能。大范围配送的配送中心，需要有较大库存，也可能是储存型配送中心。我国目前已建的配送中心，都采用集中库存形式，库存量较大，多为储存型。

2）流通型配送中心。流通型配送中心是基本上没有长期储存功能，仅以暂存或随进随出方式进行配货、送货的配送中心。这种配送中心的典型方式是：大量货物整进并按一定批量零出，采用大型分货机，进货时直接进入分货机传送带，分送到各用户货位或直接分送到配送汽车上，货物在配送中心仅做少许停滞。

3）加工型配送中心。加工型配送中心以加工产品为主，在其配送作业流程中，储存作业和加工作业居主导地位。

由于流通加工多为单品种、大批量产品的加工作业，并且是按照用户的要求安排的，因此，对于加工型的配送中心，虽然进货量比较大，但是分类、分拣工作量并不大。此外，因为加工的产品品种较少（指在某一个加工中心内加工的产品品种），一般都不单独设立拣选、配货等环节。通常，加工好的产品（特别是生产资料产品）可直接运到按用户户头划定的货位区内，并进行包装、配货。

（4）按照配送中心的专业化情况分类

1）专业配送中心。专业配送中心大体上有两个含义：一是配送对象、配送技术属于某一专业范畴，在某一专业范畴有一定的综合性，综合这一专业的多种物资进行配送，例如多数制造业的销售配送中心，我国目前在石家庄、上海等地建的配送中心大多采用这一形式；二是以配送为专业化职能，基本不从事经营的服务型配送中心，如“蒙克斯帕配送中心”。

2）柔性配送中心。在某种程度上讲，柔性配送中心是与专业配送中心相辅相成的配送中心，这种配送中心不向固定化、专业化方向发展，而向能随时变化、对用户要求有很强的适应性、不固定供需关系、不断发展配送用户并向改变配送用户的方向发展。

3）特殊的配送中心。所谓特殊的配送中心是指某类配送中心进行配送作业时所经过的程序是特殊的，包括不设储存库（或储存工序）的配送工艺流程和分货型配送中心。

① 不设储存库的配送中心在流通实践中，主要从事配货和送货活动（或者说专职于配货和送货），其本身不设储存库和存货场地，而是利用设立在其他地方的“公共仓库”来补充货物的配送中心，称作不设储存库的配送中心。一般配送生鲜食品的配送中心通常属于此类。

② 分货型配送中心这种配送中心是以中转货物为主要职能的配送中心。在一般情况下，这类配送中心在配送货物之前都先要按照要求把单品种、大批量的货物（比如不需要加工的煤炭、水泥等物资）分堆，然后再将分好的货物分别配送到用户指定的接货点。

4. 配送中心结构

配送中心虽然是在一般中转仓库基础上演化和发展起来的，但配送中心内部结构和布局和一般仓库有较大的不同。一般配送中心的内部工作区域结构配置如下：

（1）接货区　在这个区域里完成接货及入库前的工作，如接货、卸货、清点、检验、分类入库准备等。接货区的主要设施有：进货铁路和公路、靠卸货站台、暂存验收检查区域等。

（2）储存区　在这个区域里储存或分类储存所进的物资。由于这是个静态区域，进货要在这个区域中有一定时间的放置。所以和不断进出的接货区比较，这个区域所占的面积较大。在许多配送中心中，这个区域往往占总面积一半左右。对某些特殊配送中心（如水泥、煤炭配送中心），这一部分在中心总面积中占一半以上。

（3）组货、备货区　在这个区域里进行分货、拣货、配货作业，为送货做准备。这个区域面积随不同的配货中心而有较大的变化。例如，对多用户的多品种、少批量、多批次配送（如中、小件杂货）的配送中心，需要进行复杂的分货、拣货、配货等工作，所以，这部分占配送中心很大一部分面积。也有一些配送中心这部分面积不大。

（4）分放、配装区　在这个区域里，按用户需要，将配好的货暂放暂存等待外运，或根据每个用户货堆状况决定配车方式、配装方式，然后直接装车或运到发货站台装车。这一个区域对货物进行暂存，暂存时间短、周转快，所以所占面积相对较小。

（5）外运发货区　在这个区域将准备好的货装入外运车辆发出。外运发货区结构和接货区类似，有站台、外运线路等设施。有时候外运发货区和分放配装区还是一体，所分之货直接通过传送装置进入装货场地。

（6）加工区　有许多类型的配送中心还设置配送加工区域，在这个区域进行分装、包装、切裁、下料、混配等各种类型的流通加工。加工区在配送户心所占面积较大，但设施装置随加工种类不同有所区别。

（7）管理指挥区（办公区）　这个区域可以集中设置于配送中心某一位置，有时也可分散设置于其他区域中。主要是营业事务处理场所、内部指挥管理场所、信息场所等。

5. 配送中心订单处理流程

配送中心收到客户订单后，进行订单处理的主要工作流程如图3-12所示。

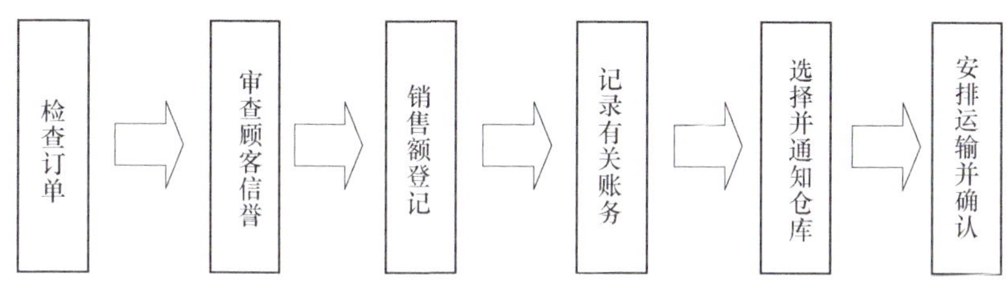

图3-12　配送中心订单处理流程

（1）检查订单　检查订单是否全部有效，即信息是否完全准确。

（2）审查顾客信誉　信用部门审查顾客的信誉。

（3）销售额登记　市场销售部门把销售额记入有关销售人员的账下。

（4）记录有关账务　会计部门记录有关的账务。

（5）选择并通知仓库　库存管理部门选择和通知距离顾客最近的仓库分拣顾客订货、包装、备运并及时登记公司的库存控制总账，扣减库存，同时将货物及托运单送交运输商。

（6）安排运输并确认　运输部门安排货物运输，将货物从仓库发运至收货地点，同时完成收货确认，即签收。

配送中心在订单处理完毕后，将发货单寄给顾客。这一过程也可由计算机网络完成。有了电子订货系统和订单处理系统，便于客户与配送中心之间的联系。物流企业可自行设计订单的格式，便于客户和配送中心上机使用，便于计算机处理。

货物拣选完毕后，要核对集中起来的货物。如库存缺货，应立即通知营业部门修正原始文件。通常要填制包装清单放入每件货物中，以说明其中货物品类、数量，收货人也据此核收货物。

6. 配送中心管理

（1）配送中心的主要工作

1）配货集中在配送中心内实现的配送的主要功能要素，就是为高水平送货所必需的分货、配货等理货工作，这也成了配送中心的核心工序。尤其对当前各国开展配送的主要对象——产品及中、小件杂货来讲，这个工序尤为重要。

2）送货的实施虽然在配送中心之外的线路上进行，但是，送货的决策、计划、组织、管理、指挥是在配送中心中完成的。

3）库存控制配送中心是配送系统集中库存所在地，在保证配送服务的前提下，控制库存数量和保证库存物质量是库存控制的两项主要工作。

4）客户管理配送中心执行对用户的配送计划，为保证服务水平，需要有诸如用户信息、用户反馈、用户联络等用户管理工作。

（2）配货 将配送中心存入的多种类产品，按多个用户的多种订货要求取出，并分放在指定货位，完成各用户的配送之前的货物准备工作，这项活动称作配货。由于配货工作时间建立在分拣的基础之上，所以这项工作又称为分拣配货。

配货是一件很复杂、工作量很大的活动，尤其是在用户多、所需品种规格多、需求批量小、需求频度又很高时，就必须在很短时间完成分拣配货工作。所以，如何选择分拣配货方式、如何高效率完成分拣配货，在某种程度上决定着配送中心的服务质量和经济效益。常用的评价参数主要有以下三个：

1）配货准确度。大型配送中心，由于用户多，需要配货的品种、规格、数量又有非常大的变化，所以常常会影响配货的准确程度。采用适当的管理方法例如选择有效的分货和拣选方式，有助于配货的准确。

2）配货速度。配送中心在执行配送任务时，整个配送时间有所限制，例如“时配”、“日配”等等，因此，配送中心内部的配货时间必须要保证整个配送计划、配送服务的兑现。配货速度的主要制约因素是用户过多、工作过于复杂。要解决这个问题，必须要选择合适的设备及工艺。

3）配货成本。配货工作相当复杂烦琐，要大量消耗人力，因此是增加成本的一个因素。选择适当的配货方式，可以提高效率、节约劳动消耗。

（3）送货

1）制定送货计划。大型配送中心需要通过提高计划性来提高送货的水平和降低送货成本。由于配送中心特别要强调服务功能，很难依靠预测制定完善的计划，因此，针对随机因素，采用灵活的计划方法是很重要的。

2）配送路线规划。合理规划配送路线以降低运量、节省运力是保证配送速度，降低成本的重要因素。

3）车辆配装。即根据不同的配送要求，选择合适的车辆并对车辆进行配装以达到提高利用率，是送货的一项主要工作。

4）车辆管理包括车辆的合理调度、安排、维护等内容。

7. 配送中心物流系统主要物流设备

（1）容器设施　包括搬运用容器、储存用容器、拣取用容器及配送用容器，如纸箱、托盘、铁箱、塑料箱等。在各项作业流程及储运单位的规划完成后，可先针对容器设施进行规划。部分以单品出货为主的出货类型，如果品种多而体积、长度、外形等物性差异很大时，可考虑利用储运箱等容器将储运单位统一化，达到单元负载的原则，以简化储运作业。

（2）储存设备　包括自动仓储设备（如单元负载式、水平旋转式、垂直旋转式、轻负荷式）、大型储存设备（如一般重型钢架、直入式钢架、移动式钢架、重量型流动货架）、多种小型储存设备（轻型料架、轻型流动货架、移动式储柜等）。可由仓储区使用的储运单位、容器式样及仓储需求量，来选择适用的设备及数量。

（3）订单拣取设备　包括一般订单拣取设备、计算机辅助拣取设备、自动化订单拣取设备。可由拣货区使用的拣取单位、容器式样及拣货需求量，来选择适用的设备及数量。通常拣货区与库存区是分区存放，再由库存区补货至拣货区；也有将拣货区与库存区规划在同一区，但是以分层方式处理，此时拣货区保管用的设备则与储存设备相同。另外在不同的拣货策略之下，所需的拣货区保管设备及拣货台车等搬运设备，则将因订单分别拣取或批量拣取而有所差异，因此需加以分析确认。

（4）物料搬运设备　包括自动化配合之搬运设备（如无人搬运

车、轴驱动搬运台车)、机械化搬运设备（如叉车、油压拖板车)、输送带设备、分类输送设备、拆码盘设备、垂直搬运设备等。应配合上述仓储及拣取设备，估算每日进出货搬运、拣货、补货等次数，以选择适用的搬运设备。

(5) 流通加工设备　包括裹包集包设备、外包装配合设备、印贴条形码标签设备、拆箱设备、称重设备等。配合目前配送中心服务项目的多元化及下游经营者的需求，配送中心进行次包装、裹包或贴标签等加工作业也逐渐增多。未来配合国际物流的趋势，经由国际物流转运后再分装或进行简易加工的业务也会逐渐产生，以增加物流作业的附加价值。

(6) 物流外围配合设备　包括楼层流通设施、装卸货平台、装卸载设施、容器暂存设施、废料处理设施等，需视配送中心经营者需求特性而异。

三、配送网络类型

1. 集中型配送网络

在电子商务时代，一个完整的服务配送网络是绝不可少的

集中型配送网络是指在配送系统中只设一个配送中心，所有用户需要的物品均由这个配送中心完成配送任务。在这种系统中，由于只有一个配送中心，配送决策由这个中心做出，配送的商品也只经过这一个中心进出，所以从这一点看是一种集中控制和集中库存的模式，如一个城市范围内中小型连锁公司自己设置的为所属连锁店配送商品的配送系统，一般只设一个配送中心，属于这种配送网络类型。

集中配送的库存集中，既有利于规模经济的实现，也有利于库存量的降低，但也存在外向运输（从配送中心到顾客的运输成本）增大的趋势，具体表现如下：

(1) 管理费用少　相对于分散配送系统，由于规模大，管理的固定费用低，所以管理费用低。

(2) 安全库存降低　在相同服务水平下集中比分散需要的安全

库存小，所以总平均库存降低。

（3）用户提前期长　由于集中型系统中，配送中心离用户远了一些，所以使用户订货的提前期变长。

（4）运输成本中外向运输成本（从配送中心到顾客的运输成本）会增大　因为配送中心距用户的距离与分散型系统相比会远一些，但内向运输成本（从生产厂到配送中心的运输成本）会小一些。

2. 分散型配送网络

分散型配送网络是指在一个配送系统中（通常指在一个层次上）设有多个物流中心，而将用户按一定的原则分区，归属某一个物流中心。如大城市中的大型连锁公司自己设置的为所属连锁店配送商品的配送系统通常要设置多个配送中心，就属于这种配送网络类型。

该种结构的配送系统具有：配送中心距离用户近，外向运输成本低；从供应商向物流中心送货时，由于要向多个物流中心送货，规模经济自然没有集中型好，故内向运输成本（从供应商到配送中心的运输成本）大；由于库存分散，安全库存增大，总平均库存增大；由于配送中心距离用户相对近一些，用户的提前期会相应缩短等特点。

3. 多层次配送网络

多层次配送网络是在系统中设有两层或更多层次的物流中心和配送中心，其中至少有一层是配送中心，而且是靠近用户。大型的第三方物流企业、大型零售企业或从供应链来看的物流系统，它们的配送网络通常是这种结构。由于供应商和用户离配送中心的距离都变近，采用多层次配送的网络系统，将使内向运输成本（从供应商到配送中心的运输成本）和外向运输成本（从配送中心向用户的运输成本）都会降低。

在多层次配送的网络系统中，有些物流中心或配送中心只是充当物品中转的协调点，而不是商品的储存点，商品从制造商到达物流中心或从物流中心到达物流中心或配送中心只停留几个小时，这是为了缩短商品储存的时间和零售店的提前期。因此，这种多层次的系统并不一定会增加商品库存量。

4. 几种典型的配送网络

（1）工业生产资料配送网络　工业生产资料是工业企业生产过程中所消耗的生产资料，包括原料、材料、燃料、设备和工具等。工业生产资料的配送也可称供应配送或供应物流，它是为生产企业提供原材料、零部件等物品而进行的配送。工业生产资料配送服务的对象都是企业，供方是提供原材料和零部件的企业，需方是消耗原材料和零部件的企业。生产企业消耗生产资料一般用量比较大，计划性强，可替换性小，进入消耗可能要经过初加工。为了降低物流成本，保证生产的顺利进行，需方企业对配送系统在品种、数量到达时间、到达地点的精度要求会比较高，特别是采用准时制生产的企业，要求物流配送系统能严格按生产计划和进度将所需生产资料直接配送到生产现场进入消耗。

（2）生活消费品配送网络　生活消费品是由工农业企业提供的个人消费品，包括五金、家电、家具、餐具、纺织品、化妆品、工艺品、食品、饮料、果蔬、药品等。

生活消费品的配送网络结构和流程与工业生产资料的配送没有什么本质区别，只是配送的用户是零售店而不是生产企业，零售店只能根据对市场的预测来确定需求计划，因而计划的精度没有生产企业根据生产进度来确定原材料和零配件需求计划那么高；另外，零售店一般会保留一定数量的商品库存，与生产资料配送中生产企业期望做到“零库存”配送的要求是不一样的。因此，工业资料的配送与生活消费资料的配送，在配送作业与用户需求衔接的严密程度是不一样的，前者比后者要求高。

（3）包裹快递配送网络　包裹快递又称住宅配送，日本称宅急便。它是在全国或全球范围内构筑一个多层次配送网络的基础上，各网点以小货车为工具接送用户（个人或组织）需要寄送的物品，并集中到发送地中转站，在中转站进行分拣、配货、配载，然后经区间运输送到接收地中转站，再通过接收地网点用小货车送到收货人手中。包裹快递原是为住宅区居民提供快捷、便利的包裹运输服务的一种物流方式，后来发展成一种专门的快递业务。它是一种特殊的配送业务，与供应配送和销售配送的主要区别在于以下四个

方面。

1）配送的使命不同。包裹快递不同于供应配送和销售配送，不是直接为生产经营服务，而是为人们的工作、生活提供方便，即使命不同。客体不同，包裹快递配送的客体主要是小包裹和信函之类，如机械小配件、录像带、贸易小样品、礼品、私人小行李、信函、票据、合同、资料等。随着物流业的发展和市场竞争的加剧，包裹快递也在逐渐向生产经营领域里的物流业务延伸，如电子商务和网络营销方式下的销售配送业务，就是由快递公司承担的，BtoB 模式（注：business to business，企业对企业）销售给个人的消费品交由快递公司配送，具有更大的优势。

2）功能差异。由于使命不同，功能上存在差异。供应配送和销售配送，为了保证生产和市场需求，配送过程通常具有存储和加工功能，但包裹快递用户要求的是尽可能快地实现物品空间位置转移，因而主观上不希望出现停滞，即包裹快递配送是不需有存储功能和加工功能的。

3）服务对象广泛，网络覆盖面宽。供应配送和销售配送的服务对象主要是工商企业，包裹快递的服务对象要广泛得多，不仅包括工商企业，还包括政府机关、事业单位、社会团体，更多的还有广大居民，凡有人群的地方都需要这类业务，因而包裹快递的配送网络的覆盖范围应尽可能宽。目前，快递业务已达世界五大洲的95%以上的国家和地区。

例如，日本宅急便诞生于1976年，它是从大和运输的宅急便开始的，尽管开始服务第一天的营业量只有2件货，但宅急便后来在日本迅速发展，采用专用投递车、大型集散站点、货物追踪信息系统等。并开发了高尔夫、滑雪宅急便，即为外出打高尔夫球和滑雪的运动者提供高尔夫球杆、滑雪板的配送服务。现在，日本住宅配送的货物80%来自企业，家庭到家庭的货物只占20%，住宅配送正快速打进产品直送和邮寄销售的物流业务之中。

4）包裹输送速度快。“快”是包裹快递的最本质特征，也是用户最基本要求。例如，联邦快递公司（FedEx）在美国的投递时间是不超过次日上午9:00，在中国首个承诺的服务时间是在24h 和48h

以内把用户的包裹送到收件人手中。

四、配送模式

配送网络确定以后，配送模式与服务方式就成为降低配送成本、提高服务水平的关键。所谓配送模式是指企业对配送所采取的基本战略和方法。它是适应经济发展需要并根据配送对象的性质、特点及工艺流程，经过反复实践而确定下来的，对物流系统的库存和其他物流环节产生影响，因此，正确地选择配送模式和服务方式对于改善配送效果、提高物流系统的效率和效益有着重要意义。

1. 配送运作模式

企业配送和其他的经济活动一样，也是按照一定的规律和一定的程序运行的，逐步形成具有自身特色的运作模式。

（1）商流、物流一体化配送模式　商品配送活动是作为企业的一种商业促销手段而与商流活动紧密联系在一起的。国内外许多从事配送活动的经营组织实际上就是经销各类商品的企业。从表象上看，这些经营组织也在独立地进行商品存储、保管、分拣和运送等物流活动，但这些活动是作为企业产品销售活动的环节内容而存在的，商品配送实际上是作为企业的一种营销手段而存在的。

（2）商流、物流分离的配送模式　随着商品流通的发展，从事商品配送活动的一些经营组织不从事购销商品，而是专门为客户提供诸如商品保管、分拣、加工、运送等系列化配送服务。这些专业配送组织的职能就是从工厂或转运站接收商品，然后代客户存储、保管商品，并按照客户的要求分拣和运送商品到指定的接货点。从组织形式上看，这些配送活动是一种商流与物流相对分离的活动，也称之为“代理配送”。

（3）独立配送模式　独立配送是指配送组织依靠自己构建的网络体系独自开展配送活动的运作形式。独立配送的运作方法是：各个行为主体通过各种渠道分头与客户建立业务关系，单独开展配送活动。独立配送有时表现为不同的配送主体各自配送多种商品，从而呈现出“综合配送”形态；有时又常常表现为众多配送组织分别、

独自配送某一种类的物资，呈现出“专业配送”形态。

共同配送是物流配送发展的总体趋势

（4）共同配送模式 按照日本工业标准的解释，共同配送是指“为提高物流效率，对许多企业一起进行配送”。其运作形式有两种：由一个配送企业对多家用户进行配送；或在送货环节上将多家用户的待运送的商品混载于同一辆车上，然后按用户的要求分别将商品运送到各个接货点，或运到多家用户联合设立的配送商品接收点上。此外，还存在着另一种共同配送模式：若干配送企业开展协作，在核心企业的统一安排调度下，各个配送企业分工协作、联合行动，共同对某一地区的用户进行配送。

（5）集团配送模式 作为一种运作模式，集团配送并不是指某个企业集团内部的供应站或供应公司对所属的各个需求单位运送物资的送货形式，而是专指那种以一定方式聚合专业流通企业，组成相对独立的流通企业集团，集中对大中型生产企业实行定点、定时、定量供货的配送模式，以及那种以商贸集团及其所属物资加工中心为媒介，在生产企业集团之间相互供、送货的运作模式。由于配送活动的行为主体是有一定规模和经济实力的企业集团，集团配送成为一种典型的规模经济活动。采用集团配送模式进行操作，必须具备良好的外部环境条件，还必须建立起高效率的指挥系统和信息系统。

2. 配送功能模式

按照配送的途径和功能，配送模式可以分为以下三种：

（1）越库配送模式 是指从收货到发运的过程中，避免在将货物送去零售商之前将其放入仓库，实施直接货物配送的模式。它由于越过了仓储环节，在缩短产品操作及储存时间，减少劳动力成本、货损和退货，减少储存和运营的空间和要求，以及在缩短商品采购周期，节约流通成本等方面都具有重要意义。如沃尔玛85%的商品是通过配送中心配送的，其中的80%是通过“零库存”的越库配送形式完成的。由于沃尔玛采用了：“越库配送”和“自动补货”的技术，使商品的在库周转期降低到2天。而我国零售企业的商品在库周转期大都在15～30天，从此角度看，沃尔玛的在我国的经营占有明显优势。越库配送常用在快速消费品和易腐货物运输中缩减成本和交货时间。按其物品流动环节，它还可进一步地分为直接配送模式和直通配送模式。

1）直接配送模式。这种模式实际上是不设配送中心的配送模式，即用户或零售商需要的商品直接从供应商配送到指定的地点。这种模式的优势在于：减少了中间环节，消除了配送中心的费用。但这种模式同时也带来三个方面的问题：一是由于库存分散在用户或零售商的仓库里，不能集中调度，无法利用风险分担效应来降低整个系统的库存量，会使存储成本增大；二是不设配送中心，用户距离供应厂商的距离远，用户也必须保持较大的库存量；三是不利于组织共同配送，运输的规模效益难以形成。因为当一个供应商供货的量不大时，运输工具的空载率高，或者派较小的车辆送货，这样的规模效益都比较低。

显然直接运输的配送模式是一种不太有利的配送模式，或者可以说不是真正概念上的配送。但这种模式往往受某些大用户的要求而采用，或者是有些商品对运输速度的要求很高，不宜有中间环节存在，如鲜活商品，这时采用直接配送的模式是必要的。

2）直通配送模式。直通配送模式中，配送中心不具有专门的存储功能，是一个转运站。商品从供应商到达配送中心后，迅速分拣、转移到用户或零售点上，商品在配送中心停留的时间一般不超过12h。这种模式下，库存物品主要分散在用户和零售店，配送中心的仓库保管费用少。但由于库存分散，无法利用风险分担效应来降低系统库存量，系统总库存量可能大。采用这种配送模式，必须有先进的信息系统和快速反应的运输系统来保证，能有效地预测需求，能及时地采用转运策略进行终端销售点上的货物转运。沃尔玛就是运用这种配送模式的典型。

（2）储存配送模式　储存配送模式是指在配送中心储存货物，然后根据用户需求对储存货物进行配送。这是最典型的配送模式。这种模式的重点是确定系统中的合理库存、优化配送路线和通过配货配载以提高运输工具的利用率。这种模式又由于仓库的分散或集

中，分为集中库存模式和分散库存模式，其特点也不一样。一般来说，储存配送模式相对于直接配送模式或后面即将讨论的直通配送模式而言，库存集中，有利于组织共同配送，规模效益好；库存集中，有利于物品的综合调度，从而降低系统库存；设置配送中心以后，用户到供货点的距离缩短，使用户的提前期缩短，库存降低，甚至可以为零。

（3）流通加工型配送模式　流通加工型配送，是为了促进销售、方便用户，或是为了提高物流效率，在配送中心对物品进行生产辅助性加工后再进行配送的配送模式。显然，流通加工型配送，在配送中心必须有较强的流通加工能力。流通加工的内容包括分割、包装、计量、检验、贴标等。由于加工的对象和加工目的不同，流通加工的具体内容是多种多样的，如金属剪切、原木材下料、配煤、水泥搅拌、食品冷冻保鲜、蔬菜洗切等。流通加工一般在配送环节之前进行。从提高物流效率的角度看，流通加工是进行合理化配送的重要条件，因此，流通加工与配送的关系十分密切。

五、配送作业流程

配送的功能最终必须通过具体的配送工艺流程来实现。配送的基本流程如图 3-13 所示。

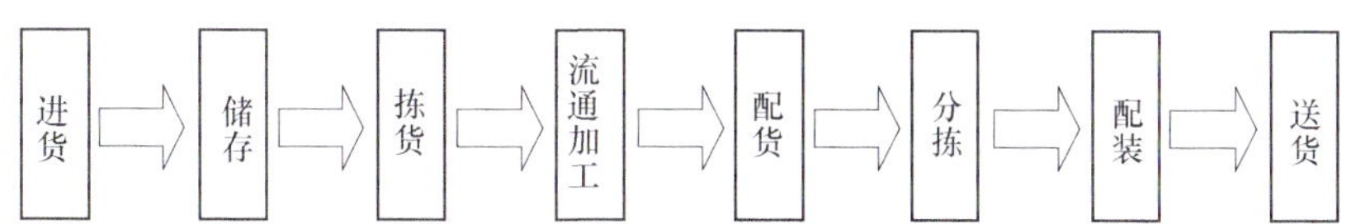

图 3-13　配送基本流程示意图

六、配送服务方式

配送是直接面对用户的物流环节。由于用户所处的环境和内部条件不同，生产经营的方式不同，因而对配送的要求也不一样。为了满足不同用户和消费者的需求，应采用不同的配送服务方式。归纳起来，可供选择的配送服务方式主要有如下 7 种：

1. 定时配送

按照与用户商定的时间或时间间隔进行的配送。每次配送的品种和数量既可以预先在协议中约定，配送时按计划执行；也可由用户在送货之前以商定的联络方式（如电话、传真、E-mail 等）通知配送中心，配送中心根据通知中的品种和数量安排配送。

由于定时配送在时间上是固定的，对用户而言，便于按照自己的经营情况，在最理想的时间进货，也易于安排接货的人员和设备。对配送中心来说，有利于安排工作计划，有利于实施共同配送，以降低成本。但定时配送也有不足之处，主要是当用户选定的时间比较集中时，造成配送中心的任务安排不均衡。

定时配送的典型形式是日配式，即按用户的要求每天送货一次。日配式是定时配送中被广泛采用的一种方式，特别是城市范围内的配送大多以日配的方式进行。日配式使用户只需有一天的库存量。

适合日配式的用户主要有：各种业态的零售店、生产比较稳定的生产企业。

2. 准时配送

准时配送指按照双方约定的时间准时将货物配送到用户。这种方式的特点在于时间的精确性。它要求按照用户的生产节奏，不早不迟正好在规定的时间将货物送达。采用这种方式，完全可以实现“零库存”。采取准时制生产方式的生产企业最需要这种配送方式。

准时配送方式既可以通过协议来实现，也可以通过看板方式来实现。和一般的定时配送相比，它需要有功能完善的信息系统和各种先进的物流设备来支撑。这种方式适合于连续、重复、批量生产的企业用户，特别是装配型企业。由于用户所需的物品是重复的、大量的，因而往往是一对一的配送。

3. 快递配送

快递配送是一种快速的、向社会广泛提供服务的配送方式。一般而言，这种方式覆盖范围较广，服务承诺的时限随着地域的变化而变化。所以，这种配送方式很少用作生产企业“零库存”的配送。

正因为快递配送的对象是社会的广大企业和个人用户，配送的物品主要是小件物品，而且以快速、便利为特色，所以颇受青睐，

发展很快。日本的“宅急便”、美国的“联邦快递”公司，我国邮政系统的“特快专递”等都是运作得异常成功的快递式配送企业。

4. 定量配送

定量配送指按照协议约定的数量实施配送。这种方式由于数量固定，在管理上可以增强备货的计划性。在计量时可以根据托盘、集装箱及车辆的运载能力进行测算；也可以有效地利用这类集装方式进行整车配送，从而大大提高配送的作业效率。又由于这种方式不严格限定时间，便于配送企业合理安排运力，实施科学管理。对于用户而言，由于每次所收货物的数量相同，所以便于安排人力、装卸搬运机具和储存设施。其不足之处是，有时会增大用户的库存量。

5. 定时定量配送

定时定量配送即按照约定的时间和数量进行配送。这种方式集合上述定时、定量两种方式的优点于一身，是一种精密的服务方式。这种方式计划性很强，要求配送中心必须有严格的管理。它适合于生产量大且稳定的用户，如汽车、家用电器、机电产品制造业等。

6. 定时定路线配送

定时定路线配送是一种在约定的运送路线上，按照运行时刻表进行的配送方式。这种方式要求用户预先提出供货的品种、数量、到货时间和到货地点，以便合理地配货配装。采用这种方式有利于配送企业科学地安排车辆和司乘人员，也便于实施共同配送，以降低配送成本。对用户来说，这种配送方式有利于安排接货，同时由于成本不高，可以获得低价格的好处。这种方式对于消费者集中的商业繁华区域的用户，可利用行人少的晚间送货，以解决因街道狭窄、交通拥挤、难以实现配送到门的难题。

7. 即时配送

即时配送是指为满足用户应急需求进行的配送。这种方式是对其他配送服务方式的完善和补充，它主要是为了满足用户由于事故、灾害、生产计划突然改变等因素所导致的突发性需要，以及普通消费者的突发性需求所采用的高度灵活的应急配送方式。大型配送企业要想保持自己的经营地位，通过满足用户急需来形成自己的优势，

从而赢得用户的信赖，就应当具备这种应急能力。不过这种服务方式成本较高，不是经常采用的一种方式。

七、物流配送合理化

1. 影响物流配送的因素

物流配送是一项经济活动，像其他经济活动一样受到众多因素的影响。物流配送与市场、消费者、生产商等密切相关，影响它的因素很多。概括起来主要有：

（1）人　人是影响物流配送的核心因素。物流配送要坚持“以人为本”的创新理念。物流配送方案的设计、实际物流配送作业的实施，都是靠人来实现的。把人作为影响物流配送因素的中心毫不为过。

（2）时间　时间是影响物流配送的重要因素，是物流配送的保证。物流配送中的准时制原则十分重要，物资必须按照计划准时送达目的地。物流配送的效率提高很大程度上取决于物流配送方案中对时间的合理安排。严格控制物流配送时间是达到准确配送的前提条件。

（3）车辆　车辆是物流配送的主要载体工具，是物流配送不可缺少的因素之一。配送通过车辆将物资在空间上进行移动，使物资能够送达消费者手中，实现其空间价值。车辆的状况，很大程度上影响到物流配送的效率。车辆作为运输工具，具有衔接不同的运输方式和不同规模配送量的转换功能。一般而言，物流配送中的运输属于运输中的末端运输、支线运输，通常使用汽车做运输工具。一方面，车辆的状况不好可能导致物资配送的延迟，进而导致用户的不满；另一方面，车辆的利用程度关系到物流配送的成本，空载、不满载等都会导致物流配送的成本上升。

（4）配送路线及其交通状况　配送路线是影响物流配送质量的一个重要因素。配送路线的设计取决于配送网点的布局和可供选择的线路交通状况。而配送路线是否恰当，将影响到物流配送的时间和成本。优化的配送路线能够节约大量的时间，节省可观的费用。配送路线及其交通状况都是影响物流配送的重要因素。

(5) 物流结点　物流结点是影响物流配送的主要因素之一。它对物流配送的影响主要表现在以下两个方面：

1) 衔接作用的影响。物流结点将各个物流线路连接成一个系统，使各个线路通过结点变得更为贯通而不是互不相干，这种作用称为衔接作用。在物流配送没有系统化之前，不同线路的衔接有很大困难，例如轮船的大量输送线和短途汽车的小量输送线，两者输送形态、装备都不相同，再加上运量的巨大差异，往往只能在两者之间有长时间的停顿后再逐步实现转换，这就使两者不能及时地、很好地贯通。物流结点利用各种技术（如托盘标准、集装箱等）将停顿转化为通畅。

2) 信息处理的影响。物流结点是整个物流配送系统的信息传递、收集、处理、发送的集中地，在现代物流配送中起着非常重要的作用，也是复杂物流配送仓储单元能连接成有机整体的重要保证。

2. 物流配送合理化的判断标志

物流配送过程中往往会有许多不合理现象伴生，如资源筹措的不合理、库存决策不合理、配送与直达的决策不合理、送货中出现不合理运输等等，这些不合理表现形式直接导致物流配送成本上升，物流经济效益下降。如何判断物流配送是否合理化，必须了解物流配送合理化的判断标志。

(1) 库存　库存是判断物流配送合理与否的重要标志。具体指标有以下两方面：一是库存总量。库存总量在一个配送系统中，从分散于各个用户转移给配送中心，配送中心库存数量加上各用户在实行配送后库存量之和应低于实行配送前各用户库存量之和。此外，从各个用户角度判断，各用户在实行配送前后的库存量比较，也是判断合理与否的标准，某个用户上升而总量下降，也属于一种不合理。二是库存周转。由于物流配送的调剂作用，以低库存保持高的供应能力，库存周转加快。此外，从各个用户角度进行判断，各用户在实行配送前后的库存周转比较，也是判断合理与否的标志。为取得共同比较基准，以上库存标志，都以库存储备资金计算，而不以实际物资数量计算。

(2) 资金　资金判断标志：一是资金总量，即用于资源筹措所占用流动资金总量，随储备总量的下降及供应方式的改变必然有一个较大的降低；二是资金周转，从资金运用来讲，由于整个节奏加快，资金充分发挥作用，同样数量资金，过去需要较长时期才能满足一定供应需求，配送之后，在较短时期内就能达此目的，资金周转是否加快，已成为衡量配送合理与否的标志；三是资金投向的改变，资金是分散投入还是集中投入，成为资金调控能力的重要反映。实行配送后，资金必然应当从分散投入改为集中投入，以便能增加调控作用。

(3) 成本和效益　总效益、宏观效益、微观效益、资源筹措成本都是判断配送合理化的重要标志。成本及效益对合理化的衡量，还可以具体到储存、运输具体配送环节，使判断更为精细。

(4) 供应保证程度　配送过程中配送的重要一点是必须提高而不是降低对用户的供应保证能力，才算实现了合理化。即时配送的能力及速度是用户出现特殊情况的特殊供应保障方式，这一能力必须高于未实行配送前用户紧急进货能力及速度才算合理。特别需要强调一点，物流配送中心的供应保障能力，是一个非常重要的合理标志。物流配送必须追求供应保障能力高可靠性。

(5) 物流合理化　物流配送必须有利于物流合理化。要看物流配送是否合理化就必须判断物流配送过程中是否降低了物流费用；是否减少了物流损失；是否加快了物流速度；是否发挥了各种物流方式的最优效果；是否有效衔接了干线运输和末端运输；是否不增加实际的物流中转次数；是否采用了先进的技术手段。物流合理化的问题是物流配送要解决的大问题，也是衡量物流配送本身的重要标志。

3. 物流配送合理化的主要方法

物流配送是在物流配送中心进行运作和管理的，因此物流配送的合理化就要实现物流配送中心内部运作的合理化。物流配送中心的合理化需要建立高效管理系统和有效的运作模式，才能保障物流配送作业的合理化。

(1) 实现订货、发货的效率化　现代化的物流配送中心，无论是采取集约化、综合化的发展模式还是分散化、个性化的发展模式，

都比较注意通过网络将各物资生产厂、物流配送中心与供应保障最前端的用户连接起来，从而使订货信息通过信息系统传输到物流配送中心，在准备发货的同时，同期进行自动制作发货票、账单等业务。除此以外，通过管理信息系统实现物资的电子订货，真正使物资生产企业的经营活动与物资的物质运动紧密联系在一起，并推动即需型产供体制和网络供应体系的建立。

（2）实现收货、发货时物资检验的效率化　现代物流配送中心越来越具有集约化、综合化的倾向。伴随着订发货业务的开展，物资检验作业也在集约化的中心内进行。特别是条形码的普及以及便携式终端性能的提高，物流作业效率得到大幅提高，即在客户订货信息的基础上，在进货物资上要求贴付条形码，物资进入物流配送中心时用扫描仪读取条形码检验物资；或在物资生产企业发货信息的基础上，在检验发货物资时同时加贴条形码，这样仓库保管以及发货业务都在条形码管理的基础上进行。可见，物流配送中心利用条形码和扫描仪等设备实现物资检验的高效化是实现物流配送合理化重要措施。

（3）实现物流配送中心内保管、装卸作业的效率化　现代物流配送中心都在中心内导入了自动化作业，在实现物流作业快速化的同时，极力削减作业人员、降低人力费。特别是以往需要大量人力的备货或标价等加工作业如何实现自动化是很多中心面临的重要课题。因此，为了提高作业效率，除了改善作业内容外，必须采取使各项作业标准化，最终实现人力资源节省的方法。这样可以在物流配送中心内彻底实现自动化，从而将所有备货作业完全建立在标准化的基础之上。所以如何实现保管、装卸作业的高效化就成为现代物流配送中心实现合理化的重要措施。

（4）有效地进行物流配送中心的场所管理　物流配送中心内的场所管理分为两种形态，一种是利用信息系统事先将货架进行分类、编号，并贴付货架代码，各货架内装置的商品事先加以确定，这是一种固定型的场所管理；另一种管理方式是流动型管理，即所有物资按顺序摆放在空的货架中，不事先确定各类物资专用的货架。两者各有一定的适用范围。在固定型管理方式下，各货架内装载的物资长期是一致的，这样从事货物备货作业较为容易，同时信息管理系统的建立也较为方便，这是因为只要第一次将货架编号以及物资代码输入计算机，就能很容易地掌握物资出入库动态，从而省去了不断进行在库物资统计的烦琐业务；与此同时，在物资发货以后，利用信息系统能很方便地掌握账目以及实际货物的残余在库量，及时补充安全在库。相反，流动型管理方式由于各货架内装载的物资是不断变化的，在物资变更登录时出差错的可能性较高。固定型场所管理方式尽管具有准确性和便利性等优点，但也有某些局限性。

（5）实现备货作业的效率化　物流配送中心中最难实行自动化的是备货作业。由于业种不同、物资的形状不同，备货作业的自动化有难有易，但即使容易实行备货自动化的物资，也需要大量实现自动化的资金投入，因此，当中心内物资处理量不多时投资难以收回。但是，现代物流配送中心都必须极力通过利用信息系统节省人力资源，构筑高效的备货自动化系统。备货自动化中最普及的是数码备货，即不使用人力，而是借助于信息系统有效地进行作业活动。数码备货在由信息系统接受用户订货的基础上，向分拣员发出数码指示，从而按指定的数量和种类正确、迅速地进行备货作业。

（6）分拣作业的效率化　现代物流配送，物资生产企业生产出物资后运送到的物流配送中心，物流配送中心在接受订货的基础上，分别进行备货、分拣作业，然后直接向用户配送物资。因此分拣作业随着不同的物资处理方式而有不同的形式。但不管采取哪种形式，分拣作业都是不可缺少的。物流配送中心按订货要求配送，在注重接受订货的同时，利用信息系统事先做好账单、发货票等单据的制作和发送工作，与此同时，将备货清单传送到不同用户。备货作业按照不同的配送用户在物资上贴付条形码，分拣作业时只要用扫描装置读取条形码，便能自动按不同的配送场所进行分拣。所以，物流配送中心内分拣业务都必须尽可能利用条形码来提高效率。

（7）优化配送路线，实现配送运输的效率化　配送路线合理与否对配送速度、成本、效益影响很大。采用科学合理的方法来确定配送路线，是配送活动中非常重要的一项工作。配送路线的优化是物流研究中一个很重要的课题。

1）确定配送路线优化目标。目标的选择是根据配送的具体要求、配送中心的实力及客观条件来定，可以有多种选择方案：

① 以效益最高为目标的选择。指计算时以利润的数值最大化为目标。

② 以成本最低为目标的选择。以节约、资源消耗最低为目的。

③ 以路程最短为目标的选择。指如果成本与路程相关性较强，而和其他因素是微相关时，可以选它。

④ 以吨公里最小化为目标的选择。

⑤ 以准确性最高为目标的选择。它是指准时和数量、品种的准确，这是配送中心重要的服务指标。

当然还可以选择运力利用最合理、劳动消耗最低作为目标。

2）确定配送路线约束条件。一般配送的约束条件有以下几项：

① 满足所有收货人对货物品种、规格、数量的要求。

② 满足收货人对货物发到时间范围的要求。

③ 在允许通行的时间内进行配送。

④ 各配送路线的货物量不得超过车辆容积和载重量的限制。

⑤ 在配送中心现有运力允许的范围内。

3）配送路线优化的方法

随着配送的复杂化，配送路线的优化一般要结合数学方法及计算机求解的方法来制定合理的配送方案，下面主要介绍确定优化配送方案的一个较成熟的方法——节约法，也叫节约里程法。

利用节约法确定配送路线的主要出发点是，根据配送中心的运输能力（包括车辆的多少和载重量）和配送中心到各个用户以及各个用户之间的距离来制定使总的车辆运输的吨公里数最小的配送方案。

利用节约法制定出的配送方案除了使配送总吨公里数（t·km）最小外，还应满足以下条件：

① 所有用户的要求。

② 不使任何一辆车超载。

③ 每辆车每天的总运行时间或行驶里程不超过规定的上限。

④ 用户到货时间要求。

节约法的基本思想是为达到高效率的配送，使配送的时间最小、距离最短、成本最低，而寻找的最佳配送路线。其注意事项有：

① 适用于需要稳定的用户。

② 应充分考虑交通和道路情况。

③ 充分考虑收货站的停留时间。

④ 当需求量大时，求解变得复杂，需要借助计算机辅助计划。

从以上物流配送中心内部合理化的种种方法可以看出，当今物流配送中心内的管理主要是借助导入自动化仪器、构筑信息系统等手段，力图做到中心内作业的机械化、节省人力资源、简化订发货作业，最终降低物流成本，缩短物资在途时间，进而真正做到物流快速化、高效化的要求，提高经济效益。

八、配送计划概述

1. 配送计划的种类

配送计划一般包括配送主计划、每日配送计划和特殊配送计划。其中，配送主计划，是指针对未来一定时期内，对已知客户需求进行前期的配送规划，便于对车辆、人员、支出等作统筹安排，以满足客户的需要。每日配送计划，是针对上述配送主计划，逐日进行实际配送作业的调度计划。例如订单增减、取消、配送任务细分、时间安排、车辆调度等。制定每日配送计划的目的是，使配送作业有章可循，成为例行事务，做到忙中有序。当然这和责任到人也是有很大关系的。特殊配送计划，是指针对突发事件或者不在主计划规划范围内的配送业务，或者不影响正常性每日配送业务所作的计划。它是配送主计划和每日配送计划的必要补充。例如空调在特定商场进行促销活动，可能会导致配送需求量突然增加，或者配送时效性增高，这都需要制定特殊配送计划，增强配送业务的柔性，提高服务水平。

2. 配送计划制定的步骤

制定一个高效的配送计划不仅仅是为了满足客户的要求，而且应该能够对客户的各项业务起到有效的支撑作用，起到帮助客户创造利润的目的，也就是我们所说的发掘“第三利润源泉”，最终使客

户和物流企业同时受益，达到“双赢”的效果。

（1）确定配送计划的目的　物流业务的经营运作是以满足客户需求为导向的，并且需要与企业自身拥有的资源、运作能力相匹配。但是，往往由于企业受到自身的能力和资源的限制，对满足客户需求的多变性、复杂性有一定难度。这就要求企业在制定配送计划时必须考虑制定配送计划的目的。例如，配送业务是为了满足短期实效性要求还是长期稳定性要求；配送业务是服务于临时性特定顾客还是服务于长期固定客户。不同的配送目的，需要有不同的配送计划作支撑。

（2）收集相关数据资料　不了解客户的需求，就无法满足客户需求，因此收集整理服务对象的相关数据资料是提高配送服务水平的关键。配送活动的主要对象是货物，如，原材料、零部件、半成品、产成品等。就长期固定客户而言，对该货物近年来的需求量以及淡季和旺季的需求量变化等相关统计数据是制定配送计划时必不可少的第一手数据资料。另外，了解当年销售计划、生产计划、流通渠道的规模以及变化情况、配送中心的数量、规模、运输费用、仓储费用、管理费用等数据也是十分必要的。例如，如果不了解客户淡旺季需求差异的变化，对于突然增加的配送任务，是无法积极有效应对的，必然会出现车辆调配紧张、不能及时送达目的地、甚至发生由于不能及时配送而导致丧失市场机会等一系列严重问题。因此，对相关数据资料的收集并作相应的分析是制定配送计划的关键，是提高配送服务质量的关键。

（3）整理配送的七要素　配送七要素是指：货物、客户、车辆、人员、路线、地点、时间这 7 项内容，也称作配送的功能要素。在制定配送计划时应对此 7 项内容作深入了解并加以分析整理。

1）货物。指配送对象的种类、形状、重量、包装、材质、装运要求等。

2）客户。指委托人、收货人。

3）车辆。指配送工具，需根据货物的特征、数量、配送地点以及车辆容积、载重量等来决定选用什么样的车辆配送。

4）人员。指司机或者配送业务员。由于需面对不同的客户以及环境，因此对人员配置也有一定的要求。例如，某些产品需要送达目的地之后安装并调试，就需要司机或者配送人员具有一定的技能。

5）路线。指配送路线。可以根据一定的原则指定配送路线，例如，配送线路最短原则、送货量最大原则、订单时间顺序原则等，并要求司机或者配送人员执行，但是由于配送地点复杂和交通拥堵、交通管制等原因也可根据司机经验适当调整。

6）地点。指配送的起点和终点。主要了解这些地点的数目、距离、周边环境、停车卸货空间大小以及相关附属设施，例如有无卸货月台、叉车等。

7）时间。这不仅仅指在途时间，还包括搬运装卸时间。由于不一定所有的业务都在自有配送中心进行，所以需要了解配送起点和终点的装货和收货的时间限制以及要求，提前做好安排，避免不必要的装卸等候，避免由于超过客户要求的时间范围造成的货物拒收。

（4）制定初步配送计划　在完成上述三个步骤之后，结合自身能力以及客户需求，便可以初步确定配送计划。初步配送计划应该包括：配送线路的确定原则、每日最大配送量、配送业务的起止时间（也可以24h不间断作业）、使用车辆的种类等，并且可以有针对性地解决客户现存的问题，如果客户需要甚至可以精确到到达每一个配送地点的时间、具体路线的选择、货运量发生突然变化时的应急办法等方面。

（5）与客户协调沟通　给客户制定配送计划的主要目的就是要让客户了解在充分利用有限资源的前提下，客户所能得到的服务水平。因此，在制定了初步的配送计划之后，一定要与客户进行沟通，请客户充分发表意见，共同完善配送计划。并且应该让客户了解其现有的各项作业环节在未来操作时可能出现的各种变化情况，以免客户的期望与具体操作产生重大落差。在具体业务的操作上，要取得良好的配送服务质量，是需要客户与配送公司密切配合的，并不是单纯某一方的责任。

（6）确定配送计划　经过与客户几次协调沟通之后，初步配送计划经过反复修改最终确定。已经确定的配送计划应该成为配送合同中的重要组成部分，并且应该让执行此配送计划的双方或者多方

人员全面了解，确保具体配送业务的顺利操作，确保配送服务质量。

3. 配送计划的内容

（1）分配地点、数量与配送任务　在配送作业中，地点、数量与配送服务水平有密切关系。地点是指配送的起点和终点。由于每一个地点配送量的不同，周边环境、自有资源的不同，应有针对性的，综合考虑车辆数量、地点的特征、距离、线路，将配送任务合理分配，并且逐步摸索规律，使配送业务达到配送路线最短，所用车辆最少，总成本最低，服务水平最高。

（2）确定车辆数量　车辆数量很大程度上影响配送时效。拥有较多的配送车辆可以同时进行不同线路的配送，提高配送时效性，配送车辆数量不足，往往会造成不断往返装运，造成配送延迟。但是，数量庞大的车队，会增加购置费用、养护费用、人工费用、管理费用等支出项，这与提高客户服务水平之间存在很大的矛盾。如何能在客户制定的时间内送达，与合理经济的车辆数量配置有十分密切的关系。如何能在有限的资源能力范围内最大限度地满足客户需求是配送计划中应该注意的问题。

（3）确定车队构成以及车辆组合　配送车队一般应根据配送量、货物特征、配送路线选择、配送成本分析进行自有车辆组合。同时，必要时也可考虑通过适当的选用外来车辆组建配送车队，适当的自有车辆与外来车辆的比例，可以适应客户需求变化，有效地调度自有车辆，降低运营成本。

（4）控制车辆最长行驶里程　在制定配送计划的人员配置计划时，应尽量避免由于司机疲劳驾驶而造成的交通隐患，全面保证人员以及货物安全。通常可以通过核定行驶里程和行驶时间评估工作量，有效避免超负荷作业。

（5）车辆容积、载重限制　选定配送车辆需要根据车辆本身的容积、载重限制结合货物自身的体积、重量考虑最大装载量，以便车辆的有限空间不被浪费，降低配送成本。

（6）路网结构的选择　通常情况下，配送中心辐射范围为60km，也就是说以配送中心所在地为圆心，半径60km以内的配送地点，均属于配送中心服务范围。这些配送地点之间可以形成很多区域网络，所有的配送方案都应该满足这些区域网络内的各个配送地点的要求。配送路网中设计直线式往返配送路线较为简单，通常只需要考虑路线上的流量。

(7) 时间范围的确定 客户通常根据自身需要指定配送时间，这些特定的时间段往往在特定路段与上下班高峰期重合，因此在制定配送计划时应对交通流量等影响因素予以充分考虑，或者与客户协商，尽量选择夜间配送、凌晨配送、假日配送等方式。

(8) 与客户作业层面的衔接 配送计划应该对客户作业层面有所考虑，如货物装卸搬运作业是否托盘标准化、一贯化，是否容器化，有无装卸搬运辅助设备，客户方面是否有作业配合，是否提供随到随装条件，是否需要搬运装卸等候，停车地点距货物存放地点远近等。

(9) 达到最佳化目标 物流配送的最佳化目标是指：按"四最"的标准，在客户指定的时间内，准确无误地按客户需求将货物送达指定地点。"四最"是指：配送路线最短、所用车辆最少、作业总成本最低、服务水平最高。

4. 配送计划的实施

配送计划的实施主要包括以下步骤：

(1) 下达配送计划 配送计划确定后，将到货的品种、规格、数量分别通知用户和配送点，以便用户作好接货准备，配送点作好配送准备。

(2) 按计划给配送点进行配货 各配送点按配送计划审定库存物品的保有程度，若有缺货情况应立即组织进货。同时配送点各职能部门按配送计划进行配货、分货包装、配装等工作。

(3) 装车发运 各理货部门按计划将各用户所需的各种货物进行配货后，将各用户货物组合装车，发货车辆按指定线路送达用户，并通知财务结算。

案例链接

完善的物流配送，使沃尔玛成长为世界零售业巨头

沃尔玛公司作为世界上最大的商业零售企业，1999 年全球销售

总额达到1650亿美元，在世界500强中排名第二，仅次于美国通用汽车公司。2000年销售总额达1913亿美元，这个数字超过了通用汽车公司。

一家属于传统产业的零售企业，如何能在销售收入上超过“制造业之王”的汽车工业，超过世界所有的银行、保险公司等金融机构，超过引领“新经济”的信息企业，成为各方关注的焦点。

一、物流配送——商业零售业成功的关键

沃尔玛前任总裁大卫·格拉斯这样总结：“配送设施是沃尔玛成功的关键之一，如果说我们有什么比别人干得好的话，那就是配送中心”。

沃尔玛公司从1962年建立第一家连锁商店开始，经过近四十年的发展。随着连锁店铺数量的增加和销售额的不断增长，物流配送逐渐成为企业发展的“瓶颈”。于是，1970年沃尔玛在公司总部所在地建立起第一间配送中心，集中处理公司所销商品的40%。随着公司的不断发展壮大，配送中心的数量也不断增加。到现在该公司已建立62个配送中心，为全球4000多个店提供配送服务。整个公司销售商品85%由这些配送中心供应，而其竞争对手只有约一半左右的商品集中配送。

沃尔玛配送中心的基本流程是：供应商将商品送到配送中心后，经过核对采购计划、进行商品检验等程序，分别送到货架的不同位置存放连锁店提出要货计划后，电脑系统将所需商品的存放位置查出，并打印有商店代号的标签。整包装的商品直接由货架上送往传送带，零散的商品由工作台人员取出后也送到传送带上一般情况下，商店要货的当天就可以将商品送出。

沃尔玛公司共有六种形式的配送中心：一种是“干货”配送中心，主要用于生鲜食品以外的日用商品进货、分装、储存和配送，该公司目前这种形式的配送中心数量很多。第二种是食品中心，包括不易变质的饮料等食品以及易变质的生鲜食品等，需要有专门的冷藏仓储和运输设施，直接送货到店。第三种是山姆会员店配送中心，这种配送批零结合，有三分之一的会员是小零售商，配送商品的内容和方式同其他配送不同，使用独立的配送中心，由于这种商店1983年才开始建立，数量不多，有些商店的配送由第三方配送中心来完成，考虑到第三方配送中心的服务费用较高，沃尔玛公司在合同期满后，已经用自行建立的山姆会员店配送中心取代。第四种是服装配送中心，不直接送货到店，而是分送到其他配送中心。第五种是进口商品配送中心，为整个公司服务，主要作用是大量进口以降低进价，再根据要货情况送往其他配送中心。第六种是退货配送中心，接收店铺因各种原因退回的商品，其中一部分退给供应商，一部分送到折扣商店，一部分就地处理，其收益主要来自出售包装箱的收入和供应商支付的手续费。

如今，沃尔玛在美国拥有100%股权的物流系统，配送中心是其中一小部分，沃尔玛完整的物流系统不仅包括配送中心，还有更为复杂的资料输入采购系统、自动补货系统等。

二、高新技术——企业成功的重要手段

为了满足美国国内3000多个连锁店的配送需要，沃尔玛公司在国内共有近3万个大型集装箱挂车，5500辆大型货运卡车，24小时昼夜不停地工作。每年的运输总量达到77.5亿箱，总行程6.5亿公里。合理调度如此规模的商品采购、库存、物流和销售管理，离不开高科技的手段。为此，沃尔玛公司建立了专门的电脑管理系统、卫星定位系统和电视监控系统，拥有世界一流的先进技术。

沃尔玛公司总部只是一座普通的平房，但与其相连的计算机控制中心却是一座外观如同体育馆的庞然大物，公司的计算机系统规模在美国仅次于五角大楼（美国国防部），甚至超过了联邦航天局。全球4000多个店铺的销售、定货、库存情况可以随时调出查问。公司同休斯公司合作，发射了专用卫星，用于全球店铺的信息传送与运输车辆的定位及联络。公司5500辆运输卡车，全部装备了卫星定位系统，每辆车在什么位置，装载什么货物，目的地是什么地方，总部一目了然。可以合理安排运量和路程，最大限度地发挥运输潜力，避免浪费，降低成本，提高效率。

沃尔玛正是通过对物流、信息流有效控制，使全公司从采购原材料开始到制成最终产品，最后由销售网络把产品送到消费者手中的过程变得高效有序，实现了商业活动的标准化、专业化、统一化、

单纯化，从而达到实现规模效益的目的，使其在零售业界所向披靡。（资料来源：《中国物流网》）

专家点评

配送是物流的七大基本功能之一，它是按照用户订货的要求，在配送中心或物流节点进行货物搭配，并以最合理的方式送交用户的经济活动。以物流整个环节来看，配送处于“末端运输”的位置，是企业物流系统的终端。其发展状况对不仅企业服务的最终实现与效益的产生，而且对地区、乃至国家的经济发展、商品流通和大众消费起着重要的促进或制约作用。沃尔玛公司根据物品的品性和注射，将配送中心分为六种形式，使企业的配送步入了规范化、科学合理化的轨道，并成为企业今日成功的关键之一。

第六节 流通加工管理

一、流通加工概述

流通加工，是指物品从生产地到使用地的过程中，根据需要施加包装、分割、计量、分拣、刷标志、拴标签、组装等简单作业的总称。它通过改变或完善流通物品的原有形态，满足流通中运输、保管的需要，或者是为了局部满足消费者需求，增加产品的附加价值，来实现“桥梁和纽带”的作用，由于其目的主要是为了物流保管、运输等的需要，因此现代物流认为流通加工是其不可缺少的职能之一。

流通加工是商品在流通中的一种物殊加工形式

1. 流通加工的形式与内容

（1）流通加工形式

1）为了储运方便而实施的流通加工。如铝制门窗框架、自行车、缝纫机等若在制造厂装配成完整的产品，在运输时将耗费很高的运输费用。一般都是把它们的零部件，如铝制门窗框架的杆材、自行车车架和车轮分别集中捆扎或装箱，到达销售地点或使用地点以后，再分别组装成成品，这样不仅使储运方便而且运输经济，而作为加工活动的组装环节是在流通过程中完成的。

2）为满足需求多样化而实施的流通加工。由于用户需求的多样化，必须在流通部门按照顾客的要求进行加工。如平板玻璃以及铁丝等，在商店根据顾客所需要的尺寸临时配置。

3）为便于综合利用而实施的流通加工。即在流通中将货物分解，分类处理，如猪肉和牛肉等在食品中心进行加工，将肉、骨分离，其中肉只占65%左右，向零售店输送时就能大大提高输送效率。骨头则送往饲料加工厂，制成骨粉加以利用。

（2）流通加工的内容　流通加工的内容一般包括：袋装、定量化小包装、挂牌、贴标签、配货、拣选、分类、混装、刷标记等。生产外延的流通加工包括：剪断、打孔、折弯、拉拔、挑扣、组装、改装、配套及混凝土搅拌等。流通加工的场所可位于加工中心、配送中心、仓储中心或者销售处等。

2. 流通加工的地位作用

（1）流通加工有效地完善了流通　流通加工虽然不是所有物流中心都要设定的功能，在实现时、空两个重要效用方面不能与运输和储存相比，其普遍性也不能与运输、储存相比，但这绝不是意味着流通加工不甚重要，实际上它也是不可轻视的，起着补充、完善、提高增强作用的功能要素，它能起到运输、储存等其他功能要素无法起到的作用。所以，流通加工的地位可以描述为是提高物流水平，促进流通向现代化发展不可缺少的环节。

（2）流通加工提高原材料利用率　利用流通加工环节进行集中下料，将生产厂商直接运来的简单规格产品，按用户的要求进行下料。例如将钢板进行剪板、切裁；将木材加工成各种长度及大小的板等等。集中下料可以优材优用、小材大用、合理套裁，有很好的技术经济效益。

（3）流通加工提高加工效率和设备利用率　作为流通部门往往对生产领域的物资供应情况和消费领域的物资需求情况最为了解，通过建立集中加工点，采用效率高、技术先进、加工量大的专门机具和设备从事流通加工，是一种弥补生产环节加工活动不足之处的

理想方式。

（4）进行初级加工，方便用户　在流通加工未产生之前，用户个性化需求的加工活动一般由使用单位承担，这给使用部门带来不便。把加工活动从生产和使用环节中独立出来，由流通环节来完成，为物资的使用单位提供了极大的方便。特别是用量小或临时需要的用户可以通过流通加工省去进行初级加工的投资、设备及人力，节约了资源。

（5）流通加工是物流中的重要利润源泉　流通加工是一种低投入高产出的加工方式，往往以简单加工解决大问题。实践证明，有的流通加工通过改变装潢使商品档次跃升而实现增值，有的流通加工将产品利用率提高了20%～50%，这是采取一般方法提高生产率所难以完成的。流通加工已成为一项极为理想的创造价值的劳动。

流通加工可以实现增值物流服务

（6）流通加工是物资流通企业走发展内涵道路的一种好办法　事实证明，通过流通加工，增加附加价值，生产出新的产品来满足社会需要，在供应量不变的情况下，增加企业经济效益，这是物资流通企业走发展内涵道路的一种好办法。

随着经济的全球化和国际分工的进一步细化以及采购的全球化，原材料和零部件往往由一个国家流向另一个国家，其所经历的物流环节和距离会变的更长，流通加工也将会变得越来越重要。

二、流通加工合理化

1. 不合理流通加工若干形式

流通加工是在流通领域中对生产的辅助性加工，从某种意义来讲它不仅是生产过程的延续，实际是生产本身或生产工艺在流通领域的延续。这个延续可能有正、反两方面的作用，即一方面可能有效地起到补充完善的作用，但是，也必须认识到另一个可能性，即对整个过程的负效应。各种不合理的流通加工都会产生抵消效益的负效应。

（1）流通加工地点设置的不合理　流通加工地点设置即布局状

况是使整个流通加工是否能有效的重要因素。一般而言，为衔接单品种大批量生产与多样化需求的流通加工，加工地设置在需求地区，才能实现大批量的干线运输与多品种末端配送的物流优势。如果将流通加工地设置在生产地区，其不合理之处主要表现在：多样化需求要求的产品多品种、小批量由产地向需求地的长距离运输会出现不合理；在生产地增加了一个加工环节，同时增加了近距离运输、装卸、储存等一系列物流活动等。所以，在这种情况下，不如由原生产单位完成这种加工而无需设置专门的流通加工环节。

一般而言，为方便物流的流通加工环节应设在产出地。设置在进入社会物流之前，如果将其设置在物流之后，即设置在消费地，则不但不能解决物流问题，而且又在流通中增加了一个中转环节。因而也是不合理的。此外，即使是产地或需求地设置流通加工的选择是正确的，还有流通加工在小地域范围的正确选址问题，如果处理不善，仍然会出现不合理。这种不合理主要表现在交通不便，流通加工与生产企业或用户之间距离较远，流通加工点的投资过高（如受选址的地价影响），加工点周围社会、环境条件不良等。

（2）流通加工方式选择不当　流通加工方式包括流通加工对象、流通加工工艺、流通加工技术、流通加工过程等。流通加工方式的确定实际上是与生产加工的合理分工。分工不合理。本来应由生产加工完成的，却错误地由流通加工完成，本来应由流通加工完成的，却错误地由生产过程去完成。都会成造不合理性。

流通加工不是对生产加工的代替，而是一种补充和完善，一般而言，如果工艺复杂，技术装备要求较高，或加工可以由生产过程延续或轻易解决的加工，都不宜再设置流通加工，尤其不宜与生产过程争夺技术要求较高、效益较高的最终生产环节，更不宜利用一个时期市场的压迫力使生产者变成初级加工或前期加工，而流通企业完成装配或最终形成产品的加工。如果流通加工方式选择不当，就会出现与生产夺利的恶果。

（3）流通加工作用不大，形成多余环节　有的流通加工过于简单，或对生产及消费者作用都不大，甚至有时流通加工的盲目性，同样未能解决品种、规格、质量、包装等问题，相反却增加了环节，

这也是流通加工不合理的重要形式。

（4）流通加工成本过高，效益不好　流通加工之所以能够有生命力，重要优势之一是有较大的产出投入比，因而有效起着补充完善的作用。如果流通加工成本过高则不能实现以较低投入实现较高使用价值的目的，除了一些必须的，从政策要求即使亏损也应进行的加工外，都应看成是不合理的。

2. 流通加工的合理化

流通加工合理化是指实现流通加工资源最优配置，提高流通加工效益，降低流通加工成本的过程。要实现流通加工的合理化，不仅应做到避免各种不合理做法，使流通加工有存在的价值，而且要做到最优选择。实现流通加工合理化主要考虑以下几个方面：

1）加工和配送结合。将流通加工设置在配送点，一方面按配送的需要进行加工，另一方面加工又是配送业务流程中的一个环节，加工后的产品直接投入配货作业，这就无需单独设置一个加工的中间环节，使流通加工有别于独立的生产，而使流通加工与中转流通巧妙结合在一起。同时，由于配送之前有加工，可使配送服务水平大大提高。这是当前对流通加工作合理选择的重要形式。

2）加工和配套结合。在对配套要求较高的流通中，配套的主体来自各个生产单位，但是，完全配套有时无法全部依靠现有的生产单位，进行适当地流通加工，可以有效促成配套，大大提高流通的“桥梁与纽带”作用。

3）加工和运输结合。流通加工能有效衔接干线运输与支线运输，促进两种运输形式的合理化。利用流通加工，使干线运输与支线运输之间的转换更加合理，从而大大提高运输及运输转载水平。

4）加工和商流相结合。通过加工，有效地促进销售，使商流合理化，也是流通加工合理化的考虑方向之一。加工和配送相结合，提高了配送水平，强化了销售，是加工与商流相结合的一个成功的例证。此外，通过简单地改变包装加工，形成方便的购买量，通过组装加工消除用户使用前进行组装、调试的困难，都是能有效促进商流的例子。

5）加工和节约相结合。节约能源、节约设备、节约人力、节约

耗费是流通加工合理化重要的考虑因素，也是目前我国设置流通加工、考虑其合理化的较普遍形式。

对于流通加工合理化的最终判断，要看其是否能符合社会和企业的需要，而且要看其是否取得了最优效益。对流通加工企业而言，与一般生产企业的一个重要不同之处是：流通加工企业更应树立社会效益第一的观念，只有在以补充完善为己任的前提下才有生存的价值。如果只是追求企业的微观效益，不适当地进行加工，甚至与生产企业争利，那就有违于流通加工的初衷，或者其本身已不属于流通加工范畴了。

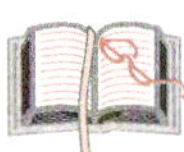
案例链接

时装 RSD 服务

时装 RSD 服务是时装的接收、分类和配送服务。RSD 是 TNT 澳大利亚公司下属的一家分公司开展的物流服务业务。它可以为顾客提供任何地方进入流出到任何地方去的时装流通加工、运输、分送的需要。

时装 RSD 运输服务是建立在时装仓库的基础上的。时装仓库最大的特点是，具有悬挂时装的多层仓库导轨系统。一般有 2～3 层导轨悬挂的时装，可以直接传输到运送时装的集装箱中，形成时装取货、分类、库存、分送的仓储、流通加工、配送等的集成系统。在这个基础上，无论是平装还是悬挂的时装，都可以最优越的时装运输条件，进行门到门的运输服务。在先进的时装运输服务基础上，公司开展 RSD 服务项目，其实质是一种流通加工业务。RSD 服务满足了时装制造厂家、进口商、代理商或零售商的需要，依据顾客及市场的情况对时装的取货、分类、分送（供销）全部过程负责。

时装 RSD 服务可以完成制衣过程的质量检验等工作，并在时装仓库中完成进入市场前的一切准备工作。

① 取货：直接到制衣厂上门取时装。

② 分类：根据时装颜色、式样进行分类。

③ 检查：检查时装颜色、脱线等质量问题。

④ 装袋：贴标签后装袋、装箱。

⑤ 配送：按销售计划，直接送达经销商或用户。

⑥ 信息服务与管理：提供相应的时装信息服务和计算机化管理。

许多属于生产过程的工作程序和作业，可以在仓储过程中完成，这是运输业务的前向和后向延伸，是社会化分工与协作的又一具体体现。这样，服装生产厂家，可以用最小的空间（生产场地）、最少的时间、最低的成本来实现自己的销售计划，物流企业也有了相对稳定的业务量。

专家点评

流通加工是通过改变或完善流通物品的原有形态，满足流通中运输、保管的需要，或者是为了局部满足消费者需求，增加产品的附加价值，来实现企业生产与客户需求差异间“桥梁和纽带”的作用，其目的主要是为了物流保管、运输等的需要，因此现代物流认为流通加工是其不可缺少的职能之一。时装 RSD 服务可以为顾客提供任何地方来、到任何地方去的时装流通加工、运输、分送的需要，完成制衣过程的质量检验等工作，并在时装仓库中完成进入市场前的一切准备工作，可实现用最小的空间（生产场地）、最少的时间、最低的成本来实现自己的销售计划。这项 TNT 澳大利亚公司下属分公司开展的物流服务业务再次以实践表明了流通加工在现代物流中起着不可估量的重要作用。

第七节 物流信息管理

一、物流信息概述

物流信息是现代物流的中枢神经

1. 物流信息定义

物流信息（logistics information）是指反映物流各种活动内容的知识、资料、图像、数据、文件的总称。它是伴随着企业的物流活动的发生而产生的，并贯穿于物流活动的整个过程中。企业如果希望对物流活动进行有效控制就必须及时掌握准确的物流信息的情况。

物流信息包含的内容和对应的功能可从狭义和广义两方面来考察。

从狭义范围来看，物流信息是指与物流活动（如运输、保管、包装、装卸、流通加工等）有关的信息。在物流活动的管理与决策中，如运输工具的选择、运输路线的确定、每次运送批量的确定、在途货物的追踪、仓库的有效利用、最佳库存数量的确定、库存时间的确定、订单管理、如何提高顾客服务水平等，都需要详细和准确的物流信息，因为物流信息对运输管理、库存管理、订单管理、仓库作业管理等物流活动具有支持保证的功能。

从广义范围来看，物流信息不仅是指与物流活动有关的信息，而且包含与其他流通活动有关的信息，如商品交易信息和市场信息等。商品交易信息是指与买卖双方的交易过程有关的信息，如销售和购买信息、订货和接受订货信息、发出货款和收到货款信息等。市场信息是指与市场活动有关的信息，如消费者的需求信息、竞争者或竞争性商品的信息、销售促进活动信息、交通通信等基础设施信息。

2. 物流信息功能

实时及精确信息对物流系统运作十分重要。它伴随着物流活动的发生而产生的，同时也反映物流活动的全过程。

图 3-14 所示说明了在信息功能各层次上的物流活动和决策。正如该金字塔形状所示，物流信息管理系统管理控制、决策分析以及战略计划的制定需要以强大的交易系统为基础。

(1) 交易系统　是用于启动和记录个别的物流活动的最基本的层次。交易活动包括：订单输入，运送，存货指派，定价及开制发票，订单捡取，顾客询问等。例如，当收到的消费者订单进入信息系统时，就开始了一笔交易。随着按订单安排存货、记录订货内容，意味着开始了第二笔交易。随后产生的第三笔交易是指导材料管理人员选择作业程序。第四笔交易是指挥搬运、装货，以及按订单交货。最后一笔交易是打印和传送付款发票。这个过程中，当消费者需要时必能获得订货状况信息，整个过程通过一系列信息系统交易就完成了消费者订货功能的循环。交易系统的特征是：格式规则化、

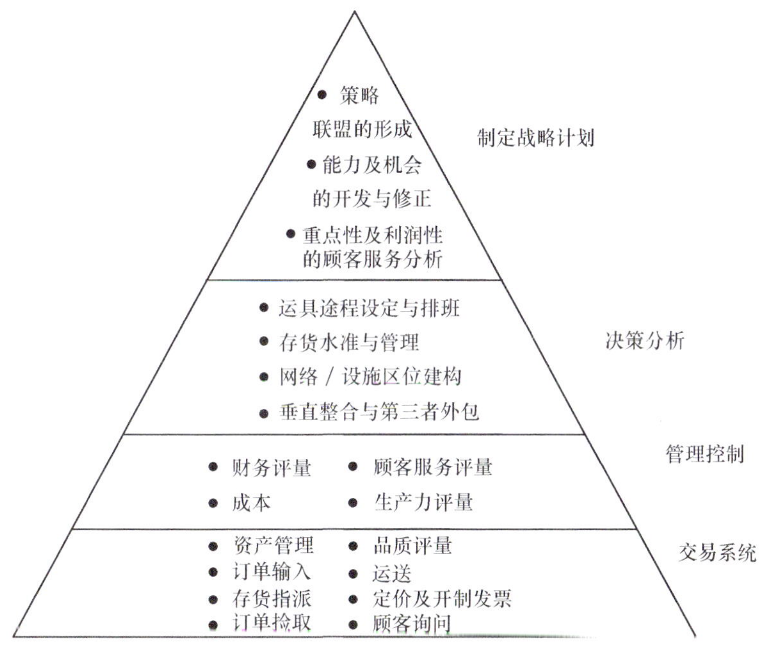

图 3-14 物流信息功能图

通信交互化、交易批量化以及作业逐日化。结构上的各种过程和大批量的交易相结合主要强调了信息系统的效率。

（2）管理控制 要求把主要精力集中在功能衡量和报告上。功能衡量对于提供有关服务水平和资源利用等的管理反馈来说是必要的。因此，管理控制以可估价的、策略上的、中期的焦点问题为特征，它涉及评价过去的功能和鉴别各种可选方案。

（3）决策分析 主要把精力集中在决策应用上，协助管理人员鉴别、评估、比较物流战略和策略上的可选方案，包括运输工具途程设定与排班，存货水准与管理，网络/设施的建构，垂直整合与第三者外包等。决策分析与管理控制不同的是，决策分析的主要精力集中在评估未来策略上的可选方案，并且它需要相对松散的结构和灵活性，以便作范围很广的选择，如物流信息系统的决策分析趋向于更多地强调有效（针对无利可图的账目，鉴别出有利可图的品目)，而不是强调效率（利用更少的人力资源实现更快的处理或增加交易量)。

(4) 制定战略计划　主要精力集中在信息支持上，以期开发和提炼物流战略。这类决策往往是决策分析层次的延伸，但是通常更加抽象、松散，并且注重于长期。作为战略计划的例子，决策中包括策略联盟的形成，能力及机会的开发与修正，重点性及利润性的顾客服务分析等。物流信息系统的制定战略计划层次，必须把较低层次的数据结合进范围很广的交易计划中去，以及结合进有助于评估各种战略的概率和损益的决策模型中去。

3. 物流信息特点

物流信息作为一种无形的抽象资源，具有信息的一般特点，如真实性、有价性、可识别性、可转换性、可存储性、可传输性、可共享性、可处理性、可再生性等。随着现代物流的发展，物流信息还呈现出以下特点：

(1) 来源广，信息量大　由于物流活动领域的范围不断扩大，物流服务的领域和种类日新月异，覆盖的经济领域不断扩大，多品种少批量生产和多频度小批量配送使库存、运输等物流活动的信息大量增加，物流信息需要反映的内容也越来越丰富，来源多样化，数据量不断增大。随着企业合作倾向的增强和信息技术的发展，物流信息的信息量将会越来越大。

(2) 时效性强，更新快　由于伴随着产品的流通，物流信息往往呈现动态、实时性，更新速度快的特点。随着信息技术的不断发展与广泛应用，物流信息的传播、处理更快，从而要求物流信息不断更新。

(3) 动态连续，具有复杂性　现代物流是一个连续不断的运动过程，信息流也是如此。伴随物流的运动，管理信息不断产生，不断被收集、加工、利用，物流的畅通要求管理信息的处理（收集、整理、传递、存储、加工、利用）保持动态连续性。此外，由于物流信息范围广，信息量大，来源多样化，时效性强，更新快，并随物流活动动态实时变化，且许多信息有着多次利用价值，使得物流信息的复杂性增加。因此，需要注意连续保存已有的管理信息，且

在不断处理新的信息时要科学准确处理原始数据来使物流信息发挥更大的价值。

4. 物流信息分类

任何信息系统都离不开数据

物流信息分类（logistics information sorting），是指根据物流管理的特点，把具有共同属性或特征的物流信息归并在一起，把不具有这种共同属性或特征的物流信息区别开来的过程。它的直接产物是各式各样的分类表或分类目录，见表 3-16。

表 3-16　物流信息分类

分类方式	信息性质	信息种类
按信息来源分类	外部信息	供货人信息
		物流战术层信息
		顾客信息
		定货合同信息
		市场信息
		政策信息
	内部信息	企业全年生产经营指标完成情况
		生产计划完成情况等
按信息稳定程度分类	动态信息	国际国内市场物流报价信息
		物资配送信息
		销售情况信息
	静态信息	国家政策法规信息
		物流运送周期信息
		供应商信息
按信息载体类型分类	合账	
	报表	
	计划	
	文件	
	单据（凭证）	

（续）

<table>
<tr><th>分类方式</th><th>信息性质</th><th>信息种类</th></tr>
<tr><td rowspan="9">按物流活动分类</td><td rowspan="5">物流系统内信息</td><td>运输信息</td></tr>
<tr><td>储存信息</td></tr>
<tr><td>物流加工信息</td></tr>
<tr><td>配送信息</td></tr>
<tr><td>定价信息</td></tr>
<tr><td rowspan="4">物流系统外信息</td><td>用户物品运输信息</td></tr>
<tr><td>配送信息</td></tr>
<tr><td>社会可用运输资源信息</td></tr>
<tr><td>交通和地理信息</td></tr>
<tr><td rowspan="2">按信息加工程度分类</td><td colspan="2">原始信息</td></tr>
<tr><td colspan="2">加工信息</td></tr>
</table>

5. 物流信息管理的原则

（1）系统性原则　由于物流信息具有来源广，信息量大，需要反映的内容越来越丰富。因此，物流信息管理是多个管理层面的组合，需要有系统性观念，而不是简单、机械地叠加，要分阶段、有计划地实行。

（2）准确性原则　由于物流信息范围广，信息量大，来源多样化，时效性强，更新快，并随物流活动动态实时变化，复杂性强，只有通过科学准确的处理原始数据才能获得具有较大价值的物流信息。物流信息的质量和及时性是物流作业的关键因素。

（3）安全性原则　物流信息是实现本企业物流有效管理的重要手段。但它也可能成为他人进入与实施破坏活动的重要途径。因此，加强物流信息安全管理是物流信息管理永不过时的重要内容。

（4）有效性原则　物流信息的收集管理是为了更好地管理物流活动，使物流系统更加有效运作。因此，物流管理信息必须转化为有效信息系统的输入信息，即把物流管理信息激活，为我所用。而

且，不同层次物流管理者，对物流信息的侧重点存在差异，要求物流信息的管理应能满足不同层面管理者需求。

二、物流信息分析与处理

1. 物流信息需求与决策分析

现代物流活动，包括物流过程中的运输、储存、装卸、搬运、包装、流通加工与信息处理等。各个不同业务阶段，其包含的信息也有所不同。下面就以物流业务为单位，在分析业务的基础上，对该项业务需求的主要信息、信息分析要求和辅助决策要求进行分析，见表3-17。

表3-17　不同业务的信息需求与决策分析

业务名称	信息需求	决策种类
运输	此业务中以单据为主要基础信息，包括订货通知单、提单、运费清单和货运清单等。物流系统应充分考虑运输距离、运输环节、运输工具、运输时间和运输费用五要素，综合制定出最合理经济的方案，从而达到合理运输	运输中决策主要包括规划运输路线、计划运输设备的使用时间以保证客户满意的服务质量，使物流企业的资源利用率满意。需要辅助的决策主要包括选择较合理的运输方式和路线、具体物品的运输物流计划，对不合理运输提出警报，平衡运输成本和服务质量，发掘并管理所期望的低成本、高质量
储存	仓库是物流储存功能的实施场所，储存业务的基本信息分为描述仓库和描述库存物品的基本信息。仓库的基本信息有仓库的地点、形式、建筑形态、仓库面积、经营性质、保管方式、货架编码等；库存物品的基本信息则有品种存货架编码等；库存物品的基本信息则有品种存放地点、物品名称、重量、型号、数量、入库时间、适用装卸方式等	合理储存需要对储存物进行分析，在此分析的基础上实施重点管理；在形成一定的社会总规模前提下，追求经济规模，适度集中库存；加速总的周转，提高单位产出储存合理化的主要标志有质量标志、数量标志、时间标志、结构标志、分布标志和费用标志。在储存环节中，辅助决策信息主要是物品出库规则、最低库存量、安全库存量、最高库存量和订货策略等

（续）

业务名称	信息需求	决策种类
物流加工	物流加工是物品从生产领域向消费领域流动的过程中，为促进销售、维护产品质量、提高物流效率而对物品进行的初级加工。实现物流加工合理化主要考虑配送、配套、合理运输、合理商流、节约等几方面的需求。其需要的主要信息为有关物品的加工要求、加工时间、加工能力、加工流程、加工费	相关的辅助决策主要有加工方式、加工周期、加工报价以及相关的配套决策等
配送	配送是物流中一种特殊的、综合的活动形式，是商流与物流的紧密结合。一般的配送包括装卸、包装、保管、运输，特殊的配送还要以加工活动为支撑。合理的配送就要准确地获取上述相关信息	配送是在单个用户配送数量不能达到车辆的有效载运负荷时，将不同用户的货物集中进行配送。充分考虑如何进行有利的搭配装载从而充分利用运能、运力，提高送货水平及降低送货成本是决策的关键。相关的辅助决策有选择最佳运输路线、装配和路线有效搭配等，它需要有关运输方面的信息支持
物流定价	物流企业在制定价格时应该考虑的因素有：固定成本费用、变动成本费用、总成本费用、平均固定成本费用、平均变动成本费用、平均成本费用、物流数量、资金周转率、需求的价格弹性、市场供求关系等。在进行物流定价时，必须准确地获取这些信息	定价的常用方法有成本导向定价中的成本加成定价法、盈亏平衡定价法、投资报酬定价法需求导向定价中的习惯定价法、理解价值定价法、需求差异定价法、比较定价法、反向定价法等。同时，可在物流系统中设置相应的决策支持系统以辅助定价

2. 物流信息处理

物流管理活动中，信息处理的作用非常大。进行物流管理时，需要大量准确的信息，如市场供应数量、供应价格、需求数量、需

求价格以及库存数量、品种、质量、规格等等。任何信息的遗漏和错误都会直接影响到决策的制定和执行，从而影响到物流管理的最终效果和企业的经济利益。信息处理的过程，如图 3-15 所示。

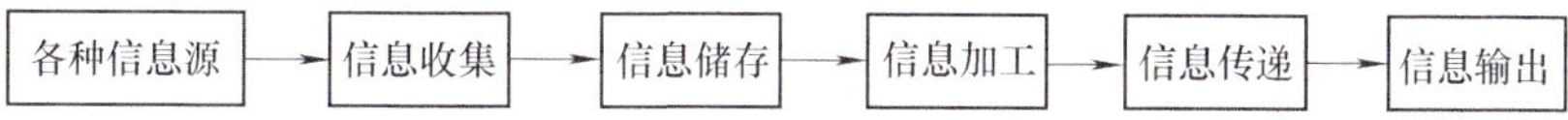

图 3-15　信息处理程序示意图

（1）各种信息源　各种信息源所提供的信息形式主要包括文字记录式信息、视听信息和电子信息等。其中文字记录式信息又包括：印刷型信息、账簿及报表等。印刷型信息是大量印刷、普遍传播的一种信息，主要是对原始信息加工后的二次信息，以年鉴、杂志、公报、书刊形式发布。账簿及报表是财务、统计及其他部门经常性记录及汇总记录型信息，也是物流的最原始、最基础的信息。视听信息主要是依靠影片、录像带、录音磁带、照片、图片、幻灯片、光盘、视盘等形式提供的信息，用于物流科技信息的信息源。提供的信息具有直观性强、形象生动的特点。电子信息是依靠计算机网络技术和通信技术实现的信息形式，如条形码、计算机磁盘和其他磁记录方式、计算机数据库、计算机信息网络等。它是现代物流领域中非常重要的信息源。

（2）信息收集　准确、有效的信息收集是开展物流信息工作，建立物流信息系统的最基础的工作。只有广泛地、通过各种渠道收集各种有用信息，才能充分反映物流全貌，从而筛选出有价值的东西。收集信息也是整个信息工作中工作量最大，最费时间、最占人力的环节。

（3）信息存储　信息的存储就是将录入的信息存储在系统中，以供长期使用，它需要确定数据存储的介质（硬盘、软盘等）、存储方式（数据文件方式、数据库存方式）、存储时间、存储内容、存储地方等。

（4）信息加工　根据信息需求者的工作特点和需要，为获得信息而对存储数据进行选择、计算、排序等相关操作的过程，这需要利用经济学、管理学、运筹学、统计学等不同学科中相关的模型与方法，是一项综合性极强的工作。

(5) 信息传递　又称信息传输，信息传递是指采用一定的方法和装置，实现信息从发送方到接收方的流动。信息通过传递形成信息流。由于信息流具有双向流的特征，因而，信息传递包括正向传递和反馈两个方面。物流信息传递既有垂直传递（不同管理层之间的信息传递），又有横向传递（同一管理层各部门之间的信息传递）。信息的传输实现了系统内部各个组成部分之间的信息交换与共享，以及系统与外界的信息交流。

(6) 信息输出　是指将处理后的信息按照工作要求的形式和习惯，将信息提供给使用者。信息管理的目标是按管理职能的要求，定时定向、保质保量地输出信息。一般来说，衡量信息管理有效性的关键不在于信息收集、加工、存储、传递等环节，而在于信息输出的时效、精度、数量等能否充分满足管理的要求。可见，信息输出是信息管理的归宿。

常见的信息输出的内容主要有：各种计划、内部规章、核算报表、分析报告、技术文件及查询结果信息等。信息输出除了要保证数量、精度、时效等方面的要求外，还要根据不同信息的特点，选择合适的输出媒体、输出格式、输出方式，以确保信息传递便捷准确、使用方便以及保密需要等。

案例链接

抓住物流的"牛鼻子"

汽车全球物流运作过程中大量原材料、半成品、零部件和成品，均承受沉重的费用负担，大幅度降低成本是当务之急；同时客户对汽车物流提出越来越高的标准，迫切要求供应商随时提供有关订货情况和所定货物的实时位置信息。因此，提高客户满意程度的关键因素就是有关实物分销或者供应运作的信息，还有传递这种信息的能力。瑞典沃尔沃汽车集团下属的沃尔沃物流公司抓住了物流的"牛鼻子"。

在过去几年中，经过一番市场调查和专家咨询，沃尔沃物流公司拔出巨额投资，推出为出口物流提供合作物流操作的全新物流信

息系统，这套系统把汽车制造、汽车零部件生产商、承包商、托运人、承运人和运输公司全部连接在一起。

像沃尔沃集团这样的国际著名汽车厂商，越来越重视数据处理、信息系统，积极在通讯基础设施上投资，以便利用信息系统更好地管好物流运作。目前，他们首先在欧洲地区做到的是，把汽车生产到交货的全过程时间从5～15天降低到2～6天。

这套物流信息电子系统于2001年正式引进，同年10月份在沃尔沃集团全面推广，名称叫A4D的配送应用信息系统，是一种全新的、覆盖面非常广泛的出口物流信息系统网站，从汽车生产流水线车间到交货地点，凡是出口链上的所有部门和外商合伙人都能访问该网站的电子商贸平台，确保供应链的高度透明。该系统的性能主要包括：确保向消费者提供优良、精确的交货信息；降低从汽车订货到交货的前导时间，让消费者真正享受到实惠；为购买汽车的客户提供灵活、优先和变通的交易操作；能够同时交易沃尔沃和其他汽车厂商生产的汽车；降低管理成本、产品库存量和经营成本；明确显示产品的详细情况，从开始生产到完成生产的时间和从订货到交货的时间，物流配送操作和周边成本，还有就是在交货时汽车的质量；及时参与新产品的物流规划。这套配送技术应用信息网络系统由沃尔沃集团自己研制设计，通过A4D信息系统和数字交换系统，沃尔沃物流公司不仅与新老客户保持密切的联系，而且提供从沃尔沃汽车订货到交货的一条龙服务。

在通常情况下，一些大型的汽车制造厂商，专门设立负责听取消费者投诉和负责提供售后服务的客户服务部或信息技术部门，但是沃尔沃集团自从推出A4D信息网络和数字交换系统以后，所有的售后服务和消费者投诉的受理，全部由网络信息系统一并解决，因为沃尔沃物流公司配送中心总经理，就是负责网络电子商贸应用系统的兼职总经理，消费者的投诉信息一到他的手里，他有权立即着手处理，从而让消费者和网络的其他使用者得到很快的回应，并且取得更大的实惠。

在沃尔沃汽车厂商用2～4年时间设计沃尔沃X90车身时，沃尔沃物流公司同时着手为X90提前安排物流操作计划和运输规格，这方面的业务全部由沃尔沃物流公司自己去做。现在的汽车用户主要关注的已经不在交货时间上，而是落在交货质量和汽车的销售成本上，对于汽车产品进行全程监视的A4D电子信息系统可以解决这个问题，特别是与运输公司和承运人商谈汽车运输质量的时候，A4D电子信息系统所记录的材料可以证明汽车质量问题应该属于哪一方的责任。

通过电子数字交换或者通过A4D系统互联网，取得对每1辆汽车进行跟踪和监督的有关实时数据。这一套系统可以实际应用到客户订货合同中规定的每一项细节，把生产厂商提供的产品、客户的订货和市场销售系统有机地结合起来。汽车零售商能够通过A4D系统互联网络，清楚地了解汽车产品的信息。

与A4D互联网系统和数字交换系统相密切联系的配送系统，随时向承运人和其他有关运输公司提供信息。每当汽车零售商把客户的订单输入信息系统以后，A4D网络系统立即开始计算出“交货许诺”，根据这个“许诺”，有关汽车从生产、装配、包装、运输一直到交货的每一步，全部都可以安排好。沃尔沃集团在A4D信息系统中设立的“前期程序”，把订单上每一辆汽车从生产点到交货点的路线都编制成信息，再把信息发给零售商或者销售商。如果交货所在地国家遇到节假日、发生罢工或承运人的运输船舱一次装不下那么多汽车等情况时，该信息系统会自动调整交货时间。

具有多种运输方式选择的沃尔沃汽车物流公司，通过网络与多家承运人保持密切的联系，有足够的能力优化组织交货。现在的沃尔沃汽车集团不再象以前那样由于盲目生产和配送汽车，造成汽车产品库存积压，而是改由网络信息系统指导，以产定销，生产的汽车数量、型号、内饰、配件、外部颜色等等全部由消费者来定，并且不再通过当地的进口商，而是由沃尔沃集团直接向当地销售商供货。目前沃尔沃汽车在欧洲的销量仍然高于北美和亚洲。

在联合承保和提供物流等方面，沃尔沃物流公司积极发展与其他汽车生产厂商的合作，如福特公司、雷诺公司和美国麦克货车公司。但是沃尔沃物流公司本身并不拥有对外运输的承运工具，所有的对外运输车辆全部是租用的。因此，沃尔沃物流公司必须通过签

订协议和合同，与远洋承运人的货运代理和其他运输公司的物流部门和运输部门保持密切的业务联系，随时通过他们提供的运输服务，把出厂的沃尔沃汽车送到每一个汽车销售点。（资料来源：《中国汽车报》惠良）

专家点评

物流信息是反映物流各种活动内容的知识、资料、图像、数据、文件的总称。它伴随着物流活动的发生而产生的，同时也反映物流活动的全过程。实时、精确的物流信息是企业对物流活动进行有效控制的前提。沃尔沃物流公司通过拨出巨额投资，推出为出口物流提供合作物流操作的全新物流信息系统，抓住了物流的“牛鼻子”，把汽车制造、汽车零部件生产商、承包商、托运人、承运人和运输公司全部连接在一起。

三、物流信息系统概述

物流信息系统（logistics information system，LIS），是指由人员、计算机硬件、软件、网络通信设备及其他办公设备组成的人机交互系统。它是计算机管理信息系统在物流领域的应用。其主要功能是进行物流信息的收集、存储、传输、加工整理、维护和输出，为物流管理者及其他组织管理人员提供战略、战术及运作决策的支持，以达到组织的战略竞优，提高物流运作的效率与效益。

1. 物流信息系统的组成要素

构成该系统的主要组成要素有硬件、软件、数据库和数据仓库、相关人员以及企业管理制度与规范等。

（1）硬件　包括计算机、通信设施等，如计算机主机、外存、打印机、服务器、通信电缆、通信设施等。它是物流信息系统的物理设备、硬件资源，是实现物流信息系统的基础。

（2）软件　在物流信息系统中，软件一般包括系统软件、实用软件和应用软件。系统软件主要有操作系统、网络操作系统等，它控制、协调硬件资源，是物流信息系统必不可少的软件。实用软件的种类很多，对于物流信息系统，主要有数据库管理系统、计算机语言、各种开发工具、国际互联网上的浏览器、配件等，主要用于开发应用软件、管理数据资源、实现通信等。应用软件是面向问题的软件，与物流企业业务运作相关，实现辅助企业管理的功能。

（3）数据库与数据仓库　数据库与数据仓库用来存放与应用程序相关的数据，是实现辅助企业管理和支持决策的数据基础，目前大量的数据存放在数据库中。

（4）相关人员　系统的开发涉及多方面的人员，有专业人员，有领导，还有终端用户，不同的人员在物流信息系统开发过程中起着不同的作用。

（5）管理制度与规范　包括企业物流管理思想、理念、管理制度与规范等。

2. 物流信息系统的特点

物流系统是企业经营系统的一部分，它与企业其他部门的管理信息系统在面上基本没有太大的区别，但是，由于物流活动本身具有的时空上的特点，使得物流信息系统具有如下特点：

（1）开放性　为实现物流企业管理的一体化和资源的共享，物流信息系统应具备可与公司内部其他系统如财务、人事等管理系统相连接的性能。且系统与物流企业不仅要在企业内部实现数据的整合和顺畅流通，还应具备与企业外部的供应链的各个环节进行数据交换的能力，实现各种信息的无缝连接。尤其是我国加入 WTO 后，系统还需考虑未来与国际通行的标准接轨的需要。目前国际上在物流领域中已推行一系列 EDI 标准，我国交通部也制定推广了一部分 EDI 标准，物流系统应具备与这些标准接入的开放性特征。

（2）可扩展性和灵活性　物流信息系统应具备随着企业发展而动态调整的能力。在建设物流信息系统时，应充分考虑企业未来的管理及业务发展的需求，以便在原有系统基础上建立更高层次的管理模块。社会经济发展非常快，企业的管理及业务的变化也很快，这就要求系统能跟着企业的变革而变革。如物流企业进行了流程再造，采用了新的流程，原先的系统不能适应新的流程了；企业还需再进行投资，重新对新的流程进行管理信息系统的建设，从而造成

资源的极大浪费。这就要求建设物流信息系统时应考虑系统的灵活性。

(3) 安全性　内联网（Internet 网）的建立、Internet 网的接入使物流企业触角延伸更远、数据更集中，但安全性的问题也随之而来。在系统开发的初期，这个问题往往被人们所忽略。但随着系统开发的深入，特别是网上支付的实现、电子单证的使用安全性更成为物流信息系统的首要问题。

(4) 协同性　系统应可以与客户的 ERP 系统、库存管理系统实现连接，进而实现企业内部协同和供应链上的其他环节协同。系统可定期给客户发送各种物流信息如库存信息、船期信息、催款提示等。此外，系统还要能够与各行政管理部门协同，即通过网络实现与银行、海关、税务机关等实现信息即时传输。与银行联网，可以实现网上支付和网上结算，还可查询企业的资金信息；与海关联网，可实现网上报关、报税。

(5) 动态性　系统反映的数据应是动态的，可随着物流的变化而变化，能实时反映货物流的各种状况，支持客户、公司员工等用户的在线动态查询。这就需要公司内部与外部数据通讯应及时、顺畅。

(6) 快速反应　系统应能对用户、客户的在线查询、修改、输入等操作做出快速和及时的反应。在市场瞬息万变的今天，企业需要跟上市场的变化才能在激烈的市场竞争中生存。物流信息系统是物流企业的数字神经系统，系统的每一神经元渗入到供应链的每一末梢，每一末梢受到的刺激都能引起系统的快速、适当的反应。

(7) 信息的集成性　物流过程涉及的环节多、分布广，信息随着物流在供应链上的流动而流动，信息在地理上往往具有分散性、范围广、量大等特点，信息的管理应高度集成，同样的信息只需一次输入，以实现资源共享，减少重复操作，减少差错。目前大型的关系数据仓库通过建立数据之间的关联可帮助实现这一点。

(8) 支持远程处理　物流过程往往包括的范围广、涉及不同的部门并跨越不同的地区。在网络时代，企业间、企业同客户间的物

理距离都将变成鼠标距离。物流信息系统应支持远程的业务查询、输入、人机对话等事务处理。

(9) 检测、预警、纠错能力　为保证数据的准确性和稳定性，系统应在各模块中设置一些检测小模块，对输入的数据进行检测，以把一些无效的数据排斥在外。如集装箱箱号在编制时有一定的编码规则（如前四位是字母，最后一位是检测码等），在输入集装箱箱号时，系统可根据这些规则设置检测模块，提醒并避免操作人员输入错误信息。又如许多公司提单号不允许重复，系统可在操作人员输入重复提单号时发出警示并锁定进一步的操作。

3. 物流信息系统主要功能

一个完整的物流信息系统应即时或定时掌握系统现状、接受订货、指示发货、配送计划、反馈及结算、日常管理、补充库存、改变生产计划指令、与系统外衔接、系统维护等功能。

(1) 即时或定时掌握系统现状　通过计算机网络或其他传递方式即时或定时掌握住各流通中心、仓库及销售网点的库存量、库存能力、配送能力、在途数量客户地址、客户接货及发货能力、结算账号等。采用计算机或其他方式（如卡片）储存。

(2) 接受订货　通过中心销售部门或各网点接受订货或购买要求，由信息中心进行处理，制订供货计划。

(3) 指示发货　信息中心接受订货后，根据用户信息及网点状况，确定发货网点或仓库，通过计算机网络或其他方式的网点或仓库发货指示书。

(4) 配送计划　大型配送中心，根据发货指令，选定配送路线和配送车辆，制定最优配送计划并发出配送指令。

(5) 反馈及结算　发货及配送信息及时反馈给信息中心，并以此为据通知部门结算。

(6) 日常管理　及时计算订货、发货余额，库存水平等，以进行库存管理、订发货管理。

(7) 补充库存、改变生产计划指令　根据前期供求状况对近期情况做出预测，据此发出补充库存或增减生产数量的指令。

(8) 与系统外衔接　及时掌握系统外生产情况、近期产量，向

生产厂家发出订货通知。对系统外物流业发出运输、储存要求并与系统进行信息交换。

4. 建立物流信息系统的意义

现代物流管理以物流信息为基础，因而建立物流信息系统越来越具有重要的意义。

（1）优化运输管理　运输是物流的核心环节。运输的质量好坏与效率直接影响物流的质量与效率。采用运输管理系统（TMS）可优化运输模式组合，如空运、陆运或水运等，可寻求最佳的运输路线。此外，采用TMS还可实现在途物品的跟踪，并在必要时调整运输模式，实现车队管理、运输计划、调度与跟踪、与运输商务的电子数据交换（信息集成）等。

（2）优化配送中心仓储管理　现代物流要求配送中心具有接收、保存、流通加工、分拣、配载、发货等多种功能，且具有较强的工作效率与适应能力。采用仓储管理系统（WMS）管理仓库的收发、分拣、摆放、补货、过库等等，可大大提高传统仓储管理的效率与精确度，同时WMS还可以进行库存分析、与财务系统集成。先进的WMS还能帮助企业实现"逆向物流"（返修、回收等），并适应企业产品"推迟"策略对配送中心的管理需求。

（3）可强化人力资源管理　人是生产力中最活跃的因素，也是社会财富的主要源泉，因而加强物流中人力资源管理具有十分重要的意义。通过采用现代物流信息系统，可建立员工的培训系统和绩效评估系统，强化劳动力资源管理，充分发挥人力资源的潜力。

（4）可加快物流响应速度　通过建立物流信息系统，达到全局库存、订单和运输状态的共享和可见性，以降低供应链中的需求订单信息畸变现象。企业在采用3PL时，在保证信息安全的前提下，也要同3PL服务企业建立起信息共享的信息平台。

（5）有助于物流整合　采用物流信息系统，与外部物流系统有机整合，可使物流管理突破自身物流的局限，运用最优化理论，将企业物流上的各个环节综合考虑，制定全局优化的物流策略或物流执行指令。

此外，制定科学、规范化的物流信息系统，还具有固化新的流程或新的管理制度的需要，在规定的物流流程中提供优化的操作方案等作用。

建立高效的现代物流信息系统，才能建立企业最核心的竞争力

四、物流信息系统的建设

物流信息系统的建设，大致可划分为程序设计、系统测试、系统试运行与系统切换和系统运行管理与维护四个阶段。

1. 程序设计

程序设计是指依据系统设计阶段的 HIPO 图以及数据结构和编码设计，选择合适的计算机语言，编制出正确、清晰、容易维护、容易理解、工作效率高的程序。它是物流信息系统实施阶段的主要内容。目前程序设计的方法主要有结构化方法、原型方法、面向对象的方法等。其设计的步骤如图 3-16 所示。

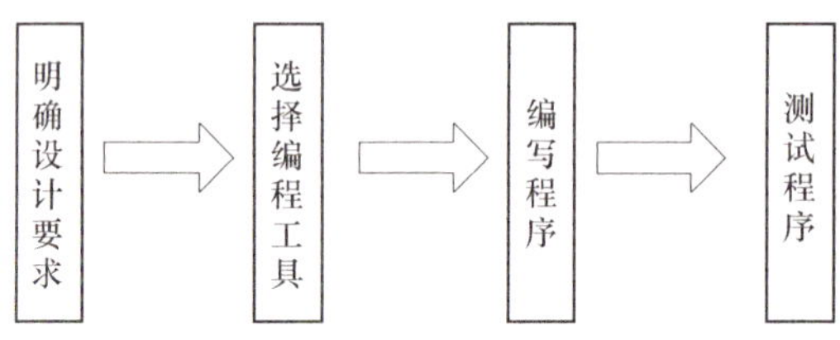

图 3-16　程序设计的步骤

（1）明确设计要求　程序设计开始前应仔细阅读系统设计说明书，明确程序所要完成的任务、功能和目标以及与之相关的环境条件等。

（2）选择编程工具　即在明确设计要求的基础上，进一步熟悉开发环境，包括计算机的性能、操作系统、程序设计语言与数据库管理系统等，选择合适的编程工具。

（3）编写程序　即按照系统设计说明书中给出的处理过程描述完成程序编程，并在计算机上实现。

（4）测试程序　即在程序编写完毕后，对程序的正确性进行的测试。程序执行中常见的错误有语法错误、逻辑错误等。程序测试时应根据程序错误的特点选择有代表性的测试方法进行测试。

2. 系统测试

系统测试就是要在计算机上以各种可能的数据和操作条件反复地对程序进行试验，发现存在的错误并及时加以修改，使其完全符合设计要求的过程。它是物流信息系统开发过程中十分重要的环节，是保证系统质量的关键步骤。尽管在系统程序设计的各个阶段均采取了严格的技术审查，但依然难免会留下差错，这些差错如果没有在投入运行前的系统测试阶段被发现并纠正，问题迟早会在运行中暴露出来，到那时要纠正错误将会付出更大的代价。

（1）系统测试的内容

1）功能测试。功能测试是指对系统中的功能进行测试，确定其是否具备所规定的功能。功能测试主要注意边界条件、覆盖条件以及出错处理是否有效等问题。

2）性能测试。性能测试主要是指对程序和系统数据的精确性、时间特性、适应能力是否能满足实际要求进行测试，如运行环境、接口、系统处理时间、响应时间、数据转换时间等。

3）可靠性与安全性测试。可靠性与安全性测试是指在可靠性和安全性方面进行的测试，如加密效果、授权的有效性和可靠性、系统的容错能力等。

（2）系统测试的原则

1）测试人员应避免测试自己设计的程序。在程序测试时测试人员应尽量避免测试自己所编写的程序，程序开发小组也应尽可能的避免测试本小组开发的程序，最好由与源程序无关的程序员和程序设计机构测试。

2）测试用例应考虑输入、输出。测试用例的设计应该由“确定的输入数据”和“预期的输出结果”组成。测试以前应根据测试的要求选择测试用例，用来检查程序员编写的程序，因此需要明确的输入数据，调试后可将程序的输出与预期输出对照检查。

3）测试数据的选取应考虑各种不同情况。测试数据的选取，不仅要选用合理的输入数据进行测试，还要选择不合理的输入数据甚至错误的输入数据进行侧试。因为，测试时用不合理的或错误的输入数据，往往比用合理的或正确的输入数据能发现更多的错误。

4）检查程序是否执行了规定以外的操作。在程序测试时，除了要检查程序是否做了它应做的工作之外，还应检查程序是否做了它不应做的事情。

5）对每一个测试结果做全面检查。因为有些错误的征兆在输出实测结果时未明显出现，如果不仔细全面地检查测试结果，就会使这些错误遗漏，所以必须对预期的输出结果明确定义，对实测的结果仔细分析检查，以发现其错误。

6）妥善保存测试用例。应该保留全部测试用例，并且将其作为管理信息系统软件组成部分之一，以便在以后的系统维护时查阅。

（3）系统测试的方法　对系统进行测试的常用方法有三种，分别为：静态测试、动态测试、程序正确性证明。静态测试是指通过人工方式评审系统文档和程序，目的在于检查程序的静态结构，找出编译不能发现的错误。这种方法手续简单，是一种行之有效的检验手段。经验表明，组织良好的静态测试可以发现程序中30%～70%的编码和逻辑设计错误，从而可以减少动态测试的负担，提高整个测试工作的效率。系统开发的每一个阶段都要进行静态测试。这样，错误发现早，纠正早，使开发成本大为降低。动态测试是运用事先设计好的测试用例，有控制地运行程序，从多种角度观察程序运行时的行为，对比运行结果与预期结果的差别以发现错误。也就是说，动态测试是为了发现错误而执行程序。因此，动态测试的关键问题是如何设计测试用例，即设计一批测试数据，通过有限的测试用例，在有限的研制时间、研制经费的约束下，尽可能多地发现程序中的错误。一般源程序通过编译后，要先经过静态测试，然后再进行动态测试。程序正确性证明技术目前还处于初始阶段。在使用这种测试技术时必须提供实现程序功能的严格数学模型，然后根据程序代码来确认它能实现的功能说明。证明程序正确性，对于评价小程序可能有一些价值，但是在证明大型软件系统正确性时，不仅工作量巨大，而且在证明过程中很容易包含错误，因此是不实用的。

（4）系统测试的主要步骤　系统测试一般分模块测试（单调），子系统测试（分调），系统测试（联调）和验收测试四个步骤，如图3-17所示。

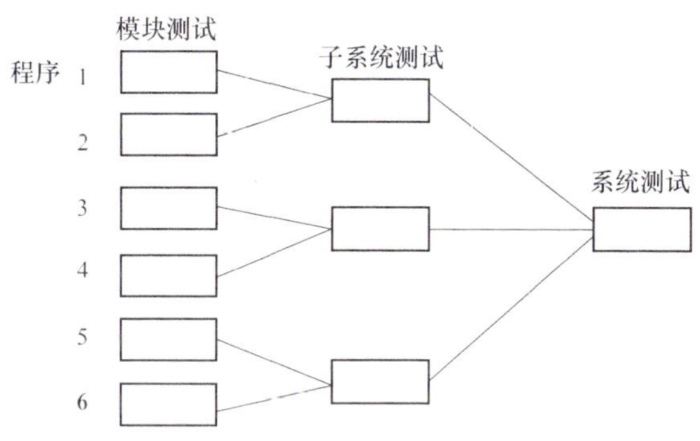

图 3-17　系统测试的主要步骤

1）模块测试。所谓模块是指一段能够完成一定功能的程序语句，是程序设计的最小单元，是程序最小的独立编译单位。模块测试是对单个模块进行的测试，目的是保证每个模块作为一个单元能够正确运行。通常情况下，模块测试方案设计比较容易，发现的错误主要是编码和详细设计方面的错误。模块测试比系统测试更容易发现错误，能更有效地进行排错处理，是系统测试的基础。

模块测试可采用机器测试和人工测试两种方法，机器测试一般采用白箱法。在模块进行机器测试前，可以通过阅读程序和人工运行程序的人工测试方法来发现程序中的语法错误和逻辑错误。在阅读程序时，可由不同程序员交互阅读，以便更有效地发现错误。因为，人们在阅读自己的程序时，往往会按自己原有的思路去读程序，较难发现问题。人工运行程序是在弄清程序结构的情况下，用少量简单的数据将程序“运行”一遍。这有助于发现程序中的一些逻辑错误。模块测试主要从以下四个方面入手：

① 模块界面。即测试调用参数的数目、顺序、类型等是否正确等。如果所测模块的数据流不能正确输入、输出，则根本无法进行其他测试。

② 内部数据结构。即保证测试内部数据的内容、形式等的正确性。它包括：变量的类型说明是否合适，赋值、初始化与否，变量的初始值、默认值和变量名是否有错，是否出现溢出或地址异常等。

③ 逻辑路径。即测试模块中的关键路径是否有错误，如果存在

不正确的计算、不正确的循环及判断控制，则其逻辑路径就有问题。

④ 错误处理。即测试模块是否预测了可能的错误的产生，并给予相应的处理。它包括：错误描述是否清晰，错误提示是否与实际错误相符，提示信息是否充分，在对错误进行处理之前系统是否已对错误条件干预等。

2）子系统测试。子系统测试是在模块测试的基础上，将测试过的模块组合起来形成一个子系统进行测试。子系统测试主要解决模块间的相互调用、通信问题，测试重点在接口方面。

子系统测试通常采用自顶向下和自底向上两种测试方法。两种子系统测试方法各有其优缺点，一种方法的优点正是另一种方法的不足之处。自顶向下方法的优点在于和子系统整体有关的接口问题可以在子系统测试的早期得到解决，但设计测试用例比较困难。自底向上测试方法的优点在于设计测试用例比较容易，但它必须在最后一个模块组装出来后，才能使模块群作为一个整体存在。通常在进行子系统测试时，将这两种方法结合起来进行，即对子系统的较高层次使用自顶向下的组装方法，对子系统的较低层次使用自底向上的组装方法。

3）系统测试。在所用子系统都成功测试之后，将它们组合起来进行的测试就是系统测试。系统测试主要解决的是各子系统之间的数据通信、数据共享，测试系统是否满足用户要求等问题。系统测试的依据是系统分析报告，要全面考查系统是否达到了设计目标。系统测试可以发现系统分析遗留的未解决问题。

4）验收测试。在系统测试完成后，要进行用户的验收测试。验收测试是把系统作为单一的实体进行测试，它是用户在实际应用环境中所进行的真实数据测试。与系统测试的内容基本一致，测试要使用手工系统所用过的历史数据，将运行结果与手工所得相核对，考查系统的可靠性和运行效率。

3. 系统试运行与系统切换

系统实施的最后一步是新系统的试运行、新系统数据准备和新旧系统的转换，它是系统调试和检测工作的延续。

(1) 系统试运行 系统试运行是系统测试的延续。在系统测试

时使用的是系统测试数据，这样很难测试出系统在实际运行中可能出现的一些事先预料不到的问题，所以一个系统开发完成后让它实际地运行一段时间即试运行，是对系统最好的检验和测试方式。

系统试运行阶段的工作主要包括：对系统进行初始化，输入各原始数据记录；记录系统的运行数据和运行状况；核对新系统输出和旧系统输出的结果；对实际系统的输入方式进行考查；对系统实际运行、响应速度进行实际测试。

（2）系统切换　系统切换是指系统开发完成后新旧系统之间的转化。它包括既相对独立又彼此联系的两项任务：一是完成数据的整理与录入（系统初始化），二是完成系统切换（系统切换）任务，即用新系统代替老系统。

1）数据的整理与录入。数据整理就是按照新系统对数据要求的格式和内容统一进行收集、分类和编码。录入就是将整理好的数据送入计算机内，并存入相应的文件中，作为新系统的操作文件。另外还要完成运行环境的初始化工作（如权限设置等）。数据的整理与录入是关系到新系统成功与否的重要工作，绝不能低估它的作用。

2）系统切换

系统交付使用后，进行系统切换常用的切换方式有四种，分别为：直接切换方式、并行切换方式、阶段切换方式和试点切换方式，如图3-18所示。

① 直接切换方式，如图1-18a所示。直接切换方式是指在某一时刻旧系统停止使用，新系统开始工作。这种方式最简单，也最省钱，但风险性很大。由于新系统没有试用过，没有真正担负过实际工作，因此，在切换过程中很可能出现事先预想不到的问题。通常，一些比较重要的大型系统不宜采用这种切换方式。即使不那么重要的小系统需采用这种方式切换时，也必须让老系统暂时保持在随时可以重新启动的状态，并且切换时间应选在系统业务量最少时运行。

② 并行切换，如图1-18b所示。针对直接切换方式存在的问题，并行切换方式保持一段新老并存的时间，并存时间一般为三至五个月左右，在这段时间内，新老系统同时分别工作。这种并行切换方式可以保持系统工作不间断，又可以对两个系统进行对比结果可以

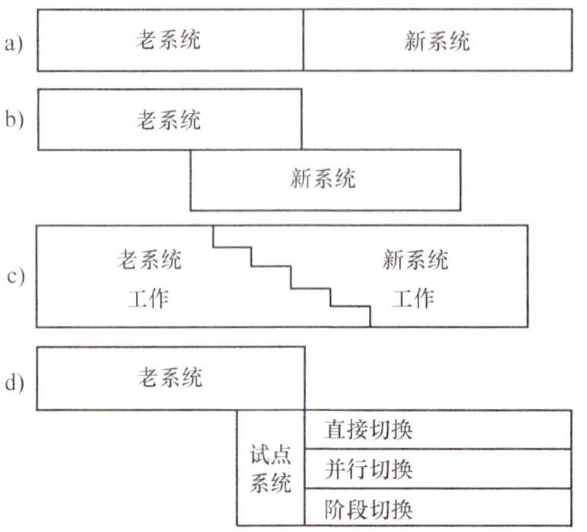

图 3-18　系统切换方式

a）直接切换方式　b）并行切换方式　c）阶段切换方式　d）试点切换方式

互相校对。如果在并行期间新系统出现了问题而不能正常运行时，老系统仍在工作，所以没有风险。但费用太高。

③ 阶段切换方式，如图 1-18c 所示。阶段切换方式是分阶段交互使用新系统的切换方式。其特点是先把系统的部分工作交给新系统处理，经过一段运行在确认系统稳定后，再把另外一部分工作换下来，这样分阶段地把整个系统换成新系统。它既避免了直接方式的风险性，又避免了并行方式发生的双倍费用。其最大问题表现在接口十分复杂。

④ 试点切换方式，如图 1-18d 所示，试点切换方式是指先在一个试点安装运行新系统，如果试点成功，可以采取上述三种切换方法中的一种继续逐渐推广新系统。这种切换方式时间短、费用低，通过试点的成功切换，可大大增强系统用户或管理者对新系统的信心。其特点是在新系统未开始工作时，先处理少量业务以检验新系统的功能，直到试运行达到满意后，再全面运行新系统，停止使用旧系统。

案例链接

Oxford 公司中的系统切换问题

Oxford Health Plans 公司位于康涅格州的 Norwalk，是一家拥有

30 亿美元的保健公司，管理细致。1996 年，CareData 在纽约对 3000 名保健消费者进行了调查，在所有消费者满意程度方面 Oxford 排在第一位。但在 Oxford 的纽约病人中，对公司系统的处理能力持高度满意态度的仅占 34%。34% 数字似乎较低，但仍比 26% 的满意率要好，这是相同市场的消费者给予其他处理者的评定等级。继那次调查之后，Oxford 将它所需要的处理系统升级了。不幸的是，系统转换项目主管采用了直接方式，新系统的转换方式没有做好，所有在满意程度方面并没有得到改善，由于系统转换问题，Oxford 现在还欠纽约医生和医院几百万美元的债。

一些技术问题被积压下来。公司只转换了 150 万美元部分的 80%，供应商的账已经结清，而文件中的 20% 较复杂，比系统设计人员预料的更具挑战性。Oxford 运行新系统模拟 3000 个并发用户同时访问系统的多个应用时，失败了。系统丧失了 60 ~ 70% 的处理能力。结果，从客户服务响应到处理所需的平均时间从 4 分钟增至 8 分钟。Oxford 公司的系统转换宣告失败。

专家点评

直接切换的系统切换方式操作简单，如果操作顺利，也最省钱，但风险性很大。由于新系统没有试用过，没有真正担负过实际工作，因此，在切换过程中很可能出现事先预想不到的问题。通常，一些比较重要的大型系统不宜采用这种切换方式。即使不那么重要的小系统需采用这种方式切换时，也必须让老系统暂时保持在随时可以重新启动的状态，并且切换时间应选在系统业务量最少时运行。本案例中 Oxford 公司在未采取充分论证，在新系统的转换方式没有做好的情况下，就冒然采取直接切换方式，当出现意外情况时，没能达成预期目标就在所难免。

4. 系统运行管理与维护

（1）系统运行管理　物流信息系统是随着系统的变化而不断变化发展的。它是信息系统开发工作的自然延续，包括日常管理、系统文档规范化管理和系统运行管理制度等。日常管理不仅是机房环境和设施的管理，更主要的是对系统每天运行状况、数据输入和输

出情况以及系统的安全性与完备性及时地记录和处理，包括硬件管理和设施管理、数据收集、数据整理、数据录入及处理结果的整理与分发等。系统文档是描述系统从无到有的整个发展与演变过程及各个状态文字资料。在目前尚无国家规范的情况下，系统开发仍应按照规范化的方式进行，以便今后查找。系统运行管理制度是指一个信息系统基本完成后，确保系统按确定目标运行并充分发挥其效益的一切必要条件、运行机制及保障措施。

（2）系统维护　是指在系统运行中，为了适应系统环境的变化，保证系统能持续、正常地运行而从事的各项活动。它包括对硬件设备的维护和软件系统及数据的维护。硬件设备的维护应有专职的硬件人员承担，维护安排分为两种：一种是定期的预防性维护，例如，在周末或月末进行设备的例行检查与保养；二是突发性的故障维修，由专职人员或厂商进行，但不允许拖延过长时间，以免中断软件系统的工作。

1）系统维护的内容

① 程序维护。程序的维护是指根据需求变化或硬件环境的变化，对程序进行部分或全部的修改。程序维护时通常应利用旧程序，修改后要填写程序修改登记表，写明新旧程序的不同之处。一般来说，信息系统的主要维护工作是对程序的维护。

② 数据维护。系统业务处理对数据的需求是不断变化的，因此，需要对数据进行不定期的修改和调整。数据维护包括数据结构、数据内容、数据操作等。

③ 代码维护。随着系统环境的变化，现行代码可能满足不了新的要求，需要对其进行修改。代码的变更应该经过代码管理小组、业务操作人员、系统分析与设计人员讨论确定后，以书面形式记录新的代码系统的组成和产生原因，并予以贯彻。

代码维护的困难不是代码的变更方法，而在于新代码体系的贯彻。

④ 设备维护。系统使用的计算机及其外部设备保持良好的运行状态，是系统正常工作的重要条件之一。系统应有专门的维护人员对机器设备进行定期的检查与维护。且应有详细的记载，便于检查、

维护和工作交接。

2）系统维护的过程，如图 3-19 所示。

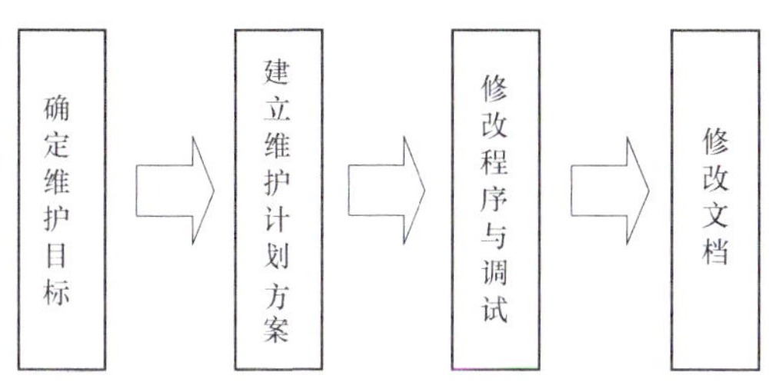

图 3-19 物流信息系统维护的过程

① 确定维护目标，建立维护人员小组。维护人员小组必须与信息系统软件的环境相适应，应当递交维护申请报告，评估问题的原因、严重性，确定维护目标和维护时间。

② 建立维护计划方案。维护工作应当是有计划、有步骤的统筹安排。维护计划应包括维护任务的范围，所需的资源，维护费用，维护进度安排表以及验收标准等。

③ 修改程序及调试。在修改程序的过程中，维护程序往往只注意程序的修改，而忽略未改变的部分，这样产生潜在错误的可能性就会增加，所以在按照预定方案完成修改后，除了考虑维护的副作用外，还要对程序及系统的有关部分进行重新调试。

④ 修改文档。软件修改调试通过后，则可修改相应文档并且结束本次维护过程。

总之，系统维护工作是信息系统运行阶段的重要工作内容，必须给予充分的重视。维护工作做得越好，信息资源的作用才能得以充分发挥，信息系统的寿命也就越长。

案例链接

宝供物流信息系统

广东宝供物流企业集团是中国第一家注册成立的物流企业集团，它成立于 1994 年，以“质量第一、顾客至上、24h 服务”为经营特色，为客户提供“门到门”服务。经过近 10 年的发展，宝供集团凭借其超前的物流服务理念、遍布全国的运作网络、一流的质量保证体系、全程的信息服务优势、先进的物流管理模式，发展迅速，客户从最初宝洁一家发展到现在的50多家，其中多数是实力不菲的跨国公司，成为国内第三方物流的璀璨之星。

回顾其发展历程，宝供物流的飞速发展得益于它的物流信息系统。无论是宝供的合作伙伴还是宝供的竞争对手，都对其信息系统羡慕不已。

一、良好的开端

宝供是从广州的一个铁路货运站起家的，最初的业务是仓储和运输，凭借灵活的经营方式和优质的服务，1994年它迎来了对自己未来事业产生深远影响的客户——宝洁公司。在开始的一段时间里，宝供的业务都是围绕着宝洁转，所做的事情就是要满足宝洁的需求。

宝洁的业务遍布全国，而当时宝供还只是在广州打天下。由于双方的合作很成功，很快宝洁就提出，宝供能否在全国为其做物流服务，宝供当然是求之不得，不久宝供的分支机构就铺到了国内的几个大城市。随着业务的疯狂扩张，问题也随之而来。宝洁要求宝供各个地方的分支机构都必须提供统一的服务质量和标准，因为他们不只是把某一单运输托付给宝供，而是把整个分销物流过程托付给宝供。通过宝供，宝洁应该可以知道自己的分销和库存的情况以及每一张订单的状态，通过这些数据，宝洁可以做下一步的销售预测和调拨。

压力不仅来自宝洁，还有宝供自己内部的管理，以前依仗着宝供较完善的业务运作规范，管理以本地为核心的业务并不困难，但分支机构一多以后，总部对整个公司的业务运作和质量进行监控就成为一个难题。

在这种压力下，宝供决定做物流信息系统。1997年开始启动物流信息系统的开发，当时宝供对系统的要求很简单，就是要完成两个工作：一是把宝供所有的分支机构连接起来，使当地的每一张订单、每一个委托作业数据都很快汇集到总部，总部每天可以了解全国范围内的业务运作状况；二是把信息整理起来，然后反馈给各地的用户，使客户了解其库存动态和订单状态。

这个最初的过程中有两个很重要的人物：宝供的信息主管唐友三教授和快步公司的总经理翟学魂。这两个人做出了当时显得相当前卫的技术决策：用 Internet 来实现上述两个目标，这个技术决策实际上为当时的系统实施带来了更大的难度。然而，不管怎么说 1998 年 5 月，系统开始运行。

有了这套系统，再加上良好的管理制度，宝供日益膨胀。在两年内从几个分支机构、几个客户发展到几十个分支机构和几十个客户。

二、进一步发展

随着物流日益成为供应链中一个至关重要的环节，宝供新的发展战略也逐渐浮出水面：提供集成的、网络化的供应链全过程的服务成为宝供新的追逐目标，同时宝供瞄准配送这块大蛋糕。

宝供认为物流要做得深入，必须从基本的简单的仓储和运输服务过渡到成为制造商和零售商之间的桥梁，帮助制造业打通零售环节，实现真正的第三方物流。以前宝供只需把货物送到各地方的仓库就可以了，这个过程仅仅降低了物流上的成本，但这个价值还是很有限，如果能够把物品从制造商的生产线出来到送至全国各地的零售商的整个过程都管起来，那价值就更大了，这才是真正意义上的第三方物流。

针对新的战略，1999 年底，宝供和快步公司的人一起对过去的信息系统进行了详细的回顾，结果发现了很多问题，很多地方需要进一步改善。

第一个问题是：虽然宝供内部有很好的系统，客户也有自己的系统，但这两个系统之间还没有真正意义上的连接，客户与宝供之间还是在用传真这种原始的手段来作为联系的桥梁。

针对这个问题，快步公司为宝供提供了一种新的类似国外 EDI 的服务—XDI 它不仅可以让宝供把自己内部系统的各个环节管理起来，而且使宝供与客户系统之间的界限在某种程度上被打破以前宝供的人是把系统收集的信息反馈给客户，而现在这个概念也发生了改变—是把客户的流程与宝供的流程融合在一起，比方说，客户信息系统中产生一张新的订单，它就可以触发宝供这边系统的调度和发运等操作，也就是说客户的信息系统的一个动作成为了宝供业务流程的一个起点，而宝供流程的终点成为客户（货物接收处）的另外一个起点，从而构成一个完整的循环。

这种循环的好处是显而易见的。举个例子，宝洁的一个点每天委托给宝供的单据总有数百张，以前这些单据都是通过传真发给宝供这边，然后由宝供的人输入自己的系统，如图3-20所示。这些单子光传过来就要花几个小时的时间，等到宝供这边把全部的准备工作做好，又要花去几个小时。而现在从宝洁产生一个新订单到宝供开始运作只要1h，以前至少也要花12h，新系统使库存的时间大大降低，如图3-21所示。作用还不只是如此，现在宝供不是在帮助宝洁管理它的库存，而是通过XDI服务去改善整个供应链的流程。

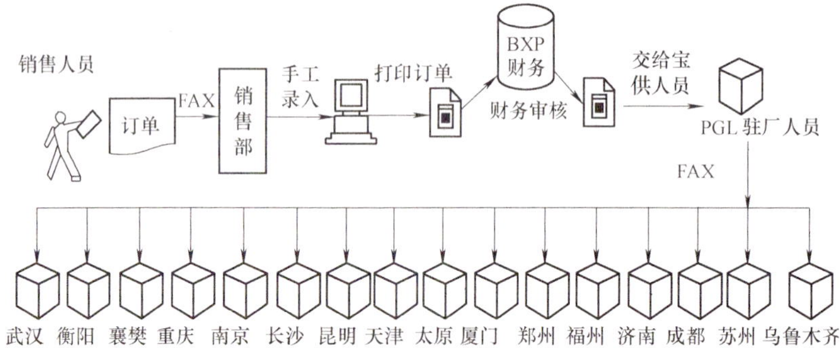

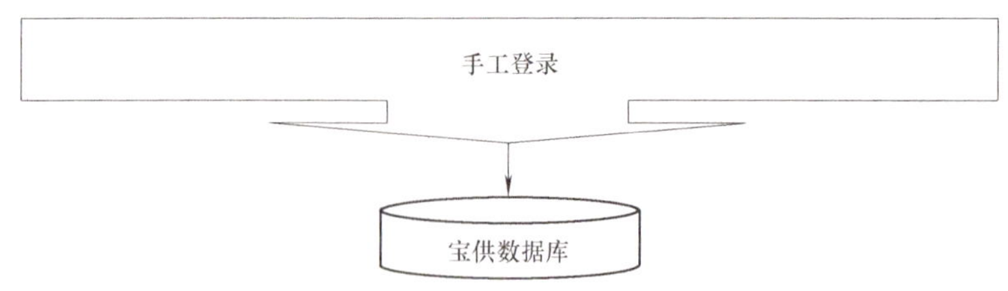

图3-20 原订单流程

第二个问题是：以前的系统对财务的管理还不完善，做一笔生意，短时间内宝供很难知道到底是赔了还是赚了，每一步花了多少成本更是无法掌握。

所以宝供的人非常希望能够理清自己的财务。在新系统中，快

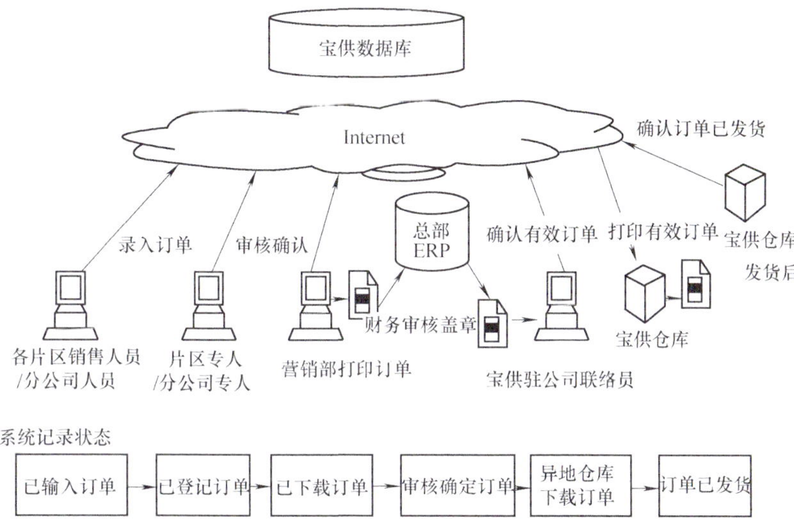

图 3-21 现订单流程

步公司把应收款和应付款的管理落实到每一个运行的环节，系统一收到客户的订单就对客户产生一个应收款，一完成调度就产生应付款，所有的业务在往前走的时候，财务在另一条线上同时往前走，这两条线紧紧集成在一起，这其实就是 ERP 的概念，快步公司很好的把这个思想运用到物流的信息管理之中。

做完这部分的工作之后，宝供对每一个客户、每一个地区和每一笔业务的成本了如指掌，在此基础上很多业务进行重新整合。比如，一个客户从广州把货物发往北京，另一个客户正好把货物从北京发往广州，通过这套系统，宝供就可以把它们集成起来安排，充分利用资源，不至于有些车皮空车返回出发地。

第三个问题是：信息系统如何支持配送业务的开展。首先，配送业务本质上是为多家企业集中实现高效的、迅捷的供应链过程。现存的传统仓库根本无法支持配送要求的效率，如图 3-22 所示，于是投资于现代化配送中心很快提到宝供的议事日程。今天，宝供已经决定在全国建立多个大的配送中心，相应的管理系统，如图 3-23 所示。

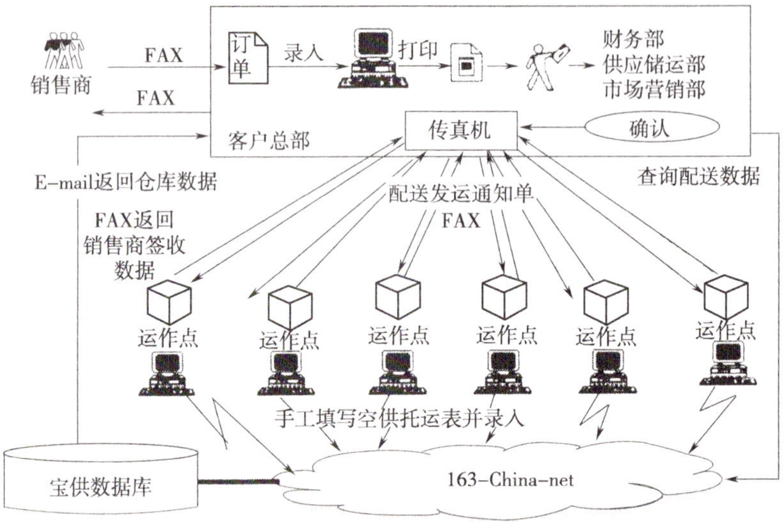

图 3-22　原配送发运信息传递方式

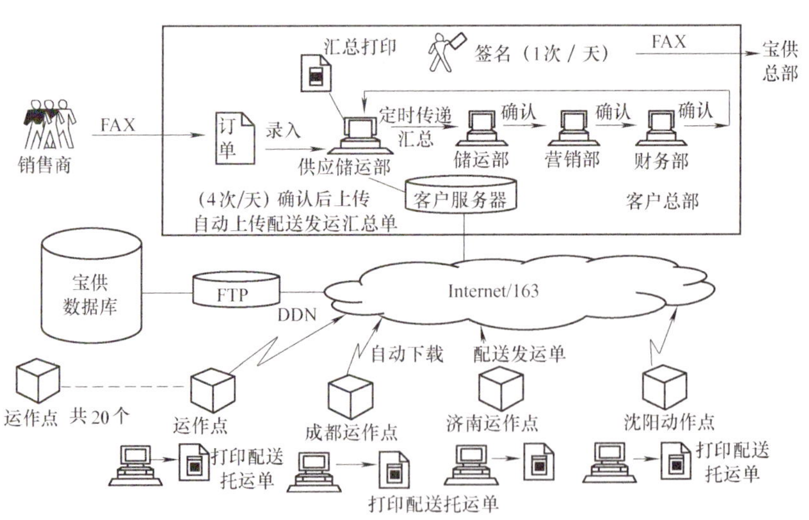

图 3-23　现配送发运信息传递方式

配送业务需要的信息系统并不是人们常说的配送管理系统，而是一个配送中心的管理系统，配送中心作为制造商和零售商之间的桥梁，它与传统的存储型仓库有着本质的区别，或者可以把其理解为运作型的仓库。这种物流运作中心的投资往往是传统仓库的几十倍，运作效率也是传统仓库的几十倍，在这种中心里，货架有多高、货架之间的距离有多少、每个货架应该摆放什么样的物品、物体的体积和重量以及取货时应该走什么样的线路等等一些细微末角的因素都得考虑进去。

三、技术应用

宝供公司有自己内部的物流管理系统，但这个系统主要集中在应用上，后台技术方面的工作都是由快步公司的 XDI 物流信息平台来实现，如图 3-24 所示。

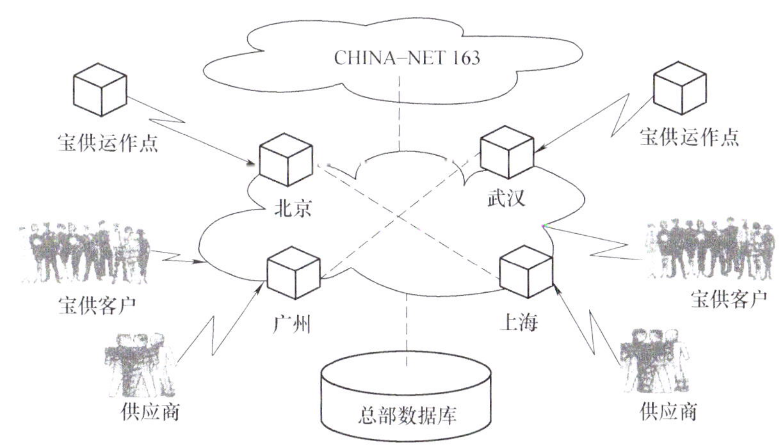

图 3-24　XDI：实现物流的信息交互平台

宝供的内部系统与这个平台通过一个接入点相连。翟学魂说，一个系统最复杂的地方是处理与外部的接口问题，外部的接口越多，系统设计就越复杂。运用了这种技术平台与应用平台分开的结构后，底层技术方面的问题都由 XDI 平台来处理，而宝供只需把精力和投资集中在自己的核心业务上。

XDI 是 EDI 革新技术的延伸，后者经常被运用于西方商业社会。

XDI 保留了 EDI 的优点，同时能够实现多对多的、支持复杂流程的信息交互。在中国，快步实际上把 XDI 发展为一种端对端的信息互动服务，这种服务使得客户无需改动自身的信息系统和数据格式，也不用了解合作伙伴系统的具体技术和如何进行数据传输，更没有必要建设专用的网络连接，就可以透明地与业务伙伴进行信息交换和流程整合。

实际上，XDI 工程化规范化了物流信息交互，也就是使合作伙伴之间的信息变得简单可靠，客户无需投入大笔的 IT 投资，就可以实现供应链过程的管理，大大缩短了库存周期，降低总体物流成本。

宝供的物流信息系统采用的是 Internet 网络构架的信息交流系统，把货物的流动分解为接单、发送、到站、再发运、再到站、签收等环节进行操作。系统采用集中数据存储，各个分公司对于数据的保有权有时效限制，所有数据的维护都由公司的信息中心负责。宝供内部各分支机构以及宝供与客户之间通过 XDI 进行数据交换，各分支机构拥有自己的企业内部网络（Internet)，通过一个接口与 XDI 相连，用 VPN 技术来保证数据的安全。宝供物流信息系统流程，如图 3-25 所示，宝供物流信息系统结构如图 3-26 所示。

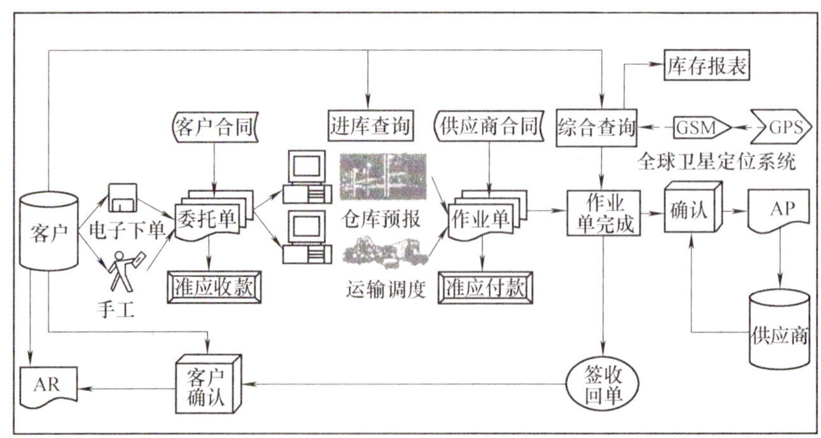

图 3-25　宝供物流信息系统流程

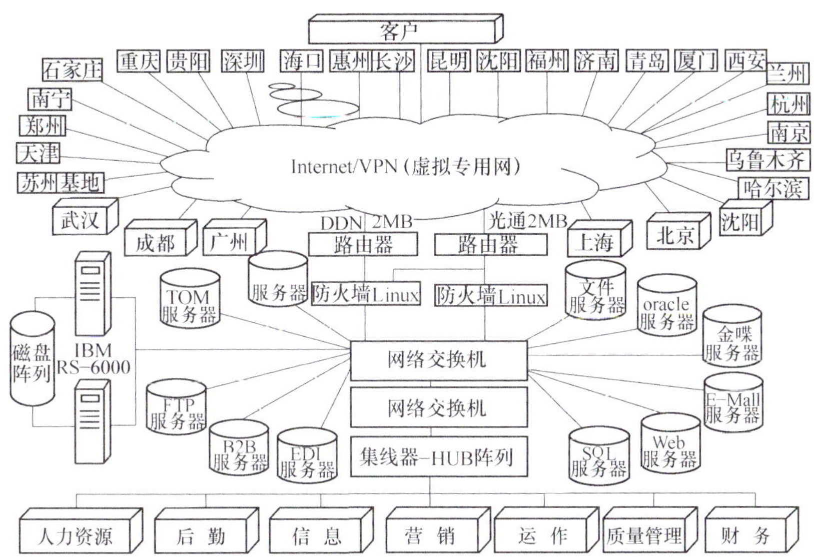

图 3-26　宝供物流信息系统结构图

四、存在的困难

唐友三和翟学魂并不回避眼前遇到的困难：跨企业的信息系统集成的实施就是摆在面前的难题。物流毕竟不是一个企业内部的问题，宝供有很多客户，由于这些客户大多是跨国公司，它们都有自己的内部系统，而且它们的物流服务提供商也并不只有宝供一家，这些物流公司也有自己的系统。在这张庞大的网中，宝供做好自己的信息化管理只是这张网中很小的一部分，如同在广阔的蓝天开辟了一条惟一的航线。

而要让这张网四通八达，又谈何容易。翟学魂举了个例子，就拿宝供的客户飞利浦来说，它有自己的系统，需要和宝供的系统衔接。技术上，快步 XDI 有完整的解决方案，然而，实施过程需要双方业务和信息两个部门对现有的业务流程和工作模式进行相应的改变，而宝供与飞利浦之间的合作涉及全国几十个城市的运作。这一下就变成了 4 个部门、在全国几十个城市来共同参与实施。而飞利浦如果有另外一家物流服务提供商，那么宝供和飞利浦又要和这家公司的信息和业务部门协调，于是就有 8 个部门需要协调，这中间每个企业的信息系统和业务流程都需要相应调整。由此可见，仅仅3个公司的协作就需要花费大量的人力和物力，那么要把目前宝供所有客户的信息系统连接起来，可想而知，宝供很容易就会掉进信息技术的汪洋大海。

显然仅仅靠宝供和快步的力量是不可能完成电子化协作的，尽管它们都是这个行业的先锋。翟学魂说信息技术是个无底洞，物流公司不可能把精力和金钱都放在这一部分上，毕竟物流公司应用信息技术的最终目标是为业务服务，而不是陷入一场“纠缠不休”信息协调。而且国内无论是物流公司还是它们的客户，信息技术的应用水平相差很大，几个公司花很长时间做好的系统衔接可能随着技术的飞速发展而不得不反复建设。

看来宝供不可能独善其身，它依然脱离不了整个物流的大环境，要真正实现完全电子化，大多数物流企业以及其客户的信息化水平都必须有一个质的飞跃。

五、结束语

翟学魂对自己的合作伙伴宝供公司的总经理刘武评价很高，他说刘武是一个非常有自己“vision”（主见）的人，只有这样的人才能带领公司在信息化建设中走向成功，无论是国有企业还是私营企业都一样。所以翟学魂希望自己的合作伙伴都能像刘武一样。

当然翟学魂的期望注定不能成为现实，因为现实生活中这样的人实在是不多，所以成功的案例也就不多见。光是领导认识到信息化建设的重要性是不够的，现在大部分“一把手”认识了这个问题的重要性，但是这和翟学魂所说的领导入的“vision”不可同日而语。可以这么说，具有“vision”的领导人员应该清晰地知道自己近期的目标和长期的目标，并能为这个目标不懈地努力。如果没有一个明确的方向，系统成功实施的可能性就很小。

无论是宝供还是中远，尽管它们是不同体制、不同类型的企业，但是它们的成功首先一点就是抓住了自己的需求，把业务和管理放在了首位，然后才是技术的实现手段，而且项目正在非常有针对性地分步实施。在实施的过程中，物流专家与技术专家的合作是保证项目实施的另一个关键。在宝供的案例中，由于项目起步较早，当

时的翟学魂对物流的理解并不深入，但经过了宝供项目的实施，他也变成了名副其实的物流行家，由此可以看出两者之间的亲密合作对于双方都有好处，从而使项目的建设容易进行。

在国内物流公司的管理和物流系统提供商的技术都不成熟的情况下，这种合作就有更深层的意义。大家都是在摸索的过程中，相互之间互相借鉴、互相帮忙可以促进整个物流行业的发展。从宝供等一些案例，我们可以看到它们的信息化建设其实有很多相似之处，那么对于一些还走在后面的物流公司来说也可以认真研究这些先行者成功的方方面面，然后把这些经验落实到自身的信息化建设之中。

中国物流行业离标准化还很远，在这种环境里，如果没有整体的提高，单个公司不可能把自己的系统建设好，从宝供遇到的困难我们就可以看到，信息化建设同样会遇到瓶颈，而要突破它，只有在大家的信息化水平层次相差不大的情况下才最容易实现。（资料来源：《物流管理案例与实训》曹前锋主编）

复习思考题

1. 运输与配送有哪些区别？
2. 简述铁路运输特点。
3. 简述航空运输特点。
4. 简述公路运输特点。
5. 选择运输方式时，应考虑哪些因素？
6. 不合理运输主要表现形式有哪些？
7. 物流中运输合理化的途径有哪些？
8. 运输路线选择时，要考虑哪些因素？
9. 仓库指什么，它有哪些功能？
10. 仓储管理的作业原则有哪些？
11. 什么是库存？影响库存水平的因素有哪些？
12. 简述 ABC 分类管理法的分类与管理策略。
13. 简述关键因素分析法的分类与管理策略。
14. 简述零库存管理的基本原理与优点。
15. 什么是定量订货法？简述其基本原理。

16. 简述定量与定期订货法的区别。
17. 包装的作用主要有以下哪几个方面。
18. 简述包装合理化发展趋势。
19. 装卸搬运作业合理化的原则有哪些？
20. 什么是配送中心？它有哪些基本功能？
21. 实现流通加工合理化主要考虑的因素有哪些？
22. 简述物流信息系统的建设。

第四章

物流服务管理

培训学习目标 重点掌握物流服务管理原则，掌握确定物流服务水平的一般步骤、注意事项、基本的物流服务能力内容、产品生命周期不同阶段物流服务水平的确定策略，了解物流服务的概念及其特性。

第一节 物流服务管理概述

一、物流服务概述

1. 物流服务的概念

（1）服务的定义 所谓服务（service），是指为满足顾客的需要，供方和顾客之间接触的活动以及供方内部活动所产生的结果。包括供方为顾客提供人员劳务活动完成的结果；供方为顾客提供通过人员对实物付出劳务活动完成的结果；供方为顾客提供实物实用活动完成的结果。关于服务概念的理解，应把握以下四点：

1）服务的目的就是为了满足提供顾客需要，帮助顾客解决他们的问题。

2）要提供服务，就要与顾客接触。当然，并不一定要与顾客本身或其代表接触，装备也可以代表顾客与服务提供者接触。

3）服务的内容不是实物，而是供方的活动和供方活动的结果。

4）服务的范围既包括依附于商品实体而提供的追加服务，又包括与商品不直接相关的核心服务。

（2）物流服务的定义 所谓物流服务（logistics service），是指为满足客户需求所实施的一系列物流活动产生的结果。它是企业整体经营理念而非简单活动或绩效的评价尺度；是从接收顾客订单开始，到商品送到顾客手中为止，发生的所有服务活动。

2. 物流服务构成要素和内容

物流服务是企业竞争战略的重要手段

（1）物流服务构成三要素

1）拥有顾客所期望的商品（备货保证）。

2）在顾客所期望的时间内传递商品（输送保证）。

3）符合顾客所期望的质量（品质保证）。

（2）物流服务项目和内容 物流服务就是围绕上述三种要素展开的，其项目和具体内容见表4-1。

表4-1 物流服务项目和具体内容

编号	项 目	内 容
1	储货库存服务率	商品库存满足订货的程度 如：全部品种可以立即交货；90%的水平可以及时交货等
2	接受订货截止时间	接受订货截止时间 如：当天的几点；当月的几号
3	交货日期	交货的时间 如：当天交货；翌日交货；一周后交货等
4	订货单位	订货单位数量的大小 如：接受零散数量的订货；按箱、盒单位接收订货；按托盘接收订货；按整车货物接受订货等
5	交货频率	商品配送的频率 如：一日配送一次；一日两次以上；隔日配送等
6	指定时间交货	按照指定的时间交货 如：中午12点到1点之间配送；周日上午配送等
7	紧急交货	采取特别的方式紧急交货 如：委托速递公司进行单件商品的紧急配送

（续）

编号	项　目	内　容
8	保持物流质量	保证商品在物流过程中的质量 如：防止在保管、运送过程中的品质劣化；防止物理性损伤；避免或减少配送错误、数量错误、品质错误等。
9	提供信息	提供商品物流过程中的相关信息 如：商品库存状况（存货数量、保质期等）；货物运输状态（在途、到达目的地、交到货主手中等）
10	交货条件	按照约定条件交货 如：车上交货；仓库交货；提供包装；贴价格标签等

3. 物流服务的特性

从物流服务的本质和内容来看，与其他产业比较有许多不同之处，这给物流企业的经营带来重大的影响。

物流需求是伴随着商流的发生而产生的

（1）从属性　客户的物流需求不是凭空由自己创造出来的，而是以商流的发生为基础，伴随着商流的发生而产生的。对于这样的需求提供物流服务，必然具有明显的从属于客户物流系统的性质。主要表现在，处于需方的货主企业，对于流通的货物种类、流通的时间、采取的流通方式等都由自己选择和决定，甚至是自行提货还是靠专业物流业配送也由自己选定。而处于供方的物流业，则是按照货主企业的这种需求，被动地来提供物流服务。这在客观上决定了物流服务具有被动性，受货主企业的制约。另外，由于是自己提货还是由物流企业配送都由货主决定，因此，易于使物流供需失去均衡。

（2）即时性　物流服务属于非物质形态的劳动，它生产的不是有形的产品，而是一种伴随销售和消费同时发生的即时服务，这就决定了它的特性——即时性和非储存性。通常，有形的商品需要经过生产、储存、销售才能完成交换过程，而物流业务本身决定了它的生产就是销售，其间不需要储存环节进行调整。

物流服务即时性的特性，使其与直接生产过程有很大区别。直接生产过程为了取得最大的经济效益，通常要投入大量资本，采取集中、大规模的生产方式，引进新技术，实现机械化操作，提高劳动生产率。又由于产品的生产和消费之间具有时间差和空间差，因此产品需要经过储存和运输环节，才能使生产顺利进行。物流业者要完成非物质形态劳动的物流服务，也需要具备必要的设施和劳动力等生产要素，或者提供必要的生产能力。这些生产能力当中，有一部分生产能力是适合需求的，为有效地完成生产、销售、消费过程的服务，为此所支付的运费是必要的；而有一部分生产能力是不适合需方的要求的，表现为无效劳动，则不能支付费用。

(3) 移动性和分散性　物流服务是以分布广泛、大多数不固定的客户为对象，所以，具有移动性以及面广、分散的特性。由此往往产生局部的供需不平衡，给经营管理带来一定的难度。

(4) 需求波动性　由于物流服务是以数量多又不固定的顾客为对象，它们的需求在方式上和数量上都是多变的，有较强的波动性。从满足需求的程度来看，如果降低供给水平，则表现出服务不够；如果提高供给水平，则会带来费用上升的不良后果。因此，使物流服务不断适应需求者的多样性，克服需求的波动性，已经成为物流业者经营上的重要课题。

(5) 可替代性　物流服务的可替代性主要表现在以下两个方面：

1) 站在物流活动承担主体的角度看，产生于工商企业生产经营的物流需求，既可以由工商企业自身采用自营运输、自营保管等自营物流的形式来完成，也可以委托给专业的物流服务供应商，即采用社会化物流的方式来完成。因此，对于专业物流企业，不仅有来自行业内部的竞争，也有来自货主企业的竞争。如果物流行业整体水平还难以满足货主企业的需求，则意味着物流企业会失去一部分市场。货主企业就会以自营物流的形式拒绝物流企业的服务，物流企业的市场空间的扩展就会面临困难。

2) 站在物流企业提供的服务品种看，由于存在着公路、铁路、船舶、航空等多种运输方式，货主可以在对服务的成本和质量等各种相关因素权衡之后，自主选择运输方式。因此，不同运输手段便会产生竞争。物流企业的竞争不仅来自同业种内的不同企业，还来自不同业种的其他企业。

物流服务的可替代性，对于货主企业来说增加了物流服务实现形式选择的灵活性，但对物流企业，特别是运输企业来说，就增加了经营难度。

4. 物流服务的重要性

随着市场环境的变化，人们越来越深刻地认识到物流服务已经成为企业提高其竞争力的重要手段，直接影响到企业整体运作水平，是增强商品的差异性、提高商品竞争优势的重要因素。

（1）物流服务是企业销售差别化战略的重要一环　进入细分化市场营销阶段后，市场需求出现多样化和分散化，发展变化十分迅速。在这种状况下，企业经营较以前任何时期都要艰巨，即只有符合各种不同类型、不同层次的市场需求，并且迅速、高效地满足其欲望，才能使企业在激烈的竞争和市场变化中求得生存和发展。而差别化经营战略中的一个主要内容是顾客服务上的差异，所以，作为顾客服务重要组成部分的物流服务也相应具有了战略上的意义，也就是说，物流服务是差别化营销的重要方式和途径。

（2）物流服务对经营绩效的重大影响　物流服务水准的确立对经营绩效具有重大影响。决定物流服务水准是构筑物流系统的前提条件，在物流开始成为经营战略重要一环的过程中，物流服务越来越具有经济性的特征，即物流服务有随市场机制和价格机制变化而变化的倾向。因此，物流服务的供给不是无限制的，过高的物流服务水准势必损害经营绩效，不利于企业收益的稳定。因而，制定合理或企业预期的物流服务水准是企业战略活动的重要内容之一，特别是对于一些临时运输、紧急输送等物流服务，需要考虑成本的适当化或者各流通主体相互分担的问题。

（3）选择合适的物流服务方式能降低流通成本　物流服务方式的选择对降低流通成本具有重要意义。低成本战略历来是企业营销竞争中的重要内容，而低成本的实现往往涉及商品生产、流通的全过程。除了生产原材料、零部件、人力成本等各种有形的影响因素外，物流服务方式等软性要素的选择对成本也具有相当大的影响力。合理的物流方式不仅能提高商品流通效率，而且能从利益上推动企业发展，成为企业利润的第三大来源。特别值得注意的是，最近由于消费者低价格取向的发展，一些大型零售业为降低商品购入和调节物流成本，改变原来的物流系统，转而实行由零售主导的共同配送、JIT 配送等新型物流服务，以支持零售经营战略的展开。这从一个侧面显示了物流服务的决策已成为企业经营战略不可分割的重要内容。

(4) 物流服务是有效连结供应商、厂商、批发商和零售商的重要手段　美国营销专家菲利浦·科特勒在《市场营销原理》一书中指出：随着现代社会经济全球化、网络化的发展，现代企业的竞争不是单个企业间的竞争，而是一种网络间的竞争；现代企业的竞争优势不是单一企业的优势，而是一种网络优势。因此，企业经营网络的构造是当今竞争战略的主要内容，物流服务作为一种特有的服务方式，一方面以商品为媒介，打破了供应商、厂商、批发商和零售商之间的隔阂，有效地推动商品从生产到消费全过程的顺利流动；另一方面物流服务通过自身特有的系统设施，不断将商品销售、在库等重要信息反馈给流通中的所有企业，并通过物流专业知识、经验等经营资源的蓄积，使整个流通过程能不断协调对应市场变化，进而创造出一种超越单个企业的供应链价值。

二、物流服务能力与评价

1. 基本的物流服务能力

(1) 物流服务可得能力　可得能力是指当顾客需要存货时所拥有的库存能力。可得能力可以通过各种方式实现，最普通的做法就是按预期的顾客订货进行存货储备。于是，仓库的数目、地点和储存政策等便成了物流系统设计的基本问题之一。存货储备计划通常是建立在需求预测基础上的，而对特定产品的储备战略还要结合其是否畅销、该产品对整个产品线的重要性、收益率以及商品本身的价值等因素考虑。存货可以分为两类：一类是取决于需求预测，并用于支持基本可得性的基本储备；另一类是满足超过预测数的需求量，并适应异常作业变化的安全储备。

可得能力的一个重要方面就是厂商的安全储备政策。安全储备的存在是为了调整预测误差，并在安全储备的补给期间对递送延迟

进行缓冲。一般说来，防止缺货的期望越大，安全储备需要也越大；安全储备的负荷越大，平均存货的数量也越大。在市场需求高度变化的情况下，安全储备的构成有可能占到厂商平均存货的一半以上。

许多厂商开发了各种物流安排方案，以增补其满足顾客存货需求的能力，如一家厂商可以经营两个仓库，其中一个指定为主要服务地点、而另一个作为次要的或后援供给来源。主要仓库是厂商用于输出其绝大多数产品的地点，以便利用自动化设施、效率及其所处地点的优势。一旦主要仓库发生缺货，并且情况继续恶化时，就可以利用次要仓库或后援仓库。但是，使用次要或后援仓库的厂商，应尽可能在最大限度上向顾客公开。这是因为有时候主要地点只有顾客订货的一部分产品，而次要地点却能够满足其剩余的需求。在这种情况下，除非这两部分的订货在递送前能够组合在一起，否则，因分开递送会使顾客感到不便。需要指出的是，由于厂商已尽了额外的努力保持其存货可得性，而不是延交部分订货，这一事实本身会转变成一种积极的形象，说明厂商为满足顾客需求尽心尽力。

应该清楚的是，要高水准地实现存货可得的一致性，需要进行大量的精心策划，而不是在销售量预测的基础上给各个仓库分配存货。事实上，其关键是要实现对首选顾客或核心顾客高水准的存货可得性，同时使整个存货储备和仓库设施维持在最低限度。

（2）作业完成能力　作业完成能力涉及物流活动对所期望的完成时间和可接受的变化所承担的义务，具体表现在作业完成周期的速度、一致性、灵活性和故障恢复力四个方面。

1）完成周期速度。完成周期速度是指从一开始订货时起至货物装运实际抵达时止的这段时间。我们必须以顾客的身份来考察厂商在这方面所承担的义务。

因为根据物流系统的设计，完成周期所需的时间会有很大的不同，即使在今天高水平的通信和运输技术条件下，订货周期也可以短到几个小时，或长达几个星期。

当然，供应商对存货可得性和作业速度这两方面的最高承诺是顾客存货委托。在委托安排中，产品是按照顾客预期的业务需要进行存货的。

虽然从顾客的角度来看委托存货是一种理想的方式，但对供应商来说却是一种花费昂贵的做生意方式。因此，供应商的存货委托安排一般仅限于一些至关重要的产品，即如果在它们确实需要时得不到将会导致失效或低效，诸如机器零件和急救医疗供应品等。顾客存货委托情况一般都出现在企业与企业之间的营销和健康卫生行业中。与为顾客维持安全储备相比，它的不同之处是一个供应商之所以愿意接受顾客的存货委托往往是出于他在该业务关系中的力量对比。

对供应商的递送委托更具代表性的业务安排，是建立在顾客各种期望基础上完成周期的速度。在紧急情况下，供应商会通过当地仓库进行特别递送，或者通过通宵运行的高度可靠的运输企业在几小时内完成所要求的递送服务。这种业务关系通常是按照顾客的具体要求，围绕着能促进物流作业效率所期望的完成周期形成的。换句话说，如果这种加速物流运输会导致提高价格或实际的物流成本的话，并不是所有的顾客都需要或希望最大限度地加速。

如何确定完成周期的时间往往与存货需求有着直接关系。一般来说，计划的完成速度越快，顾客所需的存货投资水平就越低。完成周期时间与顾客存货投资之间的这种关系，居于以时间为基础的物流安排之首。

2）一致性。虽然服务速度至关重要，但大多数物流经理更强调一致性。一致性是指厂商在众多的完成周期中按时递送的能力。一般说来，可得性与一旦需要就可以进行产品装运的存货能力有关。完成周期的速度则与持续地按时递送特定订货所必须的作业能力有关；而所谓一致性，却是指必须随时按照递送承诺加以履行的处理能力。由此看来，一致性的问题是物流作业最基本的问题。

3）灵活性。灵活性是指处理异常的顾客服务需求的能力。厂商的物流能力直接关系到在始料不及的环境下如何妥善地处理问题。需要厂商灵活作业的典型事件有：修改基本服务安排，例如一次性改变装运交付的地点；支持独特的销售和营销方案；新产品引入；

旧产品逐步停产；供给中断；产品回收；特殊市场的定制或顾客的服务层次；在物流系统中履行产品的修订或定制，诸如定价、组合或包装等。在许多情况下，物流优势的精华就存在于灵活能力之中。厂商的整体物流能力取决于在适当满足关键顾客的需求时所拥有的“随机应变”的能力。

4）故障恢复力。不管厂商的物流作业有多么完美，故障总是会发生的，而在已发生故障的作业条件下继续实现服务需求往往是十分困难的。因此，厂商应制定一些有关预防或调整特殊情况的方案，以防故障发生。厂商应通过合理的论证来承担这种应付异常情况的义务；而其制定的基本服务方案应保证高水平的服务，实现无故障和无障碍计划。为此，厂商要有能力预测服务过程中可能会发生的故障或服务中断，并有适当的应急计划来完成恢复任务。当有实际的服务故障发生时，顾客服务方案中的应急计划还应包括对顾客期望恢复的确认以及衡量服务一致性的方法。

物流的可靠性是质量形象的基础

（3）物流服务可靠性　物流质量与物流服务的可靠能力密切相关。物流活动中最基本的质量问题就是如何实现原计划的存货可得性及作业完成能力。除了服务标准外，质量上的一致性涉及能否迅速提供有关物流作业和顾客订货状况的精确信息。研究表明，厂商有无提供精确信息的能力是衡量其物流服务可靠能力的最重要的一个方面。顾客们通常讨厌意外事件，如果他们能够事前收到信息的话，就能够对缺货或延迟递送等意外情况做出调整。因此，有越来越多的顾客表示，有关订货内容和交货时间的事前信息比完美订货的履行更加重要。

除了以上物流服务能力外，服务质量的一个重要组成部分是持续改善。类似于厂商内部的其他经理人员一样，物流经理人员也应关心如何尽可能地减少发生故障去完成作业目标，而完成作业目标的一个重要方法就是从故障中吸取教训，改善作业系统，以防再次发生故障。

2. 物流服务能力评价

高水准的物流服务绩效只能通过对物流服务活动精确地评价才能维持。它是实现物流质量的关键。物流服务的评估方法一般分为定性和定量两种。

(1) 定性分析的主要标准

1) 可靠性，即是否按照国家标准、行业标准和承诺标准服务。

2) 反应性，即是否对客户需求有迅速反应的能力，是否对客户需求进行了快速反应。

3) 权威性，即是否因为提供服务而获得客户信任。

4) 体贴性，即能否为客户设身处地地设想和服务。

5) 有形证据，即是否有证据表明企业为客户提供了良好服务，客户是否感受到享受服务的快乐。

(2) 企业客户服务定量分析的指标构成

1) 仓库管理和操作指标体系，包括库存准确率、入库准确率、出库准确率等。

2) 运输服务指标体系，包括发货及时率、到货及时率、返单及时率、客户投诉率、客户满意度、破损频率、破损率、订单完成率和急单完成率等。

3) 数据录入工作评价指标，包括数据录入及时性、数据录入准确性等。

4) 进出口业务评价指标，包括报关及时性、单证处理及时率等。

5) 费用结算评价指标，包括费用结算及时率、费用结算准确率等。

三、物流服务管理的概念

目前还没有关于物流服务管理的明确定义。不同企业对物流服务管理有不同的理解，如物流服务管理是一项管理活动或职能，如订货处理等；物流服务管理是根据客户需求对物流实施方案进行设计、决策、优化，并组织实施等；物流服务管理是从接收顾客订单开始，到商品送到顾客手中为止，发生的所有服务管理活动。基于以上认识，我们可以理解为：物流服务管理，是为满足各种物流需

求所进行的计划、组织、协调、控制等各项活动的总称。它包括为满足客户需求所提供的有形、无形物流服务的管理，如物流运输管理、物流信息管理等。

四、物流服务管理的目的与原则

物流服务管理的目的是以适当的成本实现高质量为顾客服务

1. 物流服务管理的目的

一般来讲，服务质量与成本是一种此消彼长的关系，物流服务质量提高，物流成本就会上升，可以说两者间的关系适用于收益递减法则，无限度提高服务水平，会因为成本上升的速度加快，反而使服务效率没有多大变化，甚至下降。如图 4-1 所示，在服务水平较低阶段，如果追加 X 单位的服务成本，服务质量将提高 Y，而在服务水平较高阶段，同样追加 X 单位的成本，提高的服务质量只有 Y'（$Y' < Y$）。所以，无限度提高服务水平，会因为成本上升的速度加快，反而使服务效率没有多大变化，甚至下降。具体来看，物流服务与成本的关系有四种类型，如图 4-2 所示。

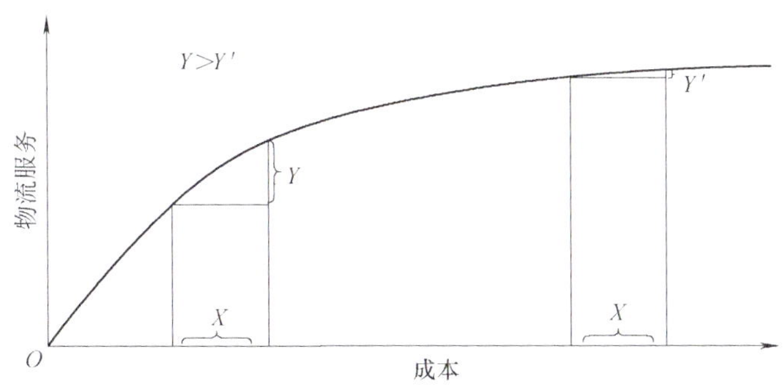

图 4-1　物流服务与成本的关系

（1）服务水准一定，成本降低型　在物流服务水平不变的前提下考虑降低成本。亦即在实现既定服务水准的条件下，通过不断降低成本来追求物流系统的改善，如图 4-2a 所示。这是一种尽量降低

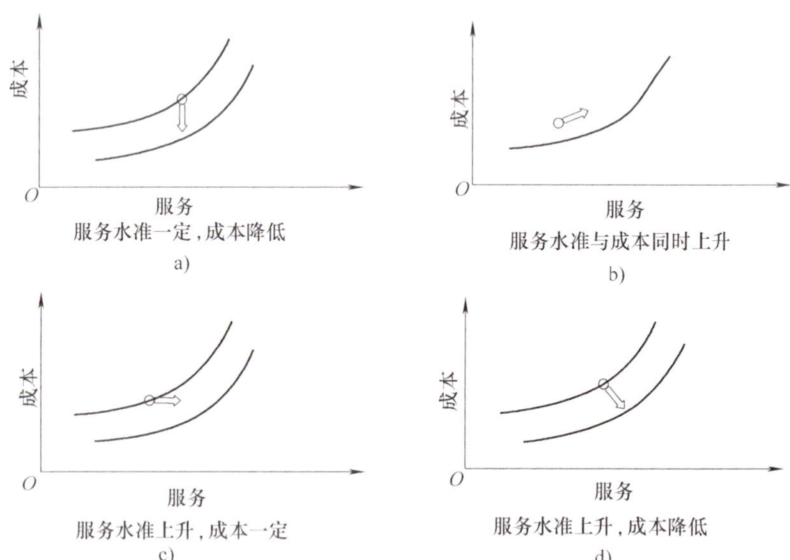

图 4-2　物流服务与成本关系的几种类型

成本来维持服务水平的办法，亦即追求效益的办法。

（2）服务水准与成本同时上升型　为提高物流服务水平，不惜增加物流成本。这是许多企业提高物流服务的做法，是企业在特定顾客或其特定商品面临竞争时，所采取的具有战略意义的做法，如图 4-2b 所示。

（3）服务水准上升，成本一定型　即在成本不变的前提下提高服务水平。这是一种积极的物流成本对策，也是一种有效地利用物流成本性能、追求成本绩效的一种做法，如图 4-2c 所示。

（4）服务水准上升，成本下降型　即用较低的物流成本，实现较高水平的物流服务。这是增加销售、提高效益，具有战略意义的办法，如图 4-2d 所示。

物流服务质量与成本是一种此消彼长的关系

以上物流服务与成本的四种类型，物流企业应通盘考虑商品战略和地区销售战略；流通战略和竞争对手；物流成本、物流系统所

处的环境，以及物流系统负责人所采用的方针等具体情况，再做出选择适合企业类型的决策。

2. 物流服务管理原则

要实现降低成本的同时实现较高的物流服务水准的理想状态，必须在加强成本管理的同时，明确相应的服务水准，把握物流服务管理的基本准则，强化物流服务管理，从而保持成本与服务之间的一种均衡关系。

（1）服务以产品导向向市场导向转变　物流服务水准的确定不能单纯从供给方的情况出发，而应该充分考虑需求方的要求，即从产品导向向市场导向转变。产品导向型的物流服务由于是根据供给方自身所决定的，一方面难以真正满足顾客的需求，容易出现服务水准设定失误；另一方面也无法根据市场环境的变化和竞争格局及时加以调整。而市场导向型的物流服务正好相反，它是根据经营部门的信息和竞争企业的服务水准相应制定的，因此，既避免了过剩服务的出现，又能及时进行控制。在市场导向型物流服务中，通过与顾客面谈、顾客需求调查、第三方调查等方式寻求顾客最强烈的需求愿望是决定物流服务水准的基本方法。

（2）服务面向零售消费者　在决策物流服务要素和服务水准的过程中，需要注意服务的顾客对象应该向零售消费者群转化。确立面向零售业，特别是大型零售业、连锁店等的服务系统和服务设施，开展符合零售要求的配送、库存服务（如多频度配送等）等，如厂商的物流服务如果只安排面向批发商的输送，在库管理系统显然是不充分的。这是适应在流通渠道逐渐多样化，零售力量逐渐增大的客观发展需要。

（3）制定多物流服务组合　随着顾客业种和业态多样化的发展，顾客的需求不可能千篇一律，因此，制定多物流服务组合十分必要。如今，对顾客提供单一物流服务的企业很多，这不利于物流服务的效率化。

物流服务对于企业来讲也要考虑有限经营资源的合理配置，也就是说，在决定物流服务时，应根据顾客的不同类型采取相应的物流服务，见表4-2。

表 4-2　按顾客类型所开展的物流服务

<table>
<tr><td colspan="2">对本企业贡献度
顾客类型</td><td>本企业产品销售额大</td><td>本企业产品销售额小</td></tr>
<tr><td rowspan="2">全国型企业</td><td>专业店</td><td rowspan="2">积极支援型策略</td><td rowspan="2">现状维持型策略</td></tr>
<tr><td>综合店</td></tr>
<tr><td rowspan="2">地域型企业</td><td>专业店</td><td rowspan="2">准积极支援型策略</td><td rowspan="2">受动型策略</td></tr>
<tr><td>综合店</td></tr>
</table>

一般来讲，根据顾客经营规模、类型和对本企业贡献度来划分，可以采用支援型、维持型、受动型的物流服务战略。对本企业贡献度大的企业，由于具有直接的利益相关性，应当采取支援型策略；而对本企业贡献小的顾客，要根据其规模、类型再加以区分。经营规模大或专业型的顾客，由于存在进一步发展的潜力，可以采取维持型战略，以维系现有的交易关系，为将来可能开展的战略调整打下基础；相反，经营规模小且属综合型的顾客，将来进一步发展的可能性较小，所以，在服务上可以采取顾客要求型策略，即在顾客要求服务的条件下，才开展服务活动。

物流服务的确定除了考虑顾客以外，还与所经营的商品类型相关，亦即一般商品与战略商品的物流服务应当有差异，这可以根据市场营销中产品组合矩阵来确定物流服务的形式，见表 4-3。

表 4-3　按产品类型开展物流服务

<table>
<tr><td rowspan="2">产品销售成本率 ↑</td><td>高</td><td>问题类
（选择型物流服务）</td><td>明星类
（强化型物流服务）</td></tr>
<tr><td>低</td><td>瘦狗类
（撤退型物流服务）</td><td>现金牛类
（维持型物流服务）</td></tr>
<tr><td></td><td></td><td colspan="2">低　　市场份额 →　　高</td></tr>
</table>

产品发展前景较好的明星产品，应积极采用较高的物流服务推动产品销售；现金牛产品可以通过保持现有服务水准来延长收益；问题型产品则要根据产品分析的结果采取选择性服务，亦即收缩性的物流服务；而瘦狗型产品由于产品已处于销售的衰退期或淘汰期，

可以停止物流服务，撤出相应的市场。

（4）开发差别化物流服务　企业在制定物流服务要素和服务水准的同时，应当保证服务的差别化，即与其他企业物流服务相比有鲜明的特色，这是保证高服务质量的基础，也是物流服务战略的重要特征。要实现这一点，就必须具有对比性的物流服务观念，即重视了解和收集竞争对手的物流服务信息。

（5）研究服务发展方向　顾客服务的变化往往会产生新的物流服务需求，所以在物流服务管理中，应当充分重视研究物流服务的发展方向和趋势。例如虽然以前就已经开始实施在库、再入货、商品到达时期、断货信息、在途信息、货物追踪等管理活动。但是，随着交易对象，如零售业业务的简单化、效率化革新，EDI的导入，账单格式统一，商品入货统计表制定等等信息服务已成为物流服务的重要要素。

（6）重视服务与社会的吻合　物流服务不完全是一种企业独自的经营行为，它必须与整个社会系统相吻合。物流服务除了要考虑企业内物流、销售物流外，还要认真研究旨在保护环境、节省能源和资源的废弃物回收物流，所以，物流服务的内容十分广泛。这是企业社会市场营销发展的必然结果，即企业行为的各个方面都必须符合伦理和环境的要求，否则，经济发展的持续性难以实现。除此之外，为了缓和交通混乱、道路建设不足等问题，如何实施有效的物流服务也是物流在与社会系统相结合的过程中必须考虑的重要问题。

（7）建立有效的服务管理体制　物流服务水准根据市场形势、竞争企业的状况、商品特性以及季节的变化而变化，所以，在物流部门应建立能把握市场环境变化的物流服务管理体制十分必要。在欧美，由于顾客服务中包含了物流服务，因此，相应的管理责任也是由顾客服务部门承担。对于我国来讲，在企业中确立能收集物流服务的相关信息，提供顾客满意的物流服务，并不断发展提高其管理组织与责任体制等显得尤为迫切。当然，根据发达国家实践的经验。如果物流服务的管理仅由物流部门单独进行，失败的可能性较大，有效的体制应该是包括生产、销售、物流在内的综合管理体制。

(8) 建设完善的物流中心 物流中心作为物流服务的基础设施，其建立和完善对于保障高质量的物流服务是必不可少的。这是因为物流中心的功能表现为通过集中管理订货频度较高的商品，使进货时期正确化，提高在库服务率。同时，由于缩短商品在库期间，提高了在库周转率，商品出入库增多。除此之外，物流中心在拥有对多品种、小单位商品实施储存功能的同时，还具有备货、包装等流通加工功能，能够实施适当的流通在库管理和有效的配送等物流活动。这些都是高质量物流服务的具体表现。

(9) 构筑快速准确的物流信息系统 要实现高质量的物流服务，还必须建立完善的物流信息系统。这种信息系统的机能除了接受订货，迅速、完好地向顾客传递商品外，更重要的是通过送货期回复、商品物流周转期缩短、备货保证、信息处理时间缩短、货物追踪等各种功能，确保不次于竞争对手的物流服务。

(10) 不断了解顾客反映 物流服务的实施情况应该每隔一段时期定时进行核查。特别需要关注的是，销售部门或顾客是否存在对物流现状的抱怨，有没有错误配送，事故破损是否严重；另外，是否向顾客做过调查，所设定的服务水准是否得以实现，在物流成本上应保持多大的合理性等等问题。总之，对物流服务进行评价的目的在于不断适应顾客需求的变化，及时制定出最佳的顾客服务组合。所以，定期了解顾客满意度，改善物流系统，是物流服务中的关键要素。

第二节 物流服务水平策略的确定

什么样的物流服务水平对企业的客户来说是适合与恰当的？确定恰当的物流服务水平的依据是什么？目前企业提供的物流服务水平是否适当？如果不适当应当如何进行调整？要回答这些问题，就必须通过一定的策略方式制定适宜的物流服务标准。

一、确定物流服务水平的一般步骤与注意事项

(1) 确定物流服务水平的一般步骤 保证具有优势的物流服务

水平对一个企业来说至关重要，其一般步骤如图 4-3 所示。

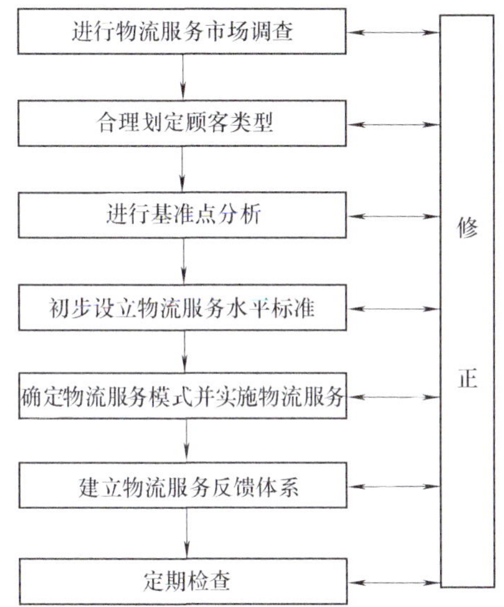

图 4-3 物流服务水平确定步骤

1）进行物流服务市场调查。通过问卷调查、专访和座谈等方式，收集有关物流服务的信息，了解顾客提出的服务要求是否重要，弄清有哪些服务项目顾客满意，与竞争对手相比是否具有优势等。

2）合理划定顾客类型。即根据顾客不同的需求，归纳成为不同的类型。这是因为顾客特点不同，需要也不同，进行分类可找出那些影响核心服务的因素，这对以什么样的特点作基准，十分重要。

3）进行基准点分析。所谓基准点分析，就是把本公司产品、服务以及这些产品和服务在市场上的供给活动与最强的竞争对手或一流公司的活动与成绩进行比较评估。

4）初步设立物流服务水平标准。即根据对顾客服务调查所得出的结果，对顾客服务的各环节的水平进行界定，初步设立水平标准。

5）确定物流服务模式并实施物流服务。即根据顾客的类型，在制订方针时首先要对那些重要的顾客，重点地给予照顾，同时要作盈亏分析，制订基本物流服务方针，并按基本物流服务方针，开展初期物流服务。

6）建立物流服务反馈体系。顾客物流服务评价是对物流服务质量的基本测量，而顾客一般又不愿主动提供自己对服务质量的评定，因此必须建立服务质量的反馈体系，及时了解顾客对物流服务的反应，以便为改进物流服务质量、采取改进措施提供帮助。

7）定期检查与修正。物流服务水平不是一个静态标准，而是一种动态过程，最初顾客物流服务水平一经确定，并不是以后就一成不变，而是要经常定期收集顾客反馈信息、核查、变更物流服务执行情况，以保证物流服务的质量。通过对物流服务标准的执行情况和效果的分析，发现存在的问题，并对标准做出适当修正。

（2）确定物流服务水平时要注意的事项

1）物流服务应与顾客的特点、层次相符。

2）由于顾客的不同物流服务也应有所不同，有的应该得到优先照顾，因此应首先确定核心服务。

3）确定物流服务水平时，应按经济原则办事。

4）经过一段时间后对企业的物流服务水平，要进行评估和改进。

5）在确定物流服务水平的同时，也要考虑如何创造企业自己的特色，以便超过竞争对手，也就是说要采取相对的物流服务观点。

6）不应当只站在供给的一方来考虑物流服务水平，有时也需要站在需求方的角度来考虑，这就要求我们要把观念应由卖方转换为买方。

二、以不同导向确定物流服务水平

1. 以客户为导向制定物流服务水平

以客户为导向制定物流服务水平的方法强调以客户为中心，一切从客户需求出发，根据客户的需求来制定企业应当提供的物流服

务水平。具体做法是：根据企业所做的物流服务外部衡量的结果，为客户重视程度高的客户服务要素提供客户心目中最理想的服务水平。同时，企业还应结合内部衡量的结果，考虑客户不满意的服务要素的实际水平是否真如客户感觉的那么差，有时会出现这种情况：即企业实际提供的物流服务水平并不低，但是由于沟通或其他方面的原因，客户的感觉发生了错位，这时企业应当想办法去改变客户的错误感觉，而不是提高企业的客户物流服务水平。

以客户为导向制定物流服务水平的优点是：在客户重视的方面表现出色，因而可以获得较高的客户满意度，并可以进一步获得较高的客户信任与忠诚。这种做法的缺点是：对竞争对手的表现考察不足，因而有可能在竞争中处于劣势；没有考虑成本与收益的优化配比，可能会出现为低价值客户（给企业带来的利润比较少）提供高质量服务的情况，从而损害到企业的经济利益。所以还需要从市场的竞争性和物流服务的成本与收益进行综合评价，从而制定适合企业实际的物流客户服务策略。

2. *以竞争为导向制定物流客户服务水平*

企业在制定物流客户服务水平时应当考虑竞争对手的表现与策略，因为客户会拿企业与其竞争对手作比较，有时企业要赢得客户，只要提供优于竞争对手的服务就可以了，而不需要提供令客户满意的服务。由此，以竞争为导向制定物流客户服务水平的方法，考虑了市场经济环境下竞争对企业客户物流服务水平的影响。

以竞争为导向制定物流客户服务水平的核心思想是：将竞争对手或物流客户服务标杆的服务表现，纳入到企业物流客户服务水平决策中来，通过制定恰当而经济的物流客户服务水平来获取竞争优势。

以竞争为导向制定物流客户服务水平的步骤为：

（1）根据企业所作的物流客户服务外部衡量的结果制作数据表　数据表是进一步绘制竞争地位图与绩效评估图的数据依据。表4-4是数据表的示例。表中的数据来源是企业所作的物流客户服务外部衡量。

表 4-4 数据表示例

编号	要素	重要性	绩效评估		
			本企业	标杆	相对绩效
1	履行订单的准确程度	5.71	5.35	5.03	0.32
2	对加急订单的处理速度	5.56	4.93	5.65	-0.72
3	对投诉采取行动	5.40	4.79	4.61	0.18
4	发货日期准确率	5.27	4.53	3.89	0.64
5	发货的完整率	5.06	5.21	5.69	-0.48
6	快速调整发货误差	4.75	4.63	4.36	0.27
7	快速调整开票误差	4.05	4.98	3.69	1.28
8	交付频率	3.82	5.01	5.48	0.46
9	订单处理人员距离客户较近	3.19	5.24	4.64	0.61
10	网络输入订单	2.05	4.12	4.14	-0.02

数据表包含有以下项目：每个物流客户服务要素的重要性均值；企业及其主要的竞争对手在每个物流客户服务要素上的绩效表现均值；比较标杆在每个物流客户服务要素上的绩效表现均值；企业在每个物流客户服务要素上的相对绩效。其中企业相对绩效的计算公式为

$$\text{相对绩效} = \begin{matrix}\text{企业在某物流服务要素}\\ \text{上的绩效表现均值}\end{matrix} - \begin{matrix}\text{标杆在该要素上}\\ \text{的绩效表现均值}\end{matrix}$$

设立比较标杆可采用以下几种方式：

1）企业可以将整个行业的所有竞争对手的平均物流客户服务水平作为比较标杆，这时计算所得的相对绩效体现了企业与行业整体水平之间的差别，由此绘制的竞争地位图能够反映出企业在整个市场中所处的竞争地位。

2）可以将企业在每个细分市场的主要竞争对手的表现作为比较标杆，并分别进行比较，这时计算所得的相对绩效体现了企业在每

个细分市场与主要竞争对手之间的差别，由此绘制的竞争地位图能够反映出企业在每个细分市场中的竞争地位，并有利于企业针对各细分市场进行物流客户服务水平决策。

3）针对某些客户，将企业的物流客户服务水平与同时服务该类客户的某个竞争对手进行比较，这时相对绩效体现了企业与其竞争对手之间的差别，由此绘制的竞争地位图能够反映出对于某一同时从两家企业购买产品与服务的客户来说，本企业相对于另一个企业的竞争地位，从而使企业能够制定针对具体客户和竞争对手的物流客户服务水平决策。

（2）绘制绩效评估图

1）将物流客户服务要素的重要性作为 y 轴、本企业绩效作为 x 轴，建立一个二维坐标系。

2）根据表 4-4 中的数据，将各物流客户服务要素描点在该坐标系上，如编号为 1 的物流客户服务要素——“履行订单的准确程度”的 y 坐标为该要素的重要性均值 5.71；x 坐标为企业在该要素上的绩效表现均值 5.35，依此类推，当所有的要素都在该坐标系中描点完毕后，绩效评估图就绘制完成了。绩效评估图的形式如图 4-4 所示。

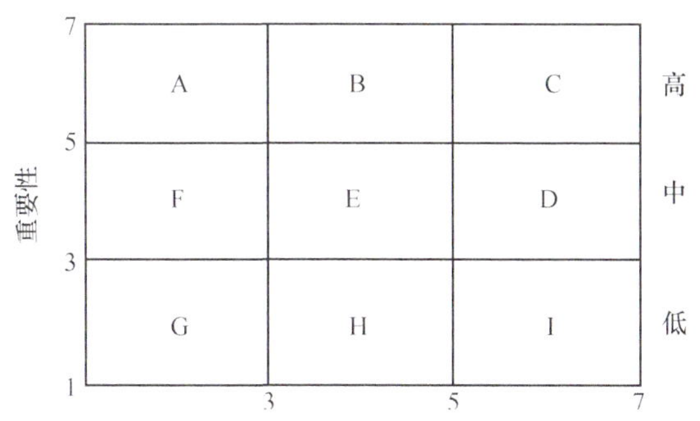

图 4-4　绩效评估图

绩效评估图可划分成 9 个单元格，各要素落在图中的不同区域时的含义，以及应当对现有水平做出的调整各不相同，见表 4-5。

表 4-5 绩效评估图释意

区域	客户服务要素状态	应采取的措施
A	重要性高，绩效水平低	绝对提高服务
B	重要性高，绩效水平中等	提高服务
C	重要性高，绩效水平高	保持/提高服务
D	重要性中等，绩效水平高	降低/保持服务
E	重要性中等，绩效水平中等	保持服务
F	重要性中等，绩效水平低	提高服务
G	重要性低，绩效水平低	保持服务
H	重要性低，绩效水平中等	降低/保持服务
I	重要性低，绩效水平高	降低/保持服务

由表 4-5 可知：当物流客户服务要素落在 A 区域时，意味着该要素在客户心目中的重要性等级很高，但企业在该要素上的表现却并不能令客户满意，这时就应当绝对提高该要素的服务水平。当然如果物流客户服务的内部衡量显示，企业实际在该要素上表现并不差，只是由于和客户沟通不够或其他原因，导致客户产生了误解的话，这时就要加强同客户的沟通，使得客户认识到该要素的真实服务水平，而不是提升现有水平。当服务要素落在 B 区域时，意味着该要素在客户心目中的重要性等级很高，但企业在该要素上表现一般，这时应当提高该要素的服务水平，同样如果是由于沟通等产生误解的话，则应该消除误解。当服务要素落在 C 区域时，意味着该要素在客户心目中的重要性等级很高，而企业在该要素上的表现非常令客户满意，这时应当提高或保持该要素的服务水平。当服务要素落在 D 区域时，意味着该要素在客户心目中的重要性等级中等，但企业在该要素上的表现非常令客户满意，这时应当保持或降低该要素的服务水平。当服务要素落在 E 区域时，意味着该要素在客户心目中的重要性等级中等，企业在该要素上的表现一般，这时应当保持该要素的服务水平。当服务要素落在 F 区域时，意味着该要素在客户心目中的重要性等级中等，但企业在该要素上的表现令客户很不满意，这时应当提升该要素的服务水平。当然如果是由于沟通

不畅引起了客户误解，还是应该先消除误解。当服务要素落在 G 区域时，意味着该要素在客户心目中的重要性等级很低，企业在该要素上的表现也令客户不满意，这时应当保持该要素的服务水平。当服务要素落在 H 区域时，意味着该要素在客户心目中的重要性等级很低，但企业在该要素上表现一般，这时应当保持或降低该要素的服务水平。当服务要素落在 I 区域时，意味着该要素在客户心目中的重要性等级很低，但企业在该要素上的表现非常令客户满意，这时应当保持或降低该要素的服务水平。

由上面的分析可以看出，当各物流客户服务要素落在绩效评估图的对角线上时，物流客户服务水平最为合理。同时，弄清客户对物流客户服务水平的评价与真实情况是否相符，及时消除误解也是十分重要的。

(3) 绘制竞争地位图　首先将物流客户服务要素的重要性作为 y 轴、相对绩效作为 x 轴，建立一个二维坐标系。然后根据表 4-4 中的数据，将各物流客户服务要素描点在该坐标系上，如编号为 1 的物流客户服务要素——“履行订单的准确程度”的 y 坐标为该要素的重要性均值 5.71；x 坐标为该要素的相对绩效 0.32。依此类推，当所有的要素都在该坐标系中描点完毕后，竞争地位图就绘制完成了，如图 4-5 所示。

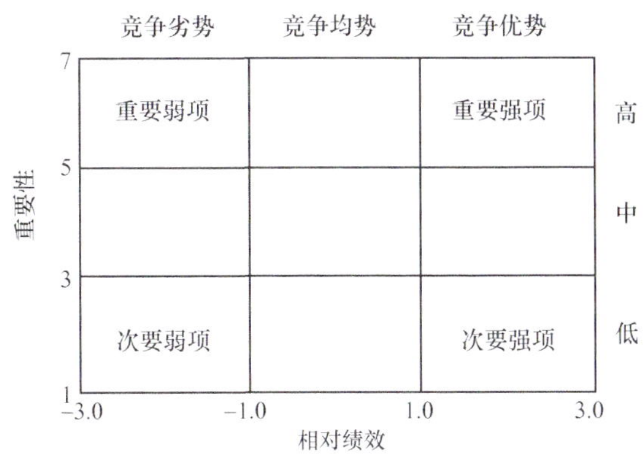

图 4-5　竞争地位图

竞争地位图中的9个单元格可以被划分成三大类，如图4-5所示。竞争优势区，落在该区域的要素属于企业强于比较标杆的方面，它包括重要的强项（重要程度高，相对绩效值高）与次要的强项（重要程度低，相对绩效值高）；竞争均势区，当要素落在该区域时，说明企业在该要素上与比较标杆势均力敌，没有显著差异；竞争劣势区，落在该区域的要素属于企业弱于比较标杆的方面，它包括重要的弱项（重要程度高，相对绩效值低）与次要的弱项（重要程度低，相对绩效值低）。

落在重要强项区的服务要素需要在与客户的沟通过程中得到加强，落在重要弱项区的服务要素应该得到改善，或者需要说服客户，让他们感到这些要素的重要性并不像他们认为的那么高。当服务要素落在次要的强项区时，代表了企业在这些要素上优于竞争对手，但客户并不认为这些要素的重要性高，应该使客户相信这些要素对他们是很重要的，或者需要减少这方面的支出，降低这些要素的服务水平。

（4）绩效评估图与竞争地位图相结合，制定企业物流客户服务水平　为了能够更加全面地考虑问题，使物流客户服务决策更加科学合理，必须将绩效评估图与竞争地位图结合起来进行最终的决策。具体原则如下：

1）竞争地位图反映了企业与标杆相比的竞争优势与劣势。

2）绩效评估图反映了企业实际达到的绩效水平。

3）竞争地位图反映应当提高水平的要素，同时还可以通过绩效评估矩阵考虑企业在该要素上的绩效表现，提升绩效表现好的要素的效益，要低于提升绩效表现低的要素的效益。

4）对于绩效评估图显示应当降低水平的要素，同时还应观察该要素与标杆相比的竞争地位，如果处于竞争均势或竞争劣势，则应慎重决策。

（5）使用以竞争为导向的方法制定物流客户服务水平应注意的问题

1）一个行业所有的主要企业可能都处在物流客户服务的“极限”水平，或处于大体相同的水平上，这使得客户很难对这些企

业的绩效进行优劣区分，从而给物流客户服务水平的制定带来困难。

2）客户会根据各企业在其重视要素上的表现来给各企业分配业务量，但是多个企业在这些要素上的表现同质时，客户会根据那些企业间绩效存在显著差异的要素来分配业务量。

3）客户可能会对某一要素特别重视，但很少有或没有企业能够提供该方面的令客户满意的物流服务水平。这样的要素为企业向市场提供差异化物流服务提供了机会。

4）某个差异较低的要素的重要性可能被评价得很低。

5）如果没有哪个企业能够为某个要素提供足够的物流客户服务水平，那么客户有可能不能够识别该要素水平高时的好处。如果某个企业提高了该要素的绩效水平，就有可能获取更高的竞争优势和更多的市场份额。

6）为了确定哪些变量能体现增加竞争优势、市场份额和或赢利的最佳机会，重要性指标和绩效指标两者都必须重视。

7）企业必须将客户对物流服务的印象与企业内部的绩效评估进行比较。这可能会发现客户并不知道所提供的物流服务的真实水平，或者企业的经营者对物流服务绩效进行了不正确的评价。

3. 以成本/收益为导向制定物流客户服务水平

以成本/收益为导向制定物流客户服务水平的方法，强调以成本最优化为基础，为实现企业的整体利润服务。

这一方法的中心思想是企业提供的物流客户服务的水平越高，为此耗费的成本也就越高。因此，企业不能只一味地考虑客户的需要和要求。对于企业来说适合的做法是从企业的利益出发，将企业能从客户那里得到的收入与企业为其提供各项服务所要支付的成本进行比较，选择利润较大的物流客户服务水平作为最终的服务目标。

以成本/收益为导向制定物流客户服务水平的主要做法是以成本/收益权衡图为工具，制定物流客户服务水平。

在利用成本/收益权衡图制定物流客户服务水平时，企业首先要估算出不同物流客户服务水平下，企业可以达成的最小狭义物流成本之和以及可以取得的相关收入，然后企业将不同物流客户服务水平下的狭义物流成本线与收入线绘制到成本/收益权衡图上，如图4-6a所示。

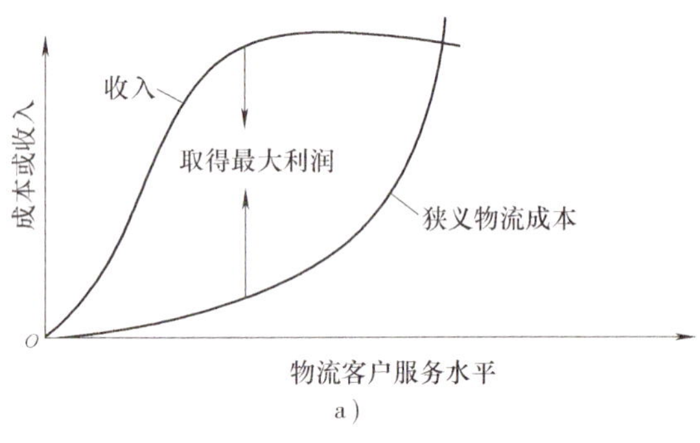

a)

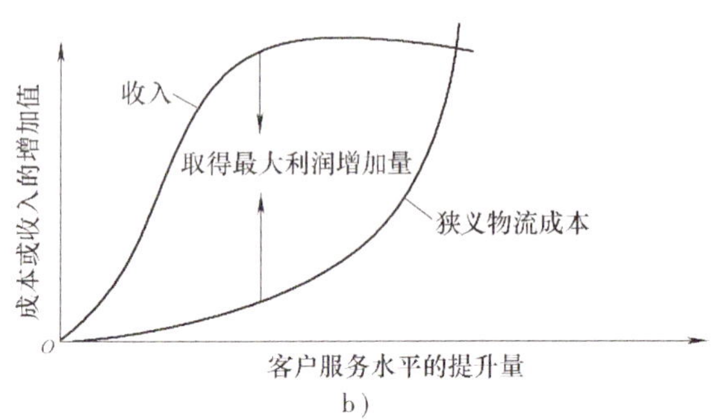

b)

图 4-6　成本/收益权衡图

随着物流客户服务水平的提高，相关的狭义物流成本的总额将以递增的速度增加，而由于服务提升所带来的收入却以递减的速度增加；某一物流客户服务水平点成为分界点，在该点之下，随着物流客户服务水平的上升，狭义物流成本增加速度低于收入的增加速度；在该点之上，随着物流客户服务水平的上升，狭义物流成本增加速度高于收入的增加速度，因此，该点便是能够帮助企业获得最大利润的物流客户服务水平点。

利用成本/收益权衡图制定物流客户服务水平较为直观，但是估算不同物流客户服务水平下企业可实现的最低狭义物流成本之和与

收入相对来说较为困难。

还可以通过另外一种方式来利用成本/收益权衡图：确定物流客户服务水平时，在物流客户服务水平权衡图中以企业的现有服务水平为基础，将定量提升现有物流客户服务水平时所带来的最小成本的上升与由于物流客户服务水平上升所带来的收入的上升相比较，以确定将现有物流客户服务水平提升多少，才能使企业获得最大的利润增量，如图 4-6b 所示。狭义物流成本的增量，都是实现不同物流客户服务水平时的最小成本之间的差额。因此，可以选取图中利润增量最大的一点作为物流客户服务水平提升量，在该点企业可以获取最大化的利润增量。

三、动态物流服务水平的确定

在典型的市场营销环境中，客户所需要的物流服务会随时间而变化。企业物流服务必须根据市场营销创意的变化而在竞争环境中演变。为了能在动态条件下制定营销战略，企业常需要借助产品生命周期理论来建模。因此，物流服务必须与产品生命周期的动态状况相适应。产品的生命周期结构可用于考察与制订客户服务需求计划有关的动态状况。

物流服务能够对市场营销提供积极的支持，存货可得性以及厂商服务方案中的客户响应会随市场机会及其面临的竞争形势而变化。若随时间来考察物流需求的变化，可以通过产品生命周期的框架加以说明。产品生命周期的四个阶段，即导入期、成长期、成熟期以及衰退期，如图 4-7 所示。

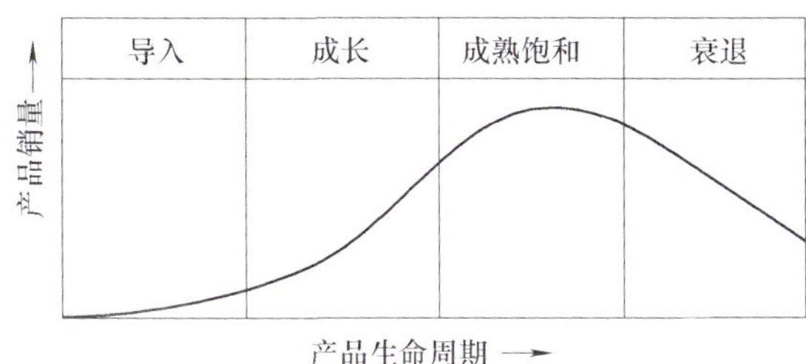

图 4-7　产品生命周期

1. 导入阶段的物流服务

在新产品引入阶段，需要有高度的产品可得性和灵活的物流服务。在制订新产品的物流运营计划时，必须考虑厂商应具有迅速而准确的提供产品补给的能力。

（1）适应产品种类和有关库存集装单元的变化　即未来的物流服务系统设计必须适应产品种类和有关库存单位（SKU）的变化。具体的搬运点、运输和包装等需求将会随产品种类的扩大而扩大，因而要求物流服务系统要具有更大的灵活性。

（2）企业要将经营活动延伸至专业化市场　使整个扩大了的渠道中的产品流量细分化，导致通过物流服务进行成本控制的可能性更小。

（3）要能补偿开发成本　即要求新产品在未来有足够长的寿命以弥补其开发成本。

2. 成长阶段的物流服务

物流服务的重点已从不惜任何代价提供所需服务，转变为更趋平衡的服务与成本绩效。企业已具有最大的机会去设计物流服务作业以获取利润，在该阶段中，营销活动主要是具体的物流服务，并无特殊的要求，并为取得物流服务的规模经济效益提供了最大限度的机会。

如要从物流上支持市场发展，则必须考虑如何保持适当的客户服务层次、提供高层次的产品可得性以及对客户订货做出迅速而又一致反应的作业能力等。同时应特别注意，提供高层次客户服务的企业很有可能将面临很高的物流服务总成本。

厂商用以支持产品的基本客户服务承诺是在产品生命周期中相对比较兴旺的成长阶段做出的。

3. 成熟阶段的物流服务

成熟阶段具有激烈竞争的特点，因为某种产品的成功，往往会引来各种替代品的竞争，作为响应，调整价格和服务就成为企业的一种标准的战略措施。在饱和阶段中，物流服务一般会变得具有高度选择性，而竞争对手之间会调整各自的基本服务承诺，以提供独特的增值物流服务，努力在主要客户中创造忠诚气氛。因此，企业会将更多的费用分配给物流服务，以确保向关键客户提供特殊服务。

为了满足来自许多不同渠道的各种服务需求，许多制造商建立了配送网络和仓库。在多渠道的物流服务条件下，配送到任何一个地点的产品流量都比较小，并需要为特殊的客户提供特殊的服务。因此，成熟阶段的竞争状况增加了物流服务的复杂性，要求服务作业具备更高的灵活性。

4. 衰退阶段的物流服务

当一种产品行将消亡时，企业必须在放盘出售产品或继续有限配送等可选方案之间进行平衡。因此，企业的物流服务必须被定位于继续维持相应的配送业务，且当产品万一被剔除时又不至于冒过多的风险。此时，如何最大限度地降低风险比起最大限度地减少物流服务成本显得更为重要。

物流服务所支持的服务层次和性质会随产品生命周期而变化，产品生命周期为基本的物流服务观念展示了随时根据服务需求进行调整的动态范围。物流服务系统必须维持灵活性，能在任何特定的时间进行调整，对客户服务进行配置，以对抗竞争性活动。

第二节　增值物流服务

传统物流服务的主体功能主要是运输与仓储，其提供的服务目标和核心主要是保值。随着企业的发展和客户对物流服务的个性化需求以及现代物流的发展，物流服务提供方式越来越趋于专业化和柔性化。客户希望能够集中精力来处理自己的核心业务，单纯的运输、仓储服务已经满足不了客户的需要。于是，物流服务从传统的模式向更为广泛、纵深的方向发展，从仅仅的保值向完善增值物流服务方向整合，从而为客户提供个性化的服务。

一、增值物流服务的概念

创新、超常规、满足客户个性化需要是增值物流服务的本质特征

增值物流服务是指独特的或特别的活动，使物流服务的供需双方能够通过共同努力提高效率和效益。物流增值功能没有固定的组

成要素，目前对于增值功能的界定还很模糊。笼统地说，只要是需要在物流过程中进行的、不属于基本功能的都算增值功能，如；货物跟踪、到货检验、流通加工、重新包装和组合、贴标签或条形码以及信息服务等。

物流企业提供增值物流服务有两个方向：一是沿供应链“顺流而下”，即在制造商的产品销售渠道内作为服务供应商；二是沿供应链“逆流而上”，即在制造商的物料供应渠道内作为服务供应商。物流企业增值物流服务的起点就是各种物流服务的基本功能，特别是运输、仓储、信息集成、存货管理、订单处理、物料采购等核心功能最可能成为增值物流服务延伸的起点。必须指出，增值物流服务就是在基本功能的基础上对货主的服务需求细分再细分，对服务品种创新再创新的过程，也是对制造商的经营运作参与再参与的过程，也是学习的过程。

增值物流服务的延伸将对物流企业的信息集成功能提出更高的要求。因为这类服务一般用于满足顾客的特定需求，所以其安排也是独特的。增值物流服务可以直接由业务关系的参与者承担或有服务专业人员来承担。“在线服务”和“信息共享”随着网络的发展已经成为服务竞争力的集中体现。可以说，物流功能的整合正在从业务整合转向信息整合。用网络的优势来整合现有物流服务资源，提升物流企业的服务水平已成为物流企业发展的必然的趋势。在日常的物流活动中，有大量的增值物流服务项目买卖双方都会同意由服务专业机构来承担，诸如承运人、仓储以及在这类作业中有专长的公司等。例如就汽车运输公司而言，它所提供的增值物流服务也许会超出其基本的运输服务，结合一些附加的服务项目，诸如分类和排序，以满足特定顾客独特的需求。

二、增值性物流服务类型

1. 增加便利性的物流服务

一切能够简化手续、简化作业的服务都是增值性服务。在提供电子商务的物流服务时，推行一条龙门到门服务、提供完备的操作或作业提示、免培训、免维护、省力设计或安装、代办业务、24h 营

业、自动订货、传递信息和转账、物流全过程追踪等都是对电子商务销售有用的增值性服务。

2. 加快响应速度的物流服务

快速响应已经成为物流发展的动力之一传统观点和做法将加快响应速度变成单纯对快速运输的一种要求，但在客户对速度的要求越来越高的情况下，它也变成了一种约束，因此必须寻求其他的办法来提高速度，这种办法也是具有重大推广价值的增值性物流服务方案，是优化电子商务系统的物流、配送中心网络，重新设计适合电子商务的流通渠道，以此来减少物流环节、简化物流过程，提高物流系统的快速响应能力。

3. 降低成本的物流服务

企业选择和发展电子商务物流，一开始就应该寻找能够降低成本的物流方案。企业可以考虑的方案包括：采用第三方物流服务商，电子商务经营者之间或电子商务经营者与普通商务经营者联合，采取物流共同化计划。同时，如果具有一定的商务规模，可以通过采用比较实用但投资比较少的物流技术和设施设备，或推行物流管理技术，如运筹学中的管理技术、单品管理技术、条形码技术和信息技术等，提高物流的效率，降低物流成本，提高物流效益。

增值服务一般是指在物流常规服务的基础上延伸出来的相关服务

4. 物流延伸服务

延伸服务分向上延伸和向下延伸两种。向上可以延伸到市场调查与预测、采购及订单处理，向下可以延伸到配送、物流咨询、物流方案的选择与规划、库存控制决策建议、货款回收与结算、教育与培训、物流系统设计与规划方案的制订等。这些延伸服务最具有增值性，但也是最难提供的服务，能否提供此类增值物流服务现在已成为衡量一个企业是否真正具有竞争力的标准。

案例链接

上海友谊集团为客户提供的个性化物流服务

上海友谊集团物流有限公司是由原上海商业储运公司分离、改制而来的。公司的主要物流基地处于杨浦区复兴岛，占地面积 15.1 万 m^2，库房面积 8 万 m^2，货车及货柜车 200 辆，设施齐全，交通便捷，距杨浦货运站 1.5km；拥有一支近 500 人的专业技术人员队伍，长期储存国家重点储备物资和各类日用消费品，积累了近 50 年的物流管理丰富经验。20 世纪 90 年代初，上海友谊集团物流有限公司为联合利华有限公司提供专业的物流服务，并与其建立了良好的物流合作伙伴关系。在合作的过程中，友谊物流为联合利华提供了个性化的物流服务，具体做法如下所述：

一、改变作业时间

由于联合利华采用 J1T（即时制生产方式），要求实现“零库存”管理，如生产力士香皂的各种香精、化工原料，需从市内及世界各地采购而来，运到仓库储存起来，然后根据每天各班次的生产安排所需的原料配送到车间，不能提前也不能推迟。提前将造成车间里原料积压，影响生产；推迟将使车间流水线因原料短缺而停产。因此，友谊物流改革了传统储运的白天上班、夜间和双休日休息的惯例，实施 24h 作业制和双休日轮休制，法定的节假日与物流需求方实施同步休息的方法，来满足市场和客户对物流服务的需求，保证了全天候物流服务。

二、更改作业方式

友谊物流根据不同商品、流向、需求对象，实行不同的作业方式。

在商品入库这一环节上，除了做好验收货物有无损坏、数量、品名、规格是否正确等工作之外，针对联合利华公司内部无仓库的特点，友谊物流采取了两条措施来确保其商品迅速及时地入库。

1. 实行托盘厂库对流

实行托盘厂库对流，产品从流水线下来后，直接放在托盘上，通过货车运输进入仓库。

2. 香皂到库后立即进行翻板

对从流水线上下来的香皂，因为现在厂家工艺上没有冷却到常温这一环节，工厂又无周转仓库，每班生产出来的产品，必须立即运到仓库，这样进仓的香皂箱内温度在 50 ~ 60℃。为保证这样高温的商品不发生质量问题，香皂到库后立即进行翻板，摆置成蜂窝状

以利于散热散潮。

商品出库是仓库保管与运输配送两个业务部门之间在现场交接商品的作业，交接优劣直接影响商品送达到商店（中转仓）的时效性和正确性。在出货过程中，为了提高车辆的满载率，将几十种品种及相邻近地区需要的产品，首先进行组配成套装车，送入市内、华东地区的采用货车以商店为单位组合装车；发往中转仓的商品，采用集装箱运输，每箱的装运清单，由仓库复核签字后的一联贴在集装箱门的内侧，使开箱后对该箱所装货物一目了然。

三、仓库重新布局

在商品布局上，友谊物流将联合利华的储备库、配销库分离。储备库储存的物资包括各种原料、半成品、广告促销品、包装材料、退货品及外销品等；配销库则按商品大类进行分区分类管理。

四、商品在库管理

友谊物流对联合利华的所有在库商品实施批号、项目号管理，各种商品根据批号进、出仓，凡同种商品不同批号不得混淆，并用计算机管理，来确保商品的先进先出，保持商品的较长保质期，最大限度地保护消费者的利益。

此外，按照要求定期进行仓库消毒，每月进行仓间微生物、细菌测试，确保库存商品质量安全。

五、流通加工

根据市场需要和购销企业的要求，对储存保管的一些商品，进行再加工包装，满足市场需要，提高商品附加值。为此，友谊物流专门开辟出约1000m^2 加工场地，为联合利华进行诸如贴标签、热塑包装、促销赠品搭配等加工作业。

这样的流通加工作业在物流企业内进行，能把需要加工的商品最大限度地集中起来，统一地作加工处理，以达到从运输包装改为销售包装、礼品包装或促销包装的要求，从而使商品出库能在超市、各商店直接上柜，可让供应商、制造商、商店、超市各门店节省相当可观的人力和时间成本。

六、信息服务

友谊物流除了每天进行记账、销账、制作各类业务报表外，还按单价、品类、颜色、销售包装分门别类做出商品统计，每天的进出货动态输入计算机，及时将库存信息传送给联合利华，使联合利华能够随时了解销售情况及库存动态。

七、退货整理

退货与坏货作业是物流企业对客户的后续服务。借鉴国外先进经验，两年来，友谊物流专门设立了退货整理专仓，将联合利华全国各地的退货全部集中起来，组织人员进行整理、分类，对选拣出来无质量问题的商品，重新打包成箱，将坏货选拣出来，以便集中处理。

设立退货整理仓，解除了顾客对能否退货的后顾之忧，改善了供求关系，同时也提高了供应成品的完好率。

专家点评

物流服务直接影响企业的整体运作水平，是增强商品差异性，提高商品竞争优势的重要手段，已成为众多企业核心竞争力的重要组成部分。友谊物流针对联合利华的物流需求，通过改变作业时间，更改作业方式等，向联合利华开展个性化物流服务，提高了客户满意度而获得成功。

复习思考题

1. 什么是物流服务？其构成三要素有哪些？
2. 物流服务有哪些特性？
3. 物流服务有哪些重要性？
4. 基本的物流服务能力包括哪些？
5. 物流服务与成本的关系有哪些类型？
6. 物流服务管理原则有哪些？
7. 确定物流服务水平的一般步骤有哪些？
8. 确定物流服务水平时要注意的事项有哪些？
9. 简述产品生命周期不同阶段物流服务水平的确定策略。
10. 增值性物流服务类型有哪些？

第五章

物流质量管理

培训学习目标 重点掌握物流质量管理的实施步骤、管理要点，掌握物流质量管理指标体系，了解物流质量管理的内容与特点。

第一节 物流质量管理概述

一、物流质量管理定义

所谓物流质量管理（logistics quality management）是指通过制定科学合理的基本标准，对物流活动实施的全对象、全过程、全员参与的质量控制过程，也称为物流全面质量管理。它是依据物流系统运动的客观规律，为了满足物流顾客的服务需要，通过制定科学合理的基本标准，运用经济办法实施计划、组织、协调、控制的活动过程。实施物流质量管理时还应满足两方面的要求：一是满足生产者的要求，必须保护生产者的产品能保质保量地转移给用户；二是满足用户的要求，按用户的要求将其所需的商品交给用户。

二、物流质量管理的内容

物流质量管理主要包括质量保证和质量控制两个方面的内容。

1. 质量保证

质量保证是企业对用户来说的，就是要对用户实行质量保证，包括物流活动本身的质量管理、物流服务质量保证、物流工作质量保证和物流工程质量保证。其中，物流活动本身的质量管理，即运输、保管、装卸搬运、包装、流通加工、配送以及信息等各物流环节的质量管理。

2. 质量控制

质量控制是对企业内部来说的，是为保证某一工作、过程和服务的质量所采取的作业技术标准和有关活动。质量控制是测量实际的质量结果与标准进行对比，对某些差异采取措施的调节管理过程。它是质量保证的基础。

三、物流质量管理特点

1. 全程控制

物流质量管理是对商品的包装、装卸搬运、储存、运输、配送、流通加工等若干过程进行全过程的质量管理，同时又是对产品在社会再生产全过程中进行全面质量管理的重要一环。在这一过程中，必须一环紧扣一环地进行全程管理才能保证最终的物流质量，达到目标质量。

2. 全员参与

要保证物流质量，这就涉及到物流活动的相关环节、相关部门和相关人员，需要依靠各个环节、各个部门和广大员工的共同努力。这是由物流的综合性、物流质量问题的重要性和复杂性所决定的，它反映了物流质量管理的客观要求。

3. 整体发展

物流系统是一个完整统一的系统，加强物流质量管理就必须从系统的各个环节、各种资源以及整个物流活动的相互配合和相互协调做起，通过强化整个企业基本质量素质来促进企业质量的整体发展。可以肯定地讲，只有增强企业体质才能实现企业物流质量管理的整体发展，只有质量管理的整体发展才能最终实现企业物流管理目标。

4. 全面管理

由于影响物流质量的因素具有综合性、复杂性、多变性，因此

加强物流质量管理就必须全面分析各种相关因素，把握内在规律。物流质量管理不仅管理物流对象本身，而且还管理工作质量和工程质量，最终对成本及交货期起到管理作用，具有很强的全面性。

物流质量的保证首先建立在准确有效的质量衡量上

四、物流质量衡量

如何衡量物流质量是物流管理的重点。物流质量的保证首先建立在准确有效的质量衡量上。大致说来，物流质量主要从以下三个方面来衡量：

1. 物流时间

时间价值在现代社会的竞争中越来越凸显出来，谁能保证时间的准确性，谁就能获得客户。由于物流的重要目标是保证商品送交的及时，因此时间成为衡量物流质量的重要因素。

2. 物流成本

物流成本的降低是企业获得利润的源泉。根据1992年国家投入产出表，运输邮电费用在农业生产总费用中占3.29%，在工业生产总费用中占7.15%，在建筑业总费用中占8.63%，在商业饮食业总费用中占14.98%，在其他服务部门总费用中占7.8%。如果从物流业总体费用考虑，有关资料显示，物流费用占商品总成本的比重，从账面反映已超过40%。由此可见，物流成本的降低也是节约社会资源的有效途径。

3. 物流效率

对企业而言，物流效率是指物流系统能否在一定的服务水平上满足客户的要求，也是指物流系统的整体构建。对于社会来说，衡量物流效率是一件复杂的事情。因为社会经济活动中的物流过程非常复杂，物流活动内容和形式不同，必须采用不同的方法去分析物流效率。我们一般用物流相关行业的成本费用总和与GDP的比值来评价物流总体效率。据有关资料介绍，1986年美国物流费用支出为4430亿美元，约占当年国民生产总值39800亿美元的11.1%。在1979年到1986年间，美国物流费用支出占当年国民生产总值的比重变化呈现下降趋势。1981年为最高，达到14.7%。到1985年下降到11.1%。这说明物流效率提高了。

五、物流质量评价指标体系

由于物流质量是衡量物流系统的重要方面，所以发展物流质量的评价指标体系对于控制和管理物流系统来说至关重要。物流质量评价指标体系是围绕最终目标发展出来的一定的衡量物流质量的指标，必须以最终目的为中心来建立，见表5-1。

表5-1 物流质量评价指标体系

指标体系		主要指标
物流质量指标体系	物流目标质量指标体系	1. 服务水平指标（F）公式 $F=\frac{满足要求次数}{客户要求次数}$ 或以缺货率（Q）表示公式 $Q=\frac{缺货次数}{客户要求次数}\times100\%$
		2. 满足程度指标（M）公式 $M=\frac{满足要求数量}{客户要求数量}$
		3. 交货水平指标（$J_{水}$）公式 $J_{水}=\frac{按交货期交货次数}{总交货次数}$
		4. 交货期质量指标（$J_{天}$）公式 $J_{天}=规定交货期-实际交货期$ 正号为提前交货，负号为延迟交货
		5. 商品完好率指标（W）公式 $W=\frac{交货时完好商品量}{物流商品总量}\times100\%$ 或以缺损率（Q'）表示 $Q'=\frac{缺货商品量}{物流商品总量}\times100\%$ 也可以“货损、货差赔偿费率（P）”表示 $P=\frac{货损货差赔偿费总额}{同期业务收入总额}\times100\%$
		6. 物流吨费用指标（C）公式 $C=\frac{物流费用}{物流总量}$（元/t）
	仓库质量指标体系	1. 仓库吞吐能力实现率（T）公式 $T=\frac{期内实际吞吐量}{仓库设计吞吐量}\times100\%$
		2. 商品收发正确率（S）公式 $S=\frac{某批吞吐量-出现差错总量}{同批吞吐量}\times100\%$

（续）

指标体系		主要指标
物流质量指标体系	仓库质量指标体系	3. 商品完好率（$W_{库}$）公式 $W_{库}=\frac{\text{某批商品库存量}-\text{出现缺损商品量}}{\text{某批商品库存量}}\times 100\%$
		4. 库存商品缺损率（$Q'_{库}$）公式 $Q'_{库}=\frac{\text{某批商品缺损量}}{\text{该批商品总量}}\times 100\%$ 也可以“货损、货差赔偿率（P）”表示
		5. 仓库面积利用率（M） 公式 $M_{总}=\frac{\text{库房、货棚、货场占地面积之和}}{\text{仓库总面积}}\times 100\%$ $M_{库}=\frac{\text{库房存储商品面积}}{\text{库房使用面积}}\times 100\%$
		6. 仓容利用率（R）公式 $R=\frac{\text{存储商品实际数量或容积}}{\text{设计库存数量或容积}}\times 100\%$
		7. 设备利用率（L）公式 $L=\frac{\text{全部设备实际工作时数}}{\text{设备工作总能力（时数）}}\times 100\%$
		8. 设备完好率（$W_{设}$）公式：$W_{设}=\frac{\text{期内设备完好台数}}{\text{同期设备总台数}}\times 100\%$
	运输质量指标体系	1. 正点运输率（Z）公式 $Z=\frac{\text{正点运输次数}}{\text{运输总次数}}\times 100\%$
		2. 用装载率（$M_{运}$）公式 $M_{运}=\frac{\text{车辆实际装载量}}{\text{车辆装载能力}}\times 100\%$
		3. 运力利用率（Y）公式 $Y=\frac{\text{实际吨公里数}}{\text{运力往返运输总能力（t/km）}}\times 100\%$
	物流效率评价指标体系	1. 产出/投入
		2. 投入/产出
		3. 投入/投入
		4. 产出/产出

第二节 物流质量管理实施

一、物流质量管理实施步骤

1. 持续改进策划

组织改进策划是物流质量管理体系持续改进所必需的过程，应通过质量方针、目标、审核结果、数据分析、纠正和预防措施以及管理评审来促进质量体系的持续改进。

2. 纠正措施

应策划并建立采取纠正措施的过程。纠正措施的策划应包括评价及其对质量影响的重要程度。这种评价应从对运作成本、不合格成本、业绩、可信性、安全性和顾客满意度等方面的潜在影响来进行。在采取纠正措施的过程中应明确相应的组织职能。质量管理的评价需要以信息为基础，质量管理的组织者应确定信息的来源，收集信息。通过信息分析和评价，确定必须采取的纠正措施。确定的纠正措施应注重消除不合格及缺陷产生的原因，从而避免其再发生纠正措施的实施过程为：确定不合格及缺陷产生的原因、明确消除不合格及缺陷产生的措施方法、避免问题重复发生的适当措施、活动和结果的记录。

3. 预防措施

应采取预防措施以消除潜在的不合格的原因，并防止再发生。采取的预防措施应针对的潜在问题。预防措施的程序应规定：识别潜在的不合格及其原因、确定并确保所必须的预防措施的实施、记录采取措施的结果、评审所采取的预防措施。常用的预防分析方法有：风险分析、趋势分析、统计过程控制、故障模式影响及危害度分析。有关职能组织的代表要参与实施预防措施的过程。组织者应在管理评审过程中考虑预防措施，特别应考虑对财务产生重大影响的预防措施，或者对顾客其他相关方满意度具有重大潜在影响的预防措施。

4. 过程改进

应规定并实施可用于所有过程和活动的过程改进方法。过程改进的标准方法可作为提高组织内部的有效性和效率，以及提高顾客和其他相关方满意度的工具。一般情况，过程改进的输入有：确认数据、试验数据、相关方的要求和反馈、财务数据、产品性能数据、服务提供数据。在物流质量管理中，应将较小的改进活动纳入管理组织的日常工作，从而通过全员参与保持持续改进。组织应对重大改进项目进行策划，以实现规定目标。

二、物流质量管理应把握的几个要点

物流质量管理的重点是“三全”：管理对象全面，管理范围全面，全面参加管理

1. 以提高物流服务质量为第一宗旨

物流工作的中心任务就是提供服务，物流质量管理应把提高服务质量作为第一宗旨。为此，首先要明确服务对象及其所需，再以此作为开展物流质量管理工作的基本出发点。

（1）为生产者和用户服务　流通企业的物流工作有双重任务，一方面是满足生产者的要求，物流的结果，必须保证生产者生产的商品能完好无损地转移给用户，并及时向生产者反馈信息，促进其改进商品质量，或引导其生产适销对路的商品；另一方面，满足用户的要求，即按用户要求集货、加工、配货、送货。

（2）物流内部服务　这是指把物流过程中的各个环节、各个工序之间的关系，都视为“供应与使用”的关系，即上一道作业环节视下一道作业环节为“用户”。每一道作业环节都按质量标准严格把关，达不到质量标准就不能转交下一道作业环节。如果交下去就等于把次品、废品“卖给了用户”，也就失去了质量信誉。因此，必须要树立“下道工序就是用户”的思想，不断提高工作质量。这里需要特别指出的是，并非服务质量越高就越好，服务水平应与经济效益紧密结合。通常情况下，服务水平越高，则成本越高，若把这些费用转移给用户，则用户很难接受，所以，如何满足各方面的质量要求，使服务水平与费用水平最佳组合，是物流质量管理成败的关

键所在。

开展物流质量管理，必须紧紧把握住服务性，全面分析生产者、用户及物流内部等各方面要求的特点和内在联系，找出满足各方面要求的方法、手段、措施。

2. 树立全面质量管理思想

（1）物流全过程管理　物流质量管理要对物流全过程进行质量管理，包括运输、保管、包装、装卸、流通加工、配送、信息等各个功能环节。不仅管理物流产品质量，而且管理物流工作质量，甚至还可以把成本管理纳入质量管理的范畴。可见，管理的范围和内容是广泛的，涉及物流全过程的各个方面，具有很强的全面性。

（2）全员管理　物流质量管理要求必须是全体人员参加的全员质量管理。这是因为物流与生产一样，要保证质量。不能只依赖哪个部门或少数几个人，必须要依靠相关环节中各部门全体职工的共同努力。实行全员管理，最重要的是要配以恰当的组织体系，加以支持和保证；二是树立“质量第一”、“服务至上”等思想观念，充分调动广大职工参与质量管理的积极性，发挥群体的智慧和作用。

3. 强调预防为主

物流质量管理应突出强调“预防为主”、“事前控制”，把质量管理由传统的质量检验转变成以预防为主的质量控制，坚持“以防为主，防治结合”的质量管理原则，除尽可能地把影响质量的事故隐患（可控因素）消灭在萌芽中之外，还要对有可能影响质量的随机（不可控）因素，做到事先预测，提前制定好相应的防范措施，一旦事故发生，能予以及时补救。

4. 采用先进的物流质量管理措施

（1）建立物流质量管理组织机构　任何一项工作的开展，都必须要有一定的组织机构予以保证，物流质量管理工作也是如此。建立物流质量管理组织，可与企业整个管理机构结合进行，应注意明确两种责任分工，即企业外物流和企业内物流。前者负责供应（进货）物流与销售物流，注重了解生产厂和用户的质量动态及对物流服务质量的要求，研究改进质量服务体系。衔接、协调好本企业与他们的关系，后者负责企业内物流，注重以提高服务质量为中心的

企业内物流合理化，衔接、协调好物流部门与供销部门及物流各功能环节之间的关系，组织管理基层物流质量管理小组的各项活动。

（2）强化信息工作 在抓好组织工作的同时，还要注意信息的处理与运用，即开发应用高效率的信息处理方法、技术和传递网络，并科学的加以运用，为管理者决策提供依据，及时掌握生产厂、用户和本企业的质量动态，依此指导物流服务工作，从而对物流全过程实行动态管理，它是形成高质量服务体系的基础，从而与物流质量管理相辅相成。

（3）工作制度化 作业制度化、程序化是物流质量管理的一个重要手段，在制度化工作中，一是要建立健全各种工作的规章制度；二是要结合岗位责任制的制订，充实质量责任内容；三是应使诸如与主要生产厂和用户的联席会、同行业经验交流会、质量管理小组会实行制度化。在程序化工作中，要使物流的每项工作和作业都能按程序进行，包括为每项作业做流程设计，明确各工序实施的详细步骤与衔接方法，制定出相应的工作质量标准。

5. 采用先进的技术方法

物流质量管理需要根据不同情况，采用各种先进的管理技术方法，包括科学的管理组织、数理统计方法、“PDCA 循环”法及计算机等先进技术的使用。在硬件技术建设方面，应进行科学的系统规划，逐步革新、改造原有的设施、设备。

三、保证物流质量体系运转的基本方式——PDCA 循环法

PDCA 循环法是提高产品质量，改善企业经营管理的重要方法，是质量保证体系运转的基本方式。

1. PDCA 循环法的四阶段八个步骤

PDCA 循环法的四阶段八个步骤，如图 5-1 所示。

第一阶段（P）是计划，它包括：分析现状，找出存在问题的原因；分析产生问题的原因；找出其中主要原因；拟订措施计划，预计效果等四个步骤。第二阶段（D）是实施执行技术组织措施计划。第三阶段（C）是检查，把执行的结果与预定目标对比，检查计划执行情况是否达到预期效果。第四阶段（A）是处理，巩固成绩，

把成功的经验尽可能纳入标准，进行标准化，对遗留问题转入下一个 PDCA 循环去解决。

2. PDCA 循环法的特点

(1) 按顺序循环进行　PDCA 循环一定要按顺序进行，它靠组织的力量来推动，像车轮一样向前进，周而复始，不断循环，如图 5-2 所示。

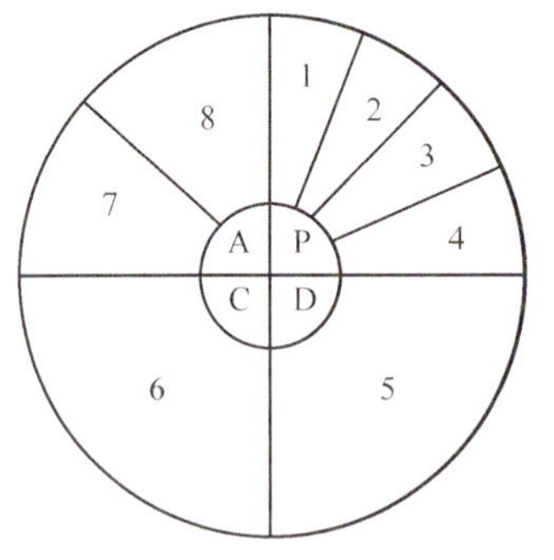

图 5-1　PDCA 循环法的四阶段八个步骤

1—分析现状找出问题　5—执行措施，实施计划
2—分析影响质量的原因　6—检查效果，发现问题
3—找出主要原因　7—总结经验，纳入标准
4—拟订措施计划　8—遗留问题转入下期

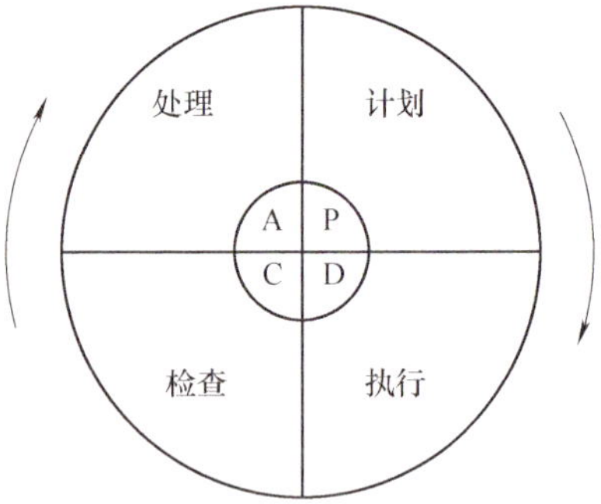

处理　计划
A　P
C　D
检查　执行

图 5-2　PDCA 循环法按顺序运行示意图

(2) 环环相扣，层层解决问题　企业每个科室、车间、工段、班组，直至个人的工作，均有一个 PDCA 循环，这样一层一层地解决问题，而且大环套小环，环环相扣，小环保大环，推动大循环，如图 5-3 所示。

这里大环与小环的关系，主要是通过质量计划指标连接起来，上一级的管理循环是下一级管理循环的依据，下一级的管理循环又是上一级管理循环的组成部分和具体保证。通过各个小循环的不断转动，推动上一级循环，以至整个企业循环不停转动。通过各方面的循环，把企业各项工作有机地组织起来，纳入企业质量保证体系，实现总的预定质量目标。因此，PDCA 循环的转动，不是哪一个人的力量，而是组织的力量、集体的力量，是整个企业全体职工推动的结果。

（3）及时总结，循环向前 每通过一次 PDCA 循环，都要进行总结，提出新目标，再进行第二次 PDCA 循环，使质量管理的车轮循环向前。PDCA 每循环一次，质量水平和管理水平均提高一步，如图 5-4 所示。

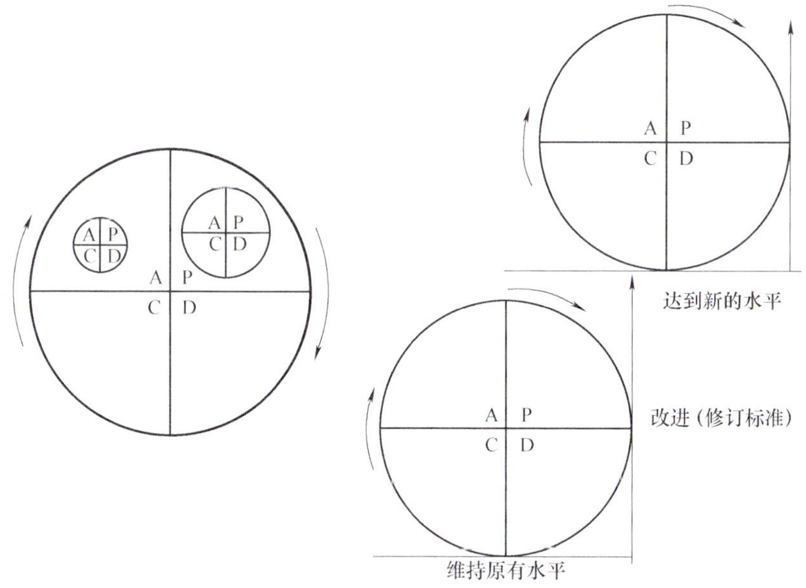

图 5-3 PDCA 循环环环相扣运行示意图

图 5-4 PDCA 循环总结运行示意图

案例链接

以高质量赢得大市场

——上海中远物流实施质量营销策略经验谈

上海中远物流有限公司于 1995 年通过质量管理体系认证，获得了 ISO9002 认证证书，是国内物流业界较早采用标准来规范质量管理的公司。公司已经建立了一套完整的质量管理体系。

一、完善顾客满意监测系统

2001 年，上海中远物流的质量管理体系成功地从 1994 版转向

2000 版，并通过了认证。公司认为，既然已确立了以文件和记录管理为核心的系统质量管理方法，那么在此基础上建立以顾客为中心的质量管理体系便比较容易做到。

要建立以顾客为中心的质量管理体系，首先要完善顾客满意状况的监测系统，于是公司提出了顾客满意度管理目标，明确了公司质量管理重心向客户满意和客户忠诚管理转移。为此，公司于 2001 年底基本建立了顾客满意度测评体系，并形成以内部第三方掌控客户满意动向的管理方式。2002 年公司又提出了服务人性化、管理数字化的要求，在 2001 年的基础上建立了全面客户满意管理系统 (Total Customer Satisfaction System)。在总部的牵头下，每年由专业第三方进行一次全面的顾客满意度调查，科学地获得顾客满意和不满意状况，进一步完善了客户满意监测系统。

二、FORNELLCS 客户满意调查理论模型的应用

公司有三大类客户，即船代、货代和物流客户。目前，每年客户满意度调查委托第三方机构采用 FORNELL CS（客户满意测评模型）对客户满意度进行调查、计算和分析。该模型为目前较为权威的客户满意理论分析模型，对客户满意做出定量分析，便于分析者能够将客户满意度落实到具体的服务项目中，找出影响满意度值的因素。结合公司具体的服务类别和性质，调查共分为六大块：顾客预期（如总体期望），感知质量（如总体满意度），感知价值（如价格水平、服务水平等），客户满意（如信息准确、外勤现场服务、突发事件处理等），客户抱怨（如抱怨处理、抱怨途径等），客户忠诚（如继续合作、推荐其他公司等）等，通过各项调查后，再利用矩阵分析，总结出下一阶段改进的重点。

除了采用第三方调查的方法，公司还采取客户拜访、内部第三方调查等方法来获得顾客满意与否的情况，从而找出导致顾客流失的原因，为服务的持续改进和发展决策提供科学依据。

三、多渠道服务检测体系建立

通过客户满意调查活动的开展，公司逐步掌握了客户满意的基本状况，同时也让顾客了解了公司坚持以顾客为中心进行质量管理的决心。公司认真地从客户的重要性，满意的离散情况进行了分析，

对客户意见较为集中的环节首先进行改进。改进工作，成为公司各部门的重要任务。

2004年6月，公司推出了服务“七不”规范，即要求员工对客户接待，主动不推诿；问讯答复，清晰不含糊；电话接听，热情不冷淡；进口换单，及时不拖拉；出口签单，准期不延误；预配放箱，迅速不耽误；商务结算，正确不错误。“七不”规范形成后，在公司内外部加强宣传，以达到内部监控、外部监督的效果。

在改进的过程中，公司逐步形成了多渠道的服务检测体系，对一线每种服务方式都进行有效的测量，如对电话服务、柜台服务、现场服务、单证服务、效率情况等分别采用了不同的测量方式，并尽可能做到及时用量化的数据来反映服务变动情况。

四、活化质量管理体系文件

客户需求的多样性、复杂性和不稳定性的发展趋势，使公司的文件体系变得越来越庞大，文件的有效性也越来越赶不上客户需求变化的脚步。原先学究式的体系文件似乎已制约了持续改进的步伐，其描述的复杂性和规定的死板性已不能适应形势的发展。在多渠道服务检测系统逐步完善后，为了能够建立快速的反应机制，使文件体系灵活起来，改革势在必行。

文件的改革主要集中在第三层文件，即所谓工作指导书或操作细则等方面。修改工作指导书要关注的问题是流程，且应从四个角度来重新审视流程和记录：工作流程是否存在过剩管理现象？是否存在约束员工操作效率的现象？是否存在职责不明确的现象？流程目标是否没有向员工明确？目前公司已全面开展文件改革与流程再识别的活动，并确立了全新的改革原则。

五、质量管理体系下的质量营销策略

1996年，销售收入达到了80多亿元的国内某保健品企业成为市场上的佼佼者，其营销模式曾一度被认为是行业的标杆，但由于该公司忽略了品牌的内涵——质量，一夜之间销声匿迹。最近也有两家食品行业的大企业，正在忍受着忽略质量管理而带来的痛，甚至可能是永远无法愈合的伤痛。

即使扔进狼群很多骨头，狼群也不会一只一根地分，而是大家共同去抢夺一根，抢完了这根再抢另一根。对于上海中远物流来说做一只聪明的“狼”，至关重要。

市场营销的真正内涵是质量，是服务，只有能够被顾客接受的质量或能够被顾客享受的服务才是立于不败之地的硬道理。上海中远物流作为一家以海运为依托，以配送为核心的物流服务公司，其服务质量更是对参与市场竞争有较大的支持力，亲和度、热情度、差错率、及时率、安全性、响应速度以及个性化服务，每一项质量内涵都直接影响着市场营销的结果。剥开形象、广告、宣传这些外延，公司看到的是隐藏在深处的质量内涵。确立以顾客为中心的质量管理体系，建立多渠道的服务检测系统，完善灵活的文件体系和快速反应机制，就是上海中远物流所看到的质量内涵。苹果腐烂从心开始，把一个健康的苹果交给销售员，让他去市场上销售，这就是上海中远物流在新形势下的质量营销策略。

在10年的不断持续改进中，上海中远物流不断创新，勇于实践，借助质量管理体系，在业务风险控制、客户服务改善、流程整合提升等方面，为大型物流企业综合管理水平的提升做出了表率，使质量管理体系真正成为企业经营发展的基石和保证。在众多的国内外物流企业中，上海中远物流在质量管理体系的应用和客户服务系统改进方面堪称中国物流行业的标杆。（信息来源：中国航务周刊）

专家点评

一个企业要以质量求生存，以品种求发展，积极参与到国际竞争中去，就必须制订正确质量方针和适宜的质量目标。作为企业生产与消费者之间的桥梁——物流，已成为全面质量管理的重要一环。中远物流在1995年就申请了ISO9000证书。10年来不断持续改进与创新，通过推行物流质量管理，不但规范了自身的质量管理，使质量管理体系真正成为企业经营发展的基石和保证，还与国际质量标准接轨，开拓了广阔的国际物流市场。

复习思考题

1. 什么是物流质量管理？
2. 物流质量管理的内容有哪些？
3. 物流质量管理有哪些特点？
4. 物流质量管理的实施有哪些步骤？
5. 物流质量管理应把握哪些要点？

第六章

物流成本管理

培训学习目标　重点掌握物流成本管理原则与内容，一般掌握物流成本管理的实施步骤与作业成本法，了解物流成本管理的作用。

第一节　物流成本管理概述

物流成本（logistics cost）是指物流活动中所消耗的物化劳动和活劳动的货币表现。它是产品在实物流动过程，如包装、装卸搬运、运输、存储、配送、流通加工、物流信息管理等各个活动中所支出的人力、物力和财力的总和。加强对物流成本的管理，对降低物流成本、提高物流活动的经济效益等都具有重要意义。

一、物流成本的构成

从所处的领域来看，物流成本可分为流通企业物流成本和生产企业物流成本。领域不同，其物流成本的构成也不同。

流通企业物流成本是流通企业在组织物品的购进、运输、仓储、销售等一系列活动中所消耗的人力、物力、财力的货币表现。一般包括人工费用、作业消耗、物品损耗、利息支出和管理费用等。其中，人工费用是为物流从业人员支出的费用，包括工资、奖金及各种补贴等；作业消耗包括物流作业过程中的各种物质消耗，如包装

材料、燃料、电力等的消耗，车辆、设备、场地设施等固定资产的磨损；物品损耗是原料、半成品、协作件、商品等对象在物流作业中的合理损耗；利息支出属于再分配项目的支出，是用于各种物流环节占用银行贷款的利息支付等；管理费用是组织物流过程中的各种费用，如差旅费等。

与流通企业相比，生产企业的物流成本大多体现在所生产的产品成本中，具有与产品成本的不可分割性。它由供应物流子系统、生产物流子系统、销售物流子系统和废弃物物流子系统中的显性成本（固定成本）和隐形成本（变动成本）构成。显性成本存在于运输、仓储、装卸、搬运、配送、流通加工和信息传递等具体的基础设施、设备资源和运作过程中，隐形成本存在于由于物流运作不畅导致的库存费用增加所形成的资金利息成本、库存资金占用的机会成本和市场反应慢的损失及管理不善造成的货物损失和损坏的成本。一般来说，生产企业的物流成本一般包括：供应、仓储、搬运和销售环节的职工工资、奖金、津贴以及福利费等；生产材料的采购费用，包括运杂费、保险费、合理损耗成本等；产品销售费用，如广告费、运输费、展览推销费、信息费等；仓储保管费，如仓库维护费、搬运费等；有关设备和仓库的折旧费、维修费、保养费等；营运费用，如能源消耗费、物料消耗费、折旧费、办公费、差旅费、保险费、劳动保护费等；财务费用，如仓储物资占用的资金利息；回收废品发生的物流成本，等等。

物流成本管理已成为企业获取竞争优势的关键因素

二、物流成本管理内容

物流成本管理（logistics cost control）是指对物流活动发生的相关费用进行的计划、协调与控制。对物流成本进行物流管理，是物流合理化的基础，也是有效管理物流的一种新思路。通常，物流成本管理主要包括以下几个方面的内容：

1. 物流成本预测

物流成本预测，即是根据有关成本数据和企业具体的发展情况，运用一定的技术方法，对未来的成本水平及其变动趋势做出科学的估计。成本预测是成本决策、成本计划和成本控制的基础工作，可以提高物流成本管理的科学性和预见性。

2. 物流成本决策

物流成本决策，即是在物流成本预测的基础上，结合相关资料，运用科学的方法，从若干个方案中选择一个满意方案的过程。从物流整个流程来说，物流成本决策主要有配送中心新建、改建、扩建的决策、装卸和搬运设备决策、装卸和搬运设施的决策、流通加工合理下料的决策等。进行成本决策、确定目标成本是编制成本计划的前提，也是实现成本的事前控制，提高经济效益的重要途径。

3. 物流成本计划

物流成本计划，即是根据成本决策所确定的方案、计划期的生产任务、降低成本的要求以及有关资料，通过一定的程序，运用一定的方法，以货币形式规定计划期物流各环节耗费水平和成本水平，并提出保证成本计划顺利实现所采取的措施。通过成本计划管理，可以在降低物流各环节成本方面给企业提出明确的目标，推动企业加强成本管理责任制，增强企业的成本意识，控制物流环节费用，挖掘降低成本的潜力，保证企业降低物流成本目标的实现。

4. 物流成本控制

物流成本控制，就是根据物流计划的目标，对成本发生和形成过程以及影响成本的各种因素和条件施加主动的影响，以保证实现物流成本计划的一种行为。

5. 物流成本核算

物流成本核算，即是根据企业确定的成本计算对象，采用一定的计算方法，按规定的成本项目，通过一系列的物流费用汇集与分配，从而计算出各物流活动成本计算对象的实际总成本和单位成本。通过物流成本计算，可以如实地反映生产经营过程中的实际耗费，同时，也是对各种活动费用实际支出的控制过程。

6. 物流成本分析

物流成本分析，即是在成本核算及其他有关资料的基础上，运用一定的方法，揭示物流成本水平的变动，进一步查明影响物流成本变动的各种因素。通过物流成本分析，可以提出积极的建议，采

取有效的措施，合理地控制物流成本。

三、物流成本管理原则

1. 财务制度原则

即是物流管理开支必须按照财务制度的规定，不得随意扩大开支范围和提高开支标准。财务部门要严格审查一切费用开支，正确划分物流费用支出的界限，保证费用开支的真实性和合理性。

2. 节约原则

即是在保证物流正常进行和提高物流服务水平的前提下，尽量节约一切不必要的开支，努力降低费用水平。

3. 计划管理原则

即是在实施物流成本管理时，要求正确编制流通费用计划，对企业的费用开支实施计划管理，而且应当坚持按照计划开支，保证完成计划规定的降低物流费用的任务。

四、物流成本管理的作用

实行物流成本管理，具有很多作用，主要表现在以下几方面：

1. 有利于改进企业的物流管理水平

企业物流管理的一个重要内容是物流成本管理，降低物流成本是物流管理要实现的重要目标。企业物流管理水平的高低，直接影响着物流耗费的大小。因此，企业要降低物流费用水平，就必须改进物流管理的方法及技能。

2. 有利于企业赢得产品价格竞争优势

物流成本是产品价格的组成部分之一。物流成本的大小对产品价格的高低具有重大影响。通过对物流成本进行管理，使得物流成本降至最低，企业便可在一个较大的幅度内调整其产品价格，从而增强企业的竞争能力。

3. 有利于节约社会财富

物流成本是社会财富的一个减项。实行物流成本管理可以减少社会流通成本，从而节约社会财富。

第二节 物流成本管理实施

一、物流成本管理实施步骤

要加强物流成本管理，降低物流成本总消耗，就必须把以下几个方面的工作落到实处，以发挥实效。

1. 确定成本管理对象

物流成本与生产成本相比较具有连续性、不确定性、难以分解等特点，这就为物流成本管理与核算增加了一定的难度。因此，物流成本管理的前提是确定成本管理对象，使得成本管理与核算有据可依。每一企业可以根据本企业的性质和管理的需要来确定物流成本管理对象。但企业一旦选用一种物流成本为管理对象，就不要轻易改变，以保持前后各期的一致性和可比性。

一般而言，以物流过程作为对象，可以计算供应物流成本、生产物流成本、回收物流成本及废品物流成本；以物品实体作为对象，可以计算每一种物品在流通过程中（包括运输、验收、保管、维护、修理等）所发生的成本；以物流功能作为对象，可以计算运输、保管、包装、流通加工等诸种物流功能所发生的成本；以物流成本项目作为对象，可以计算各物流项目的成本，如运输费、保管费、折旧费、修理费、材料费及管理费等。

2. 制定成本标准

即是在确定物流成本管理对象的基础上，人为地把项目繁多、难以分离的物流成本作一个划分，以便在此基础上进行物流成本预算管理。其标准的制定有以下几种：

（1）按成本项目制定成本标准　企业内部每一物流成本项目，按其与物品流转额的关系，可以分为相对固定成本和变动成本对于固定成本项目（如折旧费、办公费等），可以以本企业历年来成本水平或其他企业（能力及规模与本企业相当）的成本水平为依据，再结合本企业现在的状况和条件，确定合理的成本标准。而对于可变项目，则着重于考虑近期及长远条件和环境的变化（如运输能力、

仓储能力、运输条件及国家的政策法令等)，制定出成本标准。

(2) 按物流功能制定成本标准　不论是运输、保管还是包装、装卸成本，其水平的高低均取决于物流技术条件、基础设施水平。因此，在制定物流成本标准时应结合企业的生产任务、流转流通数量及其他相关因素进行考虑。

(3) 按物流过程制定成本标准　按物流过程制定成本标准，是一种综合性的技术，要求全面考虑物流的每个过程。既要以历史成本水平为依据，同时又要充分考虑企业内外部因素的变化。制定这种成本标准需要多种技能相结合。

3. 实行预算管理

成本标准确定后，企业应充分考虑其财力状况，制定出每一种成本的资金预算，以确保物流活动的正常进行。同时，按照成本标准，进行定期与不定期检查、评价与对比，以求控制物流活动和成本水平。

4. 实行责任成本管理制度

物流成本遍布社会再生产的每一环节和过程，同样，企业的每一环节和过程也都要发生物流成本。要想管好物流成本，除了制定成本标准外，还需在物流部门、生产部门和销售、管理部门实行责任制，实行全过程、全人员成本控制，明确各自的权力和责任。具体方法及步骤如下：

(1) 分解落实物流成本指标　不同的物流部门负担着不同的物流成本。按成本发生的地点将成本分解到一定部门，落实其降低物流成本的责任，并按成本的可控性检查该部门物流成本降低情况，以作为其评价成绩的依据。

(2) 编制记录、计算和积累有关成本执行情况的报告　每一物流部门都应将其负担的物流成本进行记录、计算和积累，并定期编制出业绩报告，以形成企业内部完整的物流成本系统。对一些共同性的物流成本，则另行计算，最终由企业最高管理机构记入成本总额。

(3) 建立成本反馈与评价系统　一定期间结束后，将每一部门发生的物流成本实际支付结果与预算(标准)进行对比，评价该部门在成本控制方面的成绩与不足，以确定奖励还是惩罚。

5. 合理进行技术改造

合理进行技术改造是旨在进行技术及设备引进时要考虑其经济性。尽管先进的运输、包装、装卸技术必然能降低物流成本，但先进技术方法的运用也必然具有较高的成本。因此，以经济技术相结合来选择运输工具、包装材料及装卸工具，也是降低物流成本总水平的一个重要方面。

成本控制管理目标必须首先是全过程的控制

二、加强物流成本控制的途径

1. 加强物流人才培养，强化物流成本意识

持续降低物流成本，关键取决于人。只有通过加强物流人才培训、日常宣传等使全体员工树立物流成本意识，将有效成本控制措施和人为意识密切联系在一起，在工作中去实际运用，发挥出两者的最佳能动效果，才会使成本降低真正得到实现。

2. 推行物流标准化，提高物流运作效率

物流标准化是以物流作为一个大系统，制订系统内部设施、机械设备、专用工具等各个分系统技术标准的过程。它以系统为出发点，研究各分系统与分领域中技术标准与工作标准的配合性，统一整个物流系统的标准，包括包装、装卸、运输等方面的工作标准。物流标准化使货物在运输过程中的基本设备统一规范，如现有托盘标准与各种运输装备、装卸设备标准之间能有效衔接，可以大大提高托盘在整个物流过程中的通用性，也在一定程度上促进了货物运输、储存、搬运等过程的机械化和自动化水平的提高，有利于物流配送系统的运作效率，从而降低物流成本。

3. 以流通全过程为视点，加强物流成本的管理

在现代一体化物流阶段，控制物流成本已不单单是本企业的事情，即追求本企业的物流效率化，而应该考虑从产品制成到最终用户整个流通过程的物流成本效率化，亦即物流设施的投资或扩建与否要视整个流通渠道的发展和要求而定。例如，有些厂商是直接面对批发商经营的，因此，很多物流中心是与批发商物流中心相吻合，从事大批量的商品输送，然而，随着零售业界便民店、折扣店的迅

速发展，客户要求厂商必须适应零售业这种新型的业态形式，展开直接面向零售店铺的物流活动。因而，在这种情况下，原来的投资就有可能沉淀，同时又要求建立新型的符合现代物流发展要求的物流中心或自动化的设备。显然，这些投资尽管从企业来看，增加了物流成本，但从整个流通过程来看，却大大提高了物流绩效。

4. 贯彻成本管理战略，设立物流成本管理组织

物流成本管理涉及每个部门、每个员工，甚至涉及到部门之间权力和利益的重新分配。因此，企业应贯彻成本管理战略强调企业全员参与成本管理，将员工个人目标融入企业整体目标之中，加强对成本管理的领导，确立物流成本管理的应有地位，组建权威的管理机构，全面负责和协调物流管理工作，研究和规划物流成本管理的远景任务和目标。

5. 加速物品周转，严格控制存储费用

物品周转缓慢，必然产生库存，而库存需要一定的维持费用，同时还存在由于商品积压和损坏而产生的库存风险，从而产生大量的物流成本费用。因而，通过加速物品周转，既可以减少资金占用，缩短物流周期，又能降低存储费用，从而控制物流成本。企业可以通过加快采购物流、生产物流、配送物流、销售物流等措施，提高物流速度，缩短物流周期，增加资金的利用率。

6. 重视采购环节，构筑有效采购成本控制体系

采购成本的高低对物流总成本有着重要影响。因此，企业应设法多方面来降低物料采购的各项费用：一是强化采购人员的业务素质，积极采用 JIT 采购、供应链采购和网上采购、外包采购等现代采购技术，按照物项采购价值实施 ABC 技术分类管理，将集中采购与分散采购、现货采购与远期合同采购、直接采购与间接采购有机地结合起来。二是通过合理的价值分析，选择质优价廉的物品，从而降低采购成本；三是应建立科学的供应商调查、评审、筛选体系，建立和完善索赔制度。

7. 遵循物流规律，正确处理物流成本与物流服务的“效益背反效应”

物流效益背反是物流领域中很常见的普遍现象，是这一领域中

内部矛盾的反映和表现。遵循物流规律，正确理解物流中的“效益背反”，用系统的观点分析和控制物流成本，确保物流服务与物流成本的最佳结合，实现经济效益的最大化。

8. 加强物流成本的核算，建立成本考核制度

传统的财务会计制度以职能为基础建立成本核算体系，将物流系统诸环节隔离分解，没有单独核算物流成本的会计科目，一般所有成本都列在费用一栏中，导致一些物流费用无法计量与控制，造成物流成本信息失真，从而形成“经济的黑色大陆”和“物流冰山”。为此，应建立科学合理的物流成本核算体系，实行物流费用单独核算，明确物流成本的核算内容和核算方法，使物流成本管理与财务会计在系统上联结起来。

9. 完善营销绩效评价体系，控制退货现象的发生

商品退货会产生诸多的物流费用，以及退货商品损伤、滞销和处理产生的各种费用，这类商品通常较分散、规模小，从而引起非常复杂的处理业务。可见，退货成本已成为物流成本的重要组成部分。退货可以分为用户原因和企业原因。通常，零售商或批发商过量进货的成因主要是避免断货而产生的机会成本，因此，企业应及时掌握零售商或批发商的经营状况，追踪最终客户需求和流通在库动向，不断调整产品的产量和品种，建立和完善销售管理信息系统。此外，企业必须改变片面追求销售额的目标战略，建立以市场为导向，面向客户的科学营销绩效评价体系。营销业绩考核不能以每月的销售额作为主要指标，而应结合中间商在库情况和年度销售额作为考评标准，避免推进式销售而引起的流通在库增加的负效应，并在制度上明确退货的责任，从根本上控制退货现象的发生。

10. 树立物流总成本观念，通过削减退货来降低物流成本

退货是指无条件退货或部分无条件退货。通过退货可打消零售商对商品的疑虑，增强经营信心，但也会产生成本，成为企业物流成本中一项重要的组成部分，往往占有相当大的比例。这是因为随着退货会产生一系列的物流费，如退货商品损伤或滞销而产生的经济费用以及处理退货商品所需的人员费和各种事务性费用，特别是存在退货的情况下，商品提供者承担退货所发生的各种费用，以及

退货方因为不承担商品退货而产生的损失。因此，削减退货成本也应是物流成本控制活动中需要特别关注的问题。

11. 发挥专业物流优势，实行物流外包

企业把物流外包给专业化的第三方物流公司，可以缩短商品在途时间，减少商品周转过程的费用和损失。

12. 技术创新，采用先进管理技术

降低物流成本，还可借助技术创新，利用先进的技术手段来实现。如借助现代化的信息管理系统，既可使各种物流作业或业务处理能准确，迅速的进行，又可通过信息系统的数据汇总，进行预测分析，从而控制和降低物流成本。

三、作业成本法

作业成本法（Activity Based Costing，ABC），也称为作业成本会计或作业成本核算制度。它是以成本动因理论为基础，通过对作业进行动态追踪，为尽可能消除不增值作业、改进可增值作业及时提供有用信息，促使损失、浪费减少到最低限度，提高决策、计划、控制的科学性和有效性，促进企业管理水平的不断提高。它是被人为确定和控制物流费用最有前途的方法，其基本步骤如下：

1. 作业调研，合理界定物流系统中涉及的各个作业

物流作业是物流运作的各个单位，其类型和数量随着企业的不同而不同。通过物流作业调研，了解企业运作过程、收集作业信息，根据物流运作实际流程，合理界定物流系统中涉及的各个作业。

2. 确认系统资源

物流资源是产生物流作业成本的源泉。一个企业的资源包括直接生产资源、生产维持成本等。确认系统资源是实施物流作业成本控制的前提。

3. 作业认定与归集

即是在掌握作业流程、作业认定的基础上，以现有各部门为范围，归并同质作业。

4. 确认资源动因，将资源分配到作业

即是将确认的物流系统资源，按确认资源动因，分配到各个归

集作业中去。

5. 确认成本动因，将作业成本分配到产品或服务中去

物流作业动因反映物流成本对象对物流作业消耗的逻辑关系。按成本动因，将作业成本分配到产品或服务中去，可制定出标准作业成本，作为各部门成本控制的依据。

6. 持续改进

即开展相关改进工作以实现增值作业。

案例链接

物流成本分析案例

一、背景

20 世纪 70 年代末，中国大陆实行经济开放政策以来，广东省的经济在国外对其出口型企业直接投资的刺激下快速增长。在广东省的外资中，大多数来自香港，并且主要投向毗邻香港的珠江三角洲地区。随着香港制造产业向珠江三角洲地区的联合迁移，香港内部的制造业基础由于其生产活动的北移而萎缩。与此同时，香港与华南地区的货物运输业成为满足经济发展的新需求，已经发展了新的物流程序、设备与服务。因此，香港得以继续保持世界最繁忙的集装箱港的地位。香港在 1995 年处理了 1255 万个标准箱，2003 年增加到了 2045 万个标准箱，使得香港成为世界第一大集装箱港。港口与海运业对于香港的 GDP 增长具有重要的贡献。

香港的港口吞吐量大部分是由转口和转载的货物组成。其中两个地理因素支撑了香港作为中心港的基础：一是由于香港是天然的深水海港；二是由于香港是通往华南尤其是珠江三角洲的门户。同时，由于香港成熟与可靠的商业环境，使其成为许多年买卖双方交接货物的首选地点。

然而，随着广东和其他省份的服务质量日益接近香港的水平，香港正在逐渐降低它的竞争优势。自 20 世纪 90 年代中期以来，越来越多的集装箱运输份额通过深圳的港口转运，尤其是盐田、蛇口、赤湾三个港口。

表 6-1　1992～2003 年香港与深圳的集装箱处理量

	香港		深圳		总计[1]	
年份	集装箱处理量（万箱）	增长率（%）	集装箱处理量（万箱）	增长率（%）	集装箱处理量（万箱）	增长率（%）
1992	797.2		0		797.2	
1993	920.4	15.5	13.0		933.4	17.1
1994	1105	20.1	17.7	36.2	1123	20.3
1995	1255	13.6	28.3	59.9	1283	14.3
1996	1346	7.3	58.8	107.8	1405	9.5
1997	1439	8.2	114.6	94.7	1553	10.6
1998	1458	1.4	195.2	70.5	1653	5.2
1999	1621	11.2	298.4	53.0	1920	16.1
2000	1810	11.6	395.9	32.7	2206	14.9
2001	1783	-1.5	504.3	27.4	2287	3.7
2002	1914	7.4	761.4	51.0	2676	17.0
2003	2045	6.8	1063	39.6	3108	16.1
1995～2003 年复合增长率（%）	6.3%		57.2%		11.7%	

资料来源：香港港口与海运管理局

注：通常，在一个标准箱从内河的支线港口通过临海的中转港口运往海外的过程中，这个标准箱从内河的支线港口运达临海的中转港口并被卸载时，该中转港口的统计员会记为一个标准箱的处理量；经过一段时间后，这个标准箱从临海的中转港口被装载到运往海外的远洋船时，该中转港口的统计员会再次记为一个标准箱的处理量。这样就造成了当一个标准箱从内河的支线港口通过临海的中转港口运往海外时，被该中转港口的统计员记为两个标准箱的处理量的情况。因此，一个临海的中转港口统计的集装箱处理量往往大于实际通过该中转港口的集装箱数量。

由表 6-1 可以看出，深圳的港口在 1995 年仅占集装箱总处理量的 2%，而在 2003 年这一比例提高到 34%。在 1995～2003 的九年里，深圳与香港两地港口的集装箱处理量的复合年增长率为 11.7%，而同期深圳港口的集装箱处理量的平均年增长率为 57.2%。

2003 年，深圳的港口共处理 1063 万个标准箱，使其成为世界第四大集装箱港。深圳港口的集装箱处理量在过去的九年里已经持续高于香港。深圳港口的高增长率反映了其集装箱处理量增加的潜力，同时也反映了香港港口的集装箱处理量相对于华南地区的持续下跌。

表 6-2　1995～2003 年深圳各港口的集装箱处理量

（单位：万箱）

	盐田	蛇口	赤湾	其他	总计
1995	10.6	11.3	6.5	0	28.3
1996	35.3	13.8	9.8	0	58.8
1997	64.0	28.4	21.3	0.9	114.6
1998	103.7	60.4	27.4	3.7	195.2
1999	158.8	84.8	48.1	6.7	298.4
2000	214.0	104.6	64.1	4.0	395.9
2001	274.5	118.7	90.5	20.6	504.3
2002	427.7	148.6	154.4	30.7	761.4
2003	544.8	239.9	222.0	56.2	1063
1995－2003 年复合增长率（%）	63.6	46.5	55.5	—	57.2

资料来源：香港港口与海运管理局。

表 6-2 中显示，1995～2003 年期间，盐田港的集装箱处理量的平均增长率为 63.6%，为深圳三大港口中增长最高的。同期，赤湾平均增长率为 55.5%，蛇口平均增长率为 46.5%。目前，在珠江三角洲地区，船货运输的趋势清楚地证明了该区域对香港港口依赖的下降和对深圳日益增加的优先选择。

一般认为，当一个港口每年达到 200 万个标准箱的处理量，即达到了一个枢纽港必须具备的数量，就能使托运人、货物代运人和支线船舶高效的交换货物。并且从此，该港口可以进行合并和分拆集装箱的作业。该港口还会因此快速增加吞吐量，并可同毗邻港口进行有效的竞争。

表 6-2 中显示，盐田港在 2000 年达到了一个枢纽港必须具备的处理数量，蛇口和赤湾在 2001 年也达到了这一数量。由于蛇口和赤

湾之间的距离仅为 3km，所以这两个港口可以被合并计算。同时深圳的港口还有两个十分有利的条件，一是靠近制造业区域，二是拥有便捷的交通线路与制造业基地相连。

通常，对于一个港口来说，需要数年才能达到一个枢纽港必须具备的处理数量，并使得该港口能够为广阔范围内的海外目的地提供频繁、有竞争力、往返内陆的运输工具和规则的航行。一旦达到了一定的集装箱处理数量，支持该港口的服务项目也会相应的扩展。

因此，香港港口处理区域内集装箱货物的份额也受到与其竞争的深圳港口的很大影响。在香港外部环境决定集装箱份额转移港口的显著因素包括：运输线上其他竞争的枢纽港的容量与效率，联接其他竞争港口与内地贸易区之间的配套基础设施是否完善，货物的起点与终点与其他竞争港口之间的关系，以及中国大陆和台湾即将加入 WTO 组织和贸易自由化也对货物运输路线产生了显著的影响等。

二、问题

在全球竞争的经济环境下，供应链上的参与者们不得不聚焦于成本节约的措施上来。因此，物流管理与控制受到广泛关注。如果参与者或任何物流服务提供商想要有效控制物流成本，他们首先必须对物流全过程进行监测。

ABC 公司是香港一家物流服务提供商，创建于 1993 年，当时香港港口正位于处理华南转来的货物的高速发展期。

通过回顾与分析 ABC 公司在 1995～2003 年之间的财务报表可知，货物处理量在九年间翻了一番，见表 6-3。

表 6-3　1995 年与 2003 年的业绩对比

	1995	2003	变动比率
货物处理量	A	2A	+100%
服务价格	B	0.5B	-50%
营业收入	C	C	0
直接成本	D	?	
管理费用	E	?	
税后利润	F	?	

但是在同期，加权平均的服务价格（用户需付的费用）减少了50%，因此该公司的收入也同样减少了50%。尽管服务价格下调带来了巨大的损失，ABC公司还是成功将其在香港的市场份额从1995年的18%提高到了2003年的23%。服务价格的缩减，尽管在香港的竞争者之间会相差5%~15%，主要还是由于远洋货物的交易转移到深圳的港口造成的。

假如你是ABC公司的总经理，尽管面临业务量成倍增加与服务价格大幅下调的事实，仍然必须按照董事会的要求，将公司的税后利润保持在一个合理的水平。在控制成本方面，你认为与1995年相比，2003年的直接成本和管理费用的数量是多少？

对于总经理来说，ABC公司的未来运营面临许多问题与机会，他需要认真思考的议题包括以下几点：

ABC公司在香港和华南地区面临的关键问题是什么？ABC公司的基本战略有哪些选择？

对应每一种战略潜在的利益与风险是什么？

总经理为了保证损益表的结果为正需要做什么？换句话说，对于创造一种竞争优势，总经理需要哪些配置活动、资源和知识？

三、2003年的实际结果

1998年亚洲金融危机以后，港口业的服务价格大幅下跌。尽管ABC公司提高了其市场占有份额，但由于来自香港本地港口与邻近的深圳港口的激烈竞争，税后利润大为减少。

自1998年以来，ABC公司为了削减成本实施了流程再造项目。在此项目中，首先，ABC公司确定了物流成本各部分的构成，同时也确定了每一部分所能带来的边际效益。其次，只要服务质量不会发生恶化，同时如果可以为公司带来更好的边际效益，ABC公司就会采取外包的物流战略。在此项目中，ABC公司的内部操作及其转包商和客户均实现了更好的计划和更加有效的整合。

由于ABC公司实施了流程再造项目，在1995~2003年的九年里，尽管业务量增长了100%，直接成本仅增长了40%，见表6-4。而且，ABC公司把它的固定成本修改为可变成本，这一计划是为了减少当业务量发生波动时维持高固定成本所引起的风险。由于ABC

公司转包了一些物流业务，因此出售了一些固定资产和裁减了一定数量的雇员。在简化业务流程以后，行政管理费用也相应得到了有效的控制。

表 6-4　1995 年与 2003 年的财务分析对比

	1995	2003	变动比率
货物处理量	A	2A	+100%
服务价格	B	0.5B	-50%
营业收入	C	C	0
直接成本	D	1.4D	+40%
管理费用	E	0.4E	-60%
税后利润	F	0.55F	-45%

此外，ABC 公司开发了 IT 平台，其中包括使用网络资源，使得公司的计划和资源的利用更加有效。事实上，在九年里，ABC 公司的管理费用削减了 60%。由于 ABC 公司实施了以上这些成本控制措施，该公司 2003 年的税后利润才得以维持到 1995 年的 55%。(资料来源：宁波货代网)

专家点评

物流成本的高低，直接影响企业利润的多少。如何以最少的物流成本在适当的时间、适当的地点，将适量的产品送到用户手中，是物流管理的重要内容。ABC 公司在面临业务量成倍增加但服务价格大幅下调的严峻情况下，及时调整服务战略，采取确定物流成本各部分的构成及其边际效益，采取外包，实现内部操作及其转包商和客户均实现了更好的计划和更加有效的整合，出售一些固定资产和裁减了一定数量的雇员，简化业务流程等措施后，取得了较好的成效。

复习思考题

1. 简述物流成本的构成。
2. 物流成本管理包括哪些内容?
3. 物流成本管理的原则有哪些?
4. 简述物流成本管理实施步骤。
5. 如何加强物流成本控制?

第七章

第三方物流

培训学习目标 重点掌握第三方物流的定义、基本原则、特点与实施步骤；掌握第三方物流管理的内容、物流外包、第四方物流和第三方物流的联系与区别，了解第四方物流基本运作方式。

第一节 第三方物流概述

第三方物流是传统运输与仓储的一个重要发展

一、第三方物流的概念

1. 第三方物流的定义

第三方物流（the third party logistics，TPL），是指接受客户委托为其提供专项或全面的物流系统设计以及系统运营的物流服务模式。其中，“第三方”是指提供物流交易双方的部分或全部物流功能的外部服务提供者。它本身不拥有商品，而是通过签订合作协定或结成合作联盟，在特定的时段内按照特定的价格向客户提供个性化的物流代理服务。

其服务内容包括：开发物流策略和物流系统，货物集运，选择承运人，货运代理，海关代理，进行运费谈判与支付，仓储管理，物流信息管理和咨询等。可以看出，第三方物流的服务内容大都集中在传统意义上的运输、仓储范围之内，由于运输、仓储企业对这些服务基础较为成熟，对业务内容的理解较为深刻，因此运输、仓储企业向第三方物流服务企业转变比较容易，关键是要突破以前单项业务的思维定式，将单项服务内容用系统的方法有机地结合起来，提供物流运输的整体方案。随着物流技术的不断发展，第三方物流作为一个提高物流速度，节省物流费用和提供高物流服务水平的有效手段，将在市场经济中起着越来越重要的作用。

2. 开展第三方物流服务的意义

从第三方物流服务的外包企业的角度观察，采用第三方物流服务模式，对于提高企业的经营效益具有重要意义。

（1）提高核心竞争力　随着社会化分工的加快和社会专业化程度的提高，企业纷纷将非核心业务外包出去而将主要资源集中于核心业务上，这样可以充分发挥专业化分工的优势，提高核心竞争力。对于大部分货主企业而言，物流属于非核心业务，外包物流可以使货主企业集中于核心业务，将有限的资源用于核心业务上，企业资源得到更加有效的利用，同时也可以得益于第三方物流提供者的核心经营能力，使企业拥有了更强的竞争优势。

（2）降低经营成本　长期以来，企业为了应对供应链下游需求的变化，必须备有一定量的存货，这必将增加存货成本和仓储的投资，如果第三方物流服务商利用其物流设施和管理技能提供增值服务，就能减少企业库存，在降低成本的同时增强对市场的反应能力。随着制造技术的不断发展，企业降低生产成本的空间已很小，而在降低流通费用方面却有较大的空间，而第三方物流企业正是利用了其规模经济优势和成本优势，使它的客户节省与物流有关的人力、管理和运营费用，减少资金占用，降低成本。

（3）提高物流服务水平　企业对运输和物流的需求是具有多样性的，第三方物流以个性化物流服务为目标的物流运作模式能够根据用户的特殊要求进行“客户化定制”，提供个性化的解决方案。服务的灵活性也能够通过第三方物流来实现，由于它们建立了覆盖范围广阔的物流系统，可以为横跨不同行业的不同企业提供多种方式的服务，来满足客户的特殊性需求。同时，企业在进入新市场时，可以借助第三方物流服务商在当地的经验、知识、网络和业务关系

来更快、更好地开拓新市场，满足新市场用户的需求。

（4）增强市场应变能力　将物流职能交与第三方管理可增强企业对市场变化的应变能力。当需求变化和技术进步时，第三方物流服务商能不断地更新他们的设施、信息与管理技术，根据环境变化进行其他调整，增强其灵活性，而非物流企业往往是无法与其相比的。企业可以根据市场需求的灵活变动与第三方物流服务商进行合作，即减少了投资，又增强了企业对市场的灵敏度。对于季节性生产而言，灵活性显得更为重要。因为需求的季节性，生产往往提前于消费季节，并要求根据市场的反馈能够及时进行生产调整，使生产计划具有很大的灵活性，这样对仓储等物流活动的需求也是季节性的，所以，使用第三方物流可以及时调整企业生产和销售，具有季节方面的灵活性。

（5）加速产品和服务投放市场的进程　产品和服务为了在时间上获得竞争力，必须要快速推向市场。第三方物流可以利用其强大的物流网络帮助客户在速度上实现竞争优势。它通过加强信息交流，提高如仓储、运送等物流活动的速度，加快交货、发送和响应时间，减少产品生产和交货的提前期，迅速将产品送到各个生产基地或市场需求地，从而获得时间竞争的优势。

二、第三方物流的类型

按物流企业拥有物流资产的程度不同，第三方物流企业可分为资产型、管理型和优化型三种基本类型。

1. 资产型第三方物流

资产型第三方物流是拥有从事专业物流活动或约定物流活动的装备、设施、运营机构、人才等生产力条件，并且以此作为本身的核心竞争能力的物流企业。其资产包括以下两类：

（1）第一种类型资产　是指机械、装备、运输工具、仓库、港口、车站等从事实物物流活动。也就是说，具有实物物流功能的资产。

（2）第二种类型资产　是指信息资产，包括信息系统硬件、软件、网络及相关人才等等。

其主要特点是：以自有资产作为客户服务重要手段，可以向客户提供稳定的、可靠的物流服务，由于资产的可见性，这种物流企业的资信程度也比较高，这对客户来给讲，是很具有吸引力的。但它需要有很大的投资，同时维持和运营这一套系统仍然需要经常性的投入，往往很难按照客户的需求进行灵活的改变，出现灵活性不足问题。

2. 管理型第三方物流

信息技术是管理型第三方物流赖以存在的先决条件

管理型第三方物流不把拥有第一种类型资产作为向客户服务的手段，而是以本身的管理、信息、人才等优势作为第三方物流的核心竞争能力。该种类型的第三方物流，不是没有资产，而是主要拥有第二种类型资产。在网络经济时代，实际是以“知识”作为核心竞争能力，通过网络信息技术的深入运用，以高素质的人才和管理力量，利用社会的设施、装备等劳动手段最终向客户提供优良服务。

管理型第三方物流的运作，这需要有效的管理和组织，而要做到这一点，信息技术的支持是非常重要的手段。在某种意义上来讲，就是管理型第三方物流赖以存在的先决条件。

其主要特点是：由于自己不拥有需要高额投资和经营费用的物流设施、装备，从而可以灵活运用其他物流资源，有效地运用虚拟库存等手段，可以获得较低的成本，具有较强的信息能力、组织能力、管理能力。

3. 优化型第三方物流

优化型第三方物流介于以上两种第三方物流之间，根据需要建立必要的物流设施装备系统，而不是全面建设这种系统。它既有完全拥有管理型第三方物流在信息、组织、管理上的优势，同时又避免了资产型第三方物流过大投资、系统灵活服务水平不足的缺点。

三、第三方物流管理的内容

第三方物流管理的内容很多，这里仅对物流合同管理、物流能力管理、物流设备管理、物流安全管理、物流信息管理等作简要介绍。

1. 物流合同管理

物流合同包括与客户签订的合同和与代理商或承包商签订的合同。具体来说，第三方物流企业承接的运输、存储、配送等项目都应与委托方签订合同。物流合同的管理工作主要包括：签订合同、合同的修改与中止、合同的执行与跟踪等。

2. 物流能力管理

第三方物流企业必须对自身的物流资源有全面的了解，以便确切了解自己有多大能力，可以承接多少项目，完成多少订单任务。物流能力主要包括：运输能力、仓储能力、配送能力、装卸搬运能力、流通加工能力等。其中，运输能力是指第三方物流企业的运输工具及运输工作人员所能承担的运力的吨公里数；仓储能力是指第三方物流企业的全部仓库的容量，即保管货物的数量。

3. 物流设备管理

第三方物流企业的物流设备种类繁多，从用途分可分为运输设备、装卸搬运设备、仓储保管设备、物流加工设备、商品包装设备、计量检测设备和安全设备等。为了保证物流业务的正常开展，物流设备管理是必不可少的。物流设备管理的内容主要包括：购买物流设备、合理使用物流设备、维修保养物流设备、物流设备的调拨和报废处理等。

4. 物流安全管理

第三方物流企业在开展物流业务过程中，必须高度重视安全管理。因为当货主将货物托付给第三方物流企业时，其最起码的要求是第三方物流企业保证货物的安全送达。因此，第三方物流企业要承担一定的风险，需要采取必要的安全管理措施。物流安全管理的内容主要包括：防止货物被盗、避免仓储和运输过程中的损耗、建立消防队伍、防止发生意外火灾等。

5. 物流信息管理

第三方物流企业的物流管理活动是通过物流信息技术来实现的。因此，在物流合同、物流能力、物流设备、物流安全管理，以及其他物流管理中，都涉及信息管理。每个物流企业都可以建立一个物流信息系统，以便物流企业处理好日常物流业务活动。

四、第三方物流的特点

1. 契约代理

第三方物流的服务方式一般是与企业签订一定期限的物流服务合同，所以又叫合同契约物流。之所以要签订契约或合同，是为了建立稳定的合作关系，明确双方的权利和应承担的义务，保障双方正常地开展合作。第三方物流供应商根据合同条款的规定，而不是根据临时需求或要求，提供多功能甚至全方位的物流服务，最终职能是保证客户物流体系的高效运作和不断优化供应链管理。第三方物流供应商与第三方物流服务购买者之间依靠现代信息技术充分共享彼此之间的信息，双方相互信任，共担风险和共享收益合同主要内容包括：服务、支付和期限；运作；仓储的提供；送货要求；额外服务；责任和损失限制；义务；风险分担；参与者各方的地位；索赔通知和诉讼；仓库；转让；授权；违约；继任者和受让人；说明；合同所适用的法律等。

2. 专业化

第三方物流企业一般是专业化的物流企业。它熟悉市场运作，具有专门的物流设施和信息手段，有长年的客户关系网络，又有专业人才，具有针对不同物流市场的专业知识，包括运输、仓储和其他增值服务。由于业务量大，多个物流作业可以实现专业化。例如，运输、仓储、装卸、搬运、包装、信息处理等都可以实现专业化运作。专业化运作可降低成本，提高物流水平，大幅度提高经济效益。由于绝大部分物流客户的核心竞争能力都不在物流方面，面对需求业务流程的不同，第三方物流供应商能够根据客户业务流程的提供“量身定做”的物流服务。对制造企业而言，核心竞争能力是设计、制造和新产品的开发；对商业企业而言，核心竞争能力是商业营销。能够把物流作为自己核心竞争能力的，也只有像沃尔玛这样的超大型企业。所以，专业优势应该是第三方物流比之有物流需求的客户而言，具有较大的优势。

3. 规模化

第三方物流企业最基本的特征是集多家企业的物流业务于一身，

物流业务的规模扩大了。物流业务规模的扩大，可以让企业的物流设施、人力、物力、财力等资源充分利用，发挥效益；有的还可以采用专用设备、设施，提高工作效率；有的采用先进的技术，跟全国、甚至全世界接轨，取得超级效益。这些都是扩大规模带来的好处。规模效益是第三方物流的一个最重要的效益源泉。第三方物流企业要扩大规模，就要努力扩大物流市场的覆盖面，增加客户数、增加物流业务量。规模越大，需要的运输车辆就越多，需要的装卸搬运设施就越多、越先进，需要的仓储能力、吞吐能力就越大，需要的通信能力就越强、技术就越先进。总之，规模越大，就越会促进企业发展，提升企业的综合实力，大大提高企业效益。

4. 系统协调能力强

系统协调是指第三方物流公司在自己所占有的供应商群及其各自的客户群中进行的协调活动。由于第三方物流牵涉到企业很多部门，因而企业负责第三方物流的管理人员最好了解、熟悉其他相关部门的情况，取得企业相关部门的相互合作，保证第三方物流的成功实现，为企业带来竞争优势。这些协调活动主要包括以下四个方面：

1）联合调运活动。即打破各个供应商、各个客户群之间的界限，统一组织运输。这样可以更充分利用车辆、节省车辆。

2）打破各个客户之间的界限，统一组织配送。即联合配送。这样将比在原来的各个客户群内部组织配送更节省成本。

3）在自己的系统内部调剂供需。因为自己掌握了众多的供应商和它们各自的客户群，其相互间可能会有互为供需的关系的情形，通过协调，促使它们之间形成新的更合理的供需关系。这种新的供需关系不但可以帮助供应商开拓市场，而且也有利于第三方物流公司节约物流费用。

4）统一批量化作业。如订货、质检、报关、报审等，实行批量化作业可以节省时间，提高工作效率。这种协调效益是第三方物流企业最主要的效益源泉。

5. 具有信息优势

第三方物流，尤其是非资产基础型的第三方物流，其业务运作主要靠信息。只有拥有充分的市场信息，具备信息的优势，才可以比货运企业更了解市场、物流平台的情况、资源、价格、制度和政策方面更有优势，才能在物流服务过程中，实现信息实时共享，促进物流管理的科学化，极大地提高物流效率和物流效益。第三方物流的信息优势还来自于它组织和运作的物流系统。这是偶尔进入这一领域的物流服务需求者所不可能具备的。当然，对于货主来讲，如果有长期的稳定的物流渠道，也完全可以形成自己的信息优势，而不见得依靠第三方物流。第三方物流的信息优势主要是针对客户变化的需求。客户不可能就每一项临时的物流需求来建立自己的有效信息优势，所以依靠第三方物流，有时是惟一的选择。常用于支撑第三方物流的关键技术有：实现信息快速交换的 EDI 技术、实现资金快速支付的 EFT 技术、实现信息快速输入的自动识别技术和实现网上交易的电子商务技术等。

第二节　第三方物流服务的实施

一、物流外包

外包是一种战略的、互利互惠的业务委托和合约执行方式

物流外包（outsourcing）是指企业为了获得比单纯利用内部物流资源更多的竞争优势，将其非核心物流业务交由专业物流合作企业完成。随着社会分工的进一步细化和物流业的快速发展，物流外包正迅速被供需双方所认可。采用物流外包，将其物流业务以合同的方式委托于专业的物流公司运作，可使生产或销售等企业集中精力增强核心竞争能力。它是一种长期的、战略的、相互渗透的、互利互惠的业务委托和合约执行方式。

采取物流外包，利用第三方物流，可使生产或销售等企业获得战略上和运作上的优势，如：降低成本，减少资本投入；使企业得到先进的技术和管理经验；有利于提高客户服务质量；通过扩大市场份额提高企业的竞争优势；提高信息获取能力，有利于经营规划；减少风险和不确定因素等。

但物流业务外包在具有许多优点的同时也存在着风险和弊端，如：外包可靠性风险；若企业过于依赖第三方物流服务商，可能影响企业的核心业务；第三方物流服务商提供较差的服务或提高价格而对企业造成的损失；一旦第三方物流服务商出现问题，可能会导致企业全盘业务的瘫痪等。

因此，在采取物流外包时，企业应在外包收益与物流风险之间需要反复权衡，采取一定的防范措施，做出科学的决策。

例　某制造企业拥有价值500万元的运输车辆规模，且车辆维护较好，另有司机10人；但企业仓库年久失修。企业的物流系统分成四个子功能模块：①运输子系统；②仓储子系统；③订单处理和信息子系统；④顾客服务子系统。在2001年企业采用的物流方式是自营，2002年采用了第三方物流，将本企业物流外包出去。两年各项费用的比较见表7-1。

表7-1　自营物流与第三方物流费用对比

（单位：万元）

	总运输成本/T	库存维护费/S	批量成本/L	仓储固定费用/F_w	仓储可变费用/V_w	单处理和信息费用/P	顾客服务费/C	合计
2001年	150	100	90	27	30	10	20	427
2002年	120	70	60	27	15	16	15	323

分析：

对于运输子系统，由于该企业前期已在运输方面投入了500万，且车辆状况较好，另还有10名司机。所以，将运输服务外包后，并不能使企业的总运输成本明显降低。因此该企业不应该将运输功能外包，而应该采取自营。

对于仓储子系统，由于该企业的仓库年久失修，已不具备竞争力，将仓储功能外包，可明显降低仓储可变费用，因此仓储功能应采取第三方物流。

同理，根据该企业的实际情况，另外两个功能子系统也采取第三方物流服务。

上述例子告诉我们，企业具备了物流能力，并不意味着企业一

定要选择自营物流，而是应该与第三方物流服务进行比较，在满足一定顾客服务水平下，哪一种形式的成本更低，就选择哪一种物流形式。

二、第三方物流基本原则

1. 以合作双赢为宗旨

在现代激烈的市场竞争环境下，生产与流通企业采取物流外包，不仅对企业自身有利，可以分担风险，降低成本．提高服务质量等，同时，对第三方物流企业也有利。因为外包物流管理的企业，实际上是第三方物流企业的客户，外包业务越多，第三方物流的业务越兴旺，也就意味着订单越多，第三方物流企业的发展也就越快。第三方物流企业不仅在规模上、数量上发展壮大，而且管理内容也扩大了，功能由仅仅承接单一物流管理变为能够承接多种物流管理，为客户提供全方位的物流服务。显而易见，生产企业与第三方物流的这种合作是建立在互利也就是“双赢”原则基础之上的。双赢原则意味着合作双方相互信任，互相依赖，是一种对等的伙伴关系。

2. 以客户满意和诚信为主导

第三方物流公司必须根据客户的要求来代理配送。客户委托公司代理配送，是因为客户对公司的信任。如果这种代理不是建立在诚信的基础上，公司将失去商机，客户也将另寻合作伙伴。

客户对第三方物流公司的要求都相当高。因为客户把第三方物流公司的代理配送系统当作自己的物流系统一样对待，它通常要求提供尽善尽美的服务，第三方物流的经营理念从“我能提供什么服务就提供什么服务”转向了“顾客需要什么服务，我就提供什么服务”。

3. 以现代信息技术为支撑

电子商务的高度科技化、网络化、高速化要求物流必须与之相适应。以现代信息技术为支撑的第三方物流公司必须能适应电子商务的要求。

4. 以网络资源为基础

作为第三方物流公司，在运作中非常重要的一点就是必须充分

利用网络资源。在电子商务的背景下，第三方物流公司应以网络资源为基础，需要做到以经营信息开发为主导，有效地利用因特网，加强信息管理与互动等。

三、第三方物流运作模式

1. 以综合物流代理为主的第三方物流运作模式

现代市场经济环境，对现代物流的动作提出了较高的要求，如要求提供全方位、综合性的物流服务等，而这往往是单一物流企业难以完成的，这就需要第三方物流企业将部分服务项目委托给其他专业物流公司来协助完成，即实行以综合物流代理为主的第三方物流运作模式。在此种模式下，第三方物流企业完全可以不进行固定资产再投资，而只需运用自己成熟的第三方物流管理经验与发达的网络体系，就能为客户提供高质量的物流服务。

2. 以提高物流各环节服务附加值为目标的第三方物流运作模式

现代物流不但能创造商品的时间与空间效应，而且在从订单处理、仓储保管、运输、装卸、包装、流通加工、信息管理等一系列活动中，还能创造商品的附加值。通过物流活动增加商品附加值打破了原有的惯性，既方便客户，又增加了附加值，增加了物流利润。

3. 以个性化物流服务为目标的第三方物流运作模式

第三方物流服务提供商通过树立“以客为本”的经营理念，在物流活动中以客户为中心，一切从客户需要出发，紧密配合客户生产经营需求，以提高客户生产效率，降低客户的物流费用，提高客户整体效益和竞争力为目的，为客户“量身”拟定个性化的物流服务方案。

四、第三方物流的实施步骤

1. 充分认识第三方物流的重要性

在采用第三方物流服务时，为使生产或流通企业等管理人员消除物流外包的疑虑，根据需要，应通过培训等，使上层管理人员应充分重视第三方物流的重要功能，如它可为企业提供高新专业技术和优质的专业服务技巧；提供最新、最先进的物流技术和可靠的信息，实现信息共享；使企业的经济效益，达到最佳状态；减少不必要的投诉和其他业务方面的麻烦等。

2. 物流决策

即对外包物流还是自主物流，做出决策。虽然财务等方面左右着合同物流的决策问题，但多数的专家认为，决策应基于一个公司的配送能力。如果一个制造商或零售商缺乏仓储运输方面的专门技术，且它对企业总体市场地位并非至关重要，那么，企业应该考虑采用合同物流，即第三方物流。如果物流的管理对于一个公司的市场成功非常重要，自己又能很好地处理物流事务，公司应该继续经营自己的配送部门。一般第三方物流决策，应基于对企业自身能力和在别处可获得的能力的评估，以及对该公司所经营的核心业务与非核心业务的划分而做出。

3. 确定物流外包范围

关注所确定的物流外包范围，并准备一份请求计划书发送给有潜在可能的物流供应商。这是选择一个满意的第三方物流供应商的首要工作。企业按照地域范围、顾客和商品情况识别自己需要外包哪些物流职能。完成此项任务后，企业应该准备一份请求计划书，里面应该清晰地列出外包物流职能的要求和外包所要达到的预期效果。

4. 选择供应商

一旦决策使用第三方物流后，企业应集中精力识别候选的物流供应商，并基于某些标准对它们进行评估。这一阶段涉及两个方面：一是识别潜在第三方物流供应商，企业可以通过商贸期刊、出版物、网站等方式列出潜在物流供应商名单；二是选择一个或少数一些物流供应商进行实际的签约，这里面包括方案评估、现场参观、获取介绍，并把这些结合在一起进行分析得出最终的候选物流供应商，结合自己的经验知识判断选出所需要的物流供应商。

5. 合约谈判与订立

供应商确定后，无论企业还是物流供应商，双方都需要以合约的形式，明确双方的权利义务，保证合同的顺利履行。契约应当包

括服务要求、价格、报酬支付时间表、期限和其他一些特定的事情。特定条款还包括相关契约的取消、提价或成本节约的分担等。

6. 对外包过程的管理和监控

成功实现第三方物流，是一项艰巨的任务。企业一旦采用第三方物流后，应该委派专人负责，以便第三方物流从开始到具体实施能得到顺利实现，同时也可正确、有效地处理危机，以保证签约双方权益不受损害。该步骤对于继续改善物流外包企业和物流供应商之间的关系十分关键。尽管把物流职能外包出去后企业不再需要执行物流职能，但它仍然需要有效地管理物流流程及处理与第三方物流供应商关系以便取得所期望的效果。物流外包企业应当组织团队和第三方物流供应商一起工作，该团队将处理和管理所有与契约或协议相关的问题，发现物流供应商的不良表现和自身企业在配合和支持方面的不足从而及时加以修正。如果不能做到这一点，物流外包企业与第三方物流供应商之间的关系将不会和谐并最终导致双方契约的终止。

案例链接

宜宾安吉物流集团向第三方物流转型的成功典范

作为业内领先的专业的第三方物流企业，五粮液安吉物流集团公司在数年的发展壮大过程中，成功实现了三次飞跃：1996 年 4 月，从一个汽车队发展成为五粮液汽车运输公司，公司由一支服务于五粮液酒厂的货运车队第一次获得了独立的法人地位，成功实现第一次飞跃；2002 年 12 月，从五粮液汽车运输公司发展成为五粮液安吉物流公司，公司踏上了由传统道路运输企业向现代物流企业转变的征程；2005 年 8 月，公司组建成立宜宾安吉物流集团有限公司，公司按照组织结构扁平化的原则对原有机构进行调整，形成一支精干高效的队伍，增强了对市场的快速反应能力，成功完成了第三次飞跃。

那么，宜宾安吉物流集团有限公司是如何从一个普通的汽车队发展为业内闻名的第三方物流公司的？它的三次成功飞跃给正在向第三方转型的国内企业物流提供了哪些经验？带着这些问题，本报记者采访了宜宾安吉物流集团总裁徐荣清。

据徐荣清介绍，宜宾安吉物流集团有限公司已从事道路货物运输 26 年，公司的货物运输范围已覆盖全国除台湾、香港、澳门以外的所有省、市、自治区 500 多个站、点，公司每天均有车辆往返京津冀、江浙沪、广东福建、珠海深圳等地。公司以服务五粮液集团生产为立足点，以抓住西部大开发带来的新机遇为发展重点，形成了汽车货物运输、汽车修理、长江航运、港口码头作业、汽车销售、商品混凝土、机械制造等综合物流体系。

宜宾安吉物流集团有限公司现有员工 1300 人，固定资产 2.8 亿元。公司拥有各型运输车辆，起重、装载及工程作业等机械 1000 余台，各型标准车用集装箱 350 个，货物仓储面积 5 万平方米。2005 年公司实现产值 5.6 亿元，2006 年公司预计实现产值 9.2 亿元。

宜宾安吉物流集团有限公司下设 14 个子/分公司：根据不同的业务范围分别设有 6 个汽车货物运输公司；另设有安吉物流仓储部；安吉物流神舟运业有限公司；安吉机械制造工程公司；安吉物流港务公司；安吉物流航运公司；安吉物流商贸公司；安吉畅安驾驶学校等。从而呈现了一业为主、多元经营的良好格局。

除设立不同类型的分公司外，为了给客户提供一站式、整体优化的物流服务，公司正加速规划物流园区的建设。目前，以安阜码头改造为主体的五粮液安吉物流中心园区的建设正处于紧张施工中，一期工程预计今年 8 月份完工后正式投入运营，海关和商检将同时入驻物流中心园区，公司已申报并取得了宜宾市首家国际货物运输代理资质，并且在上海投资控股设立了上海安吉通国际物流有限公司，同时公司在成都投资建立的综合型物流园区已进入规划设计阶段，公司的道路交通运输、集装箱码头装卸作业、长江航运、仓储、报关、报检、国际货代将产生协同效应，让客户充分体验高效、贴心的服务。（资料来源：《现代物流报》柴凤伟）

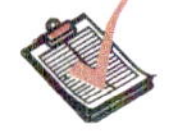

专家点评

物流业的成长过程中一个急需解决的矛盾就是资本积累的慢周期与利润增长的高资本要求。在物流业中，几个重要的资本要素就

是仓库、运输车辆等，而从这两个要素看，都是资本投入较高的要素，而物流业属微利行业，这就会产生一个后天如何补养的问题。是融资还是资本联合要具体情况而视之，但在运营操作上一个解决办法就是海葵式生长，即借助客户的成长，从而满足自身的成长。安吉物流以服务五粮液集团生产为立足点，以抓住西部大开发带来的新机遇为发展重点，形成了汽车货物运输、汽车修理等综合物流体系，呈现了一业为主、多元经营的良好格局，成功地实现了由传统物流向第三方物流的转型。

第三节　第四方物流概述

第四方物流（Forth Party Logistics，4PL）是1998年美国埃森哲咨询公司率先提出的。埃森哲咨询公司对“第四方物流”是这样定义的：“第四方物流（4PL）供应商是一个供应链的集成商，它对公司内部和具有互补性的服务供应商所拥有的不同资源、能力和技术进行整合和管理，提供一整套供应链解决方案”。第四方物流的主要作用是：对制造企业或分销企业的供应链进行监控，在客户和它的物流和信息供应商之间充当惟一“联系人”。

一、第四方物流产生背景与条件

第四方物流供应商是一个供应链的集成商

1. 第四方物流产生背景

在当今的供应链环境中，随着市场竞争的加剧，企业对降低物流成本的追求导致了物流提供商有必要从更高的角度来看待物流服务，把提供物流服务从具体的运输管理协调和供应链管理上升到对整个物流供应链的整合优化和供应链方案的再造设计。现代技术的不断更新和电子商务影响力的迅速扩展使顾客期望越来越高，供应链上各节点企业对内要求整合资源和向外要求扩展的需求不断扩大。顾客未满足的期望推动企业重新评估他们的供应链战略。这些因素相互作用，共同推动了第四方物流的产生。

面对如今竞争日益激烈的市场，企业以前采用的诸如增加库存、利用第三方服务商等的传统手段已经不能满足客户的需要了。企业迫切需要包括电子采购、订单处理能力、供应链充分的可见性、虚拟库存管理以及必不可少的集成技术在内的一些新兴技术，以提高目前的服务水平。为此需要的大量投资使得对供应商的选择是慎之又慎。由于第三方服务供应商缺乏满必需的综合技能、集成技术、战略和全球扩展能力。这也直接导致了第四方物流从传统的供应链管理中脱颖而出。

2. 第四方物流企业应具备的前提条件

第四方物流的前景非常诱人，但是要成为第四方物流的门槛也非常的高。美国和欧洲的经验表明，要想进入“第四方物流”领域，企业必须在某一个或几个方面已经具备很强的核心能力，并且有能力通过战略合作伙伴关系很容易地进入其他领域。专家列出了一些有可能成为第四方物流企业的前提条件：

1）有世界水平的供应链策略制定，业务流程再造，技术集成和人力资源管理能力。

2）在集成供应链技术和外包能力方面处于领先地位的企业。

3）在业务流程管理和外包的实施方面有一大批富有经验的供应链管理专业人员。

4）能够同时管理多个不同的供应商；具有良好的关系管理和组织能力。

5）有对全球化的地域覆盖能力和支持能力。

6）有对组织变革问题的深刻理解和管理能力。

二、第四方物流的特点与作用

1. 提供了一个综合性供应链解决方案，以有效地适应需方多样化和复杂的需求，集中所有的资源为客户完善地解决问题

它不仅集成了管理咨询和第三方物流服务商的能力，更重要的是一个前所未有的使客户价值最大化的统一的技术方案的设计、实施和运作，只有通过咨询公司、技术公司和物流公司的齐心协力才能够实现。这个综合供应链的解决方案包括：

（1）供应链再造　供应链（supply chain），是指生产及流通过

程中，为了将产品或服务交付给最终用户，由上游与下游企业共同建立的网链状组织。供应链的参与者将供应链规划与实施进行，或利用独立的供应链参与者之间的合作提高规模和总量。供应链再造改变了供应链管理的传统模式，将商贸战略与供应链战略连成一线，创造性地重新设计了参与者之间的供应链，使之达到一体化标准。

（2）功能转化　主要是销售和操作规划、配送管理、物资采购、客户响应以及供应链技术等，通过战略调整、流程再造、整体性改变管理和技术，使客户间的供应链运作一体化。

（3）业务流程再造　将客户与供应商信息和技术系统一体化，把人的因素和业务规范有机结合起来，使整个供应链规划和业务流程能够有效地贯彻实施。

（4）实施第四方物流，开展多功能、多流程的供应链管理　其范围远远超出传统外包运输管理和仓储运作的物流服务。企业可以把整条供应链全权交给第四方物流运作，第四方物流可为供应链功能或流程的全部提供完整的服务。

2. 通过影响整个供应链来获得价值，即其能够为整条供应链的客户带来利益

第四方物流充分利用了一批服务提供商的能力，包括第三方物流、信息技术供应商、合同物流供应商、呼叫中心、电信增值服务商等等，再加上客户的能力和4PL自身的能力，为客户带来的利益包括：

（1）利润增长　第四方物流的利润增长将取决于服务质量的提高、实用性的增加和物流成本的降低。由于第四方物流关注的是整条供应链，而非仓储或运输单方面的效益，因此其为客户及自身带来的综合效益会出现惊人的进展。

（2）运营成本降低　即通过整条供应链外包功能达到提高运作效率、降低采购成本的目的。流程一体化、供应链规划的改善和实施将使运营成本和产品销售成本降低。

（3）工作成本降低　采用现代信息技术、科学的管理流程和标准化管理，使存货和现金流转次数减少，工作成本大幅度降低。

（4）提高资产利用率　客户通过第四方物流减少了固定资产占用和提高了资产利用率，使得客户通过投资研究设计、产品开发、销售与市场拓展等获得经济效益的提高。

第四方物流成功地影响着大批的服务者（第三方物流、网络工程、电子商务、运输企业等）以及客户的能力供应链中的伙伴。它作为客户间的联接点，通过合作或联盟提供多样化服务，其“迅速、高质量、低成本运送服务”等优点得以实现。

三、第四方物流和第三方物流的联系与区别

第三方物流是由物流劳务的供方、需方之外的第三方去完成物流服务的物流运作模式。“第三方物流供应商”为客户提供所有的或一部分供应链物流服务，以获取一定的利润。第三方物流公司提供的服务范围很广，它可以简单到只是帮助客户安排一批货物的运输，也可以复杂到设计、实施和运作一个公司的整个分销和物流系统。4PL是以3PL为基础的，4PL是供应链的集成者，整合了整个供应链的物流资源和技术，能够使企业更有效率地快速反应供应链的整体需求，最大限度的满足顾客的需求，从而提高客户满意度，提高供应链的竞争力。4PL的思想必须依靠3PL的实际运作来实现并得到验证；3PL又迫切希望得到4PL在优化供应链流程与方案方面的指导。要发展4PL就必须大力发展第三方物流企业，为4PL的发展作铺垫，提高物流产业水平。因此，只有二者结合起来，才能更好的，全面的提供完善的物流运作和服务。3PL与4PL联合成为一体以后，将3PL与4PL的外部协调转化为内部协调，使得两个相对独立的业务环节能够更和谐、更一致的运作，物流运作效率会得到明显地改善，进而增大物流成本降低的幅度，扩大物流服务供应商的获利空间。

4PL和3PL的显著区别在于：第四方物流偏重于通过对整个供应链的优化和集成来降低企业的运行成本，而3PL则是偏重于通过对物流运作和物流资产的外部化来降低企业的投资和成本。第四方物流具有很多的优势：能给客户提供最接近要求的完美的服务；能提供一个综合性的供应链解决方案；能利用第四方的信

息资源、管理资源和资本规模为企业打造一个低成本的信息应用平台；能为企业提供低成本的信息技术。3PL 主要是为企业提供实质性的具体的物流运作服务。而主要的不足是本身的技术水平不高，能为客户提供的技术增值服务比较少。4PL 刚好相反，4PL 的专长是物流供应链技术，它具有丰富的物流管理经验和供应链管理技术、信息技术等。它的不足在于自身不能提供实质的物流运输和仓储服务。

四、第四方物流基本运作方式

1. 超能力组合协同运作模型

第四方物流和第三方物流一般会采用商业合同的方式或者战略联盟的方式合作，来共同开发市场，如第四方物流向第三方物流提供一系列的服务，包括：技术，供应链策略，进入市场的能力和项目管理的专业能力；第四方物流往往会在第三方物流公司内部工作，其思想和策略通过第三方物流这样一个具体实施者来实现，以达到为客户服务的目的。

2. 方案集成商模型

在这种模式中，第四方物流为客户提供运作和管理整个供应链的解决方案。第四方物流对本身和第三方物流的资源、能力和技术进行综合管理，借助第三方物流为客户提供全面的、集成的供应链方案。第三方物流通过第四方物流的方案为客户提供服务，第四方物流作为一个枢纽，可以集成多个服务供应商的能力和客户的能力。

3. 行业创新者模型

第四方物流为多个行业的客户开发和提供供应链解决方案，以整合整个供应链的职能为重点，第四方物流将第三方物流加以集成，向上下游的客户提供解决方案。在这里，第四方物流的责任非常重要，因为它是上游第三方物流的集群和下游客户集群的纽带。行业解决方案会给整个行业带来最大的利益。第四方物流会通过卓越的运作策略、技术和供应链运作实施来提高整个行业的效率。

第四方物流无论采取哪一种模式，都突破了单纯发展第三方物流的局限性，能做到真正的低成本、高效率、时时运作，实现最大范围的资源整合。因为第三方物流缺乏跨越整个供应链运作以及真正整合供应链流程所需的战略专业技术。第四方物流可以不受约束地将每一个领域的最佳物流提供商组合起来，为客户提供最佳物流服务，进而形成最优物流方案或供应链管理方案。

案例链接

从 3PL 到 4PL

在前几年家电企业血雨腥风的价格战中，众多家电企业都充当过“价格杀手”的角色，美的也不例外。最后成功杀出一条血路的原因，除了它专业的品质控制和高人一筹的市场运作之外，较早引入第三方物流、强化供应链管理是其致胜法宝。充当这一关键角色的，就是安得物流。

1997 年以前，美的在内部设立储运科，负责美的货物在全国的统一调拨、运输和存放。那时的储运科管理着 40 多号人马，所有运输车辆都自己购置，养着 30 多个驾驶员。

除运输外，更突出的物流问题还是在仓储环节。分布在全国各地的仓库，要么交给经销商管理，要么由美的与经销商共同管理，货物管理混乱，库存量与销售需要量衔接差，物流成本也难以控制。

为从流程上理顺物流管理，1997 年美的改制，减少储运科的人员，把运输车辆转卖给储运科的驾驶员。

美的真正将物流进行社会化、市场化运作，是从 1997 年下半年空调事业部向运输供应商招标开始的。当时，空调事业部计划科的储运小组专门负责空调事业部的储运业务，但储运小组与以前集团的储运科不同，自己并没有储运资源，只是负责储运的计划和监督计划的执行，实际的执行由物流供应商来完成。

而在 1998 年，中国家电行业的竞争非常激烈，价格战如火如荼，家电企业对成本的控制越来越严格，在生产环节对采购的成本控制已经达到比较高的水平，要提高竞争力，只有在物流上打主意。

投身价格战的美的，当时也不例外，其在生产、销售等方面的成本控制已经接近极限，惟有选择物流作为新的突破口。1999 年，

在美的为了降低物流成本头疼不已的时候，国际知名管理咨询机构美国普华永道为它开出了药方。

美的各事业部以前在物流方面一直是各自为政，不能实现资源共享，造成很大浪费，针对这个问题，普华永道为美的物流制定了“三化”改进方向：标准化、专业化、信息化。顺沿此方向，物流改进可在两个层面进行，即在事业部层面供应链的全面整合改进，或是在集团层面的物流整合。

普华永道认为，从美的集团当时的情况分析，集团层面的物流整合应是当务之急，并提出了近期、中期、远期的改进目标和策略。2000 年，美的管理层最终统一了意见：决定自己建立一个商业化运作的物流公司。从此，安得物流应运而生。

安得物流紧接着开始了全国布点的工作。

安得副总经理卢立新说：“不同的物流服务对网络的要求是不同的。刚开始的时候，我们大部分做的是总干线运输的服务，对网络的要求不是很高。但后来，我们发展仓储配送及一体化业务之后，对网络的要求就提高了。”

2000 年下半年到 2001 年上半年，安得提出网络概念，通过地网和天网，也就是信息系统和地面布点，为有全国需求的大中型制造企业服务。

母公司美的集团出手相助是安得建网的关键助力。美的集团将自己原来控制的仓库直接交给安得管理，使安得轻而易举就获得其竞争对手梦寐以求的分布于全国的实体网络。

目前安得自有仓库面积近 30 万 m^2，管理的仓库面积达到 60 万 m^2，100 多个仓库分布于全国 68 个大中城市。安得总经理蒋波认为，就仓库规模而言，只有海尔物流和中国储运、商业储运可与安得媲美，但前者属于内部物流，后两者的仓库则分属各地的子公司。

当时国内具有这样实力的企业并不多，全国布点走得较早的宝供当时在全国有二三十个网点，海尔也在全国搭建了 40 多个网点。2000 年底 2001 年初，安得物流在全国形成了 40 多个网点。卢立新认为，安得可以为客户提供全国一体化的服务了。

安得成立时，美的集团给它定下了两大目标，一是提高美的自身的物流效率，降低美的的物流成本；二是安得在我国快速发展的现代第三方物流行业中成为领先者，为股东带来合理的投资回报。这是非常明确的“不可能的任务”。

除了投资方和安得自己，没多少人看好它。

一个外部股东的加入，就成了安得取信于市场的第一步。这是与美的长期合作的一家芜湖私营贸易公司，持有安得30%的股份，余下70%的股权归美的。

安得就此开始踩上市场的平衡木，小心翼翼地向美的以外的客户推销自己。

但开局的气氛很不让人鼓舞。蒋波说，这几年对物流的大力推介，让企业决策层终于“开窍”了：“物流”是可以“降低运输仓储价格”的，至于“物流是第三利润源”，直截了当的理解就是“降低第三方物流企业的利润”。泡在转眼间突然冒出来的几万家“物流”公司堆里，安得和重漆一块招牌的运输仓储企业看起来并无特别之处。

安得的强项是做家电物流，但脱胎于美的集团的“身世”在开拓市场时却成了一种“原罪”，很多家电企业本身就是美的的竞争对手，如果选择安得为其提供物流服务，不就等于把自己的库房大门向美的敞开了么？

这也是从第一方物流向第三方物流转型过程中最难突破的一个瓶颈。安得建立信用的一大努力，就是推出“保证金制度”。安得在提供物流时，向货主企业交纳一定数额的保证金，如果安得违约泄密，就扣保证金，甚至停止合作。

但这个问题也并非特别可怕，因为美的如果要了解销售量方面的情况，渠道非常多。另一个考虑是，与泄露商业秘密相比，服务质量的稳定可靠更重要，如果物流服务出了差错，很可能是致命的。安得在为该公司建全国第一个区域配送中心时，始终按照一个标准执行，未曾偷工减料，也让客户感到很满意。

为了保护客户的利益，安得还与广州一家家电销售企业签订了排他性协议，在广州只为这家企业提供BtoB和BtoC配送服务，不能为这家企业的竞争对手提供同类的服务。

没有过不去的火焰山。客户的信任建立起来后，安得的努力很快获得了回报，营业收入从第一年的1个亿增长到了三年后的近3亿元。来自美的的收入占安得营业收入的比重已由2000年的90%下降到了现在的50%，安得争取今年将这个比例降到30%。

现在安得的主要客户除了美的以外，还有TCL、伊莱克斯空调、熊猫、康佳等，非家电行业的有伊利牛奶。家电物流仍是安得的主要业务，占了60%多。现在美的还是安得最大的客户，2003年占安得业务的42%。

接下来的关键一步是安得供应链技术有限公司的成立。

2002~2003年间，市场上物流公司遍地开花，许多货主企业在物流外包问题上徘徊不定。卢立新的说法是“当时整个市场都比较迷茫”。

原本安得提出从运作促集成，也就是通过物流业务的运作，慢慢把各户的业务揽过来，再由安得对之优化集成。但正是在这种市场迷茫状态下，安得发现，这种模式在国内客户这种试探、徘徊的心理下不容易成功。于是当时安得就想成立这样一个技术公司，从物流规划着手，再配上良好的运作，达到为客户提高服务和降低成本的目的。

注册资金仅为160万元的“安得供应链技术有限公司”自一亮相，就在华南物流界引起强烈反响。其业务定在“为客户提供高端服务”的“第四方物流（4PL）”，这在国内物流业尚属首次。

“我们进入这一全新行业并不是想要分钱”。威尚集团（编者注：威尚集团全称为威尚科技产业发展集团，为美的集团旗下企业集团，而安得物流公司则归属其旗下。）的老总赵勇强调，“我们要进入的是一个产业链，通过安得物流三年以来的运行经验，我们对物流产业的前景有一定把握，新公司的目的是把散落在各地的存储资源用现代化的技术整合起来”。

新成立的供应链技术公司从形式上是安得物流的一个子公司，在经营上却相对独立。新公司主要为不具备全方位服务的第三方物流公司提供技术平台，核心业务覆盖物流审计、物流规划、物流顾问、系统实施及物流培训等方面。

安得物流公司副总经理卢立新出任安得供应链技术公司总经理，他这么描述这家新公司。“我们将这家公司定位为4PL，但他与一般意义上提出的4PL有一些区别，供应链技术公司与安得物流分开独立经营，供应链技术更倾向于咨询公司，就是为企业开药方的。至于具体业务最后由哪一家第三方物流公司做，由客户决定。如果选择了安得物流，我们就把之前做咨询的钱免了，只收物流业务的费用”。

对于这样的一个新兴公司，会有多大的市场卢立新自己也说不清楚。只是他感觉，“市场已经到了建立高端团队的时候了”。国内企业对这种第四方物流公司迅速做出了反应，有物流经理认为，现在很多国内企业都需要一个解决方案，相对于几千万的项目费，付给这种技术公司的10多万只是九牛一毛。

专家点评

第四方物流供应商是一个供应链的集成商，它对公司内部和具有互补性的服务供应商所拥有的不同资源、能力和技术进行整合和管理，提供一整套供应链解决方案。它充分利用了一批服务提供商的能力，包括第三方物流、信息技术供应商、合同物流供应商、呼叫中心、电信增值服务商等，再加上客户的能力和4PL自身的能力，为客户带来更多的利益。安得物流通过采取走市场化道路、严守商业机密等措施，实现了其成立之初的两个目标。当第三方物流市场趋于“迷茫状态”时，又不失时机地推出第四方物流，且前景看好，为我国本地物流走向第四方物流提供了一条可行的发展之路。

复习思考题

1. 什么是第三方物流？它有什么意义？
2. 第三方物流的类型有哪些？
3. 第三方物流有哪些特点？
4. 第三方物流运作模式有哪些？

5. 简述第三方物流的实施步骤。
6. 什么第四方物流？它有哪些特点与作用？
7. 简述第四方物流和第三方物流的联系与区别。

第八章

物流系统规划

培训学习目标 重点掌握物流系统规划基本内容、原则、基本过程，区域物流系统特点，掌握区域物流系统规划的程序；了解物流系统规划的层次与约束因素。

第一节 物流系统规划概述

物流系统规划是通过提高流程价值和顾客服务而实现竞争优势的统一、综合和集成的计划过程，通过对物流服务的未来需求进行预测和对整个供应链的资源进行管理，从而提高顾客的满意度。

物流系统规划是目前物流管理中的制高点

一、物流系统规划的目标

物流系统规划要解决在物流过程中做什么、何时做和如何做的问题，是一个围绕企业物流系统进行详细设计的过程。一般围绕降低物流成本、减少资本和改进服务三个目标而展开。降低成本是指在保持一定的客户服务水平的条件下，尽量将物流系统总成本控制到最低。减少资本是指物流管理的目标是使物流系统的总投资最小化，其根本出发点是投资报酬最大化。例如，为避免进行仓储而直接将产品送达客户；放弃自有仓库，选择公共仓库；选择适时供给而不采用储备库存的办法；或者利用第三方物流等。尽管改进客户服务水平将增加成本，但收入的增加可能会超过成本的增加。实践

中，需要根据企业的不同特点、市场定位和经营战略的要求，灵活采用不同的物流管理方法。

物流系统规划是指导物流系统布局和具体设计的基本方针

二、物流系统规划的领域

物流系统规划领域应主要解决四个方面的问题：客户服务目标、设施选址战略、库存决策战略和运输战略，如图 8-1 所示。

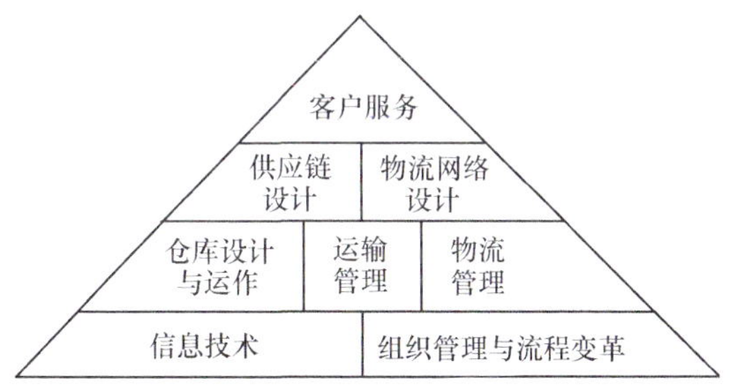

图 8-1　物流系统规划领域

这些领域是相互联系的，应该作为一个整体进行规划，每一领域都会对系统设计有重要影响。

物流系统规划是一个十分复杂的系统工程

三、物流系统规划的基本内容

1. 设定客户服务质量水平和服务成本分析

企业的客户服务质量水平比任何其他因素对物流效益的影响都大，因而确定客户服务质量水平是物流系统规划的首要任务。物流服务水平较低，可以在较少的存储地点集中存货，利用较廉价的运输方式，采用较高的订单服务提前期。物流服务水平高则恰恰相反。但当物流服务水平接近上限时，物流系统成本的上升比物流服务水平上升更快。图 8-2 表明了这两者间的“悖反”关系。

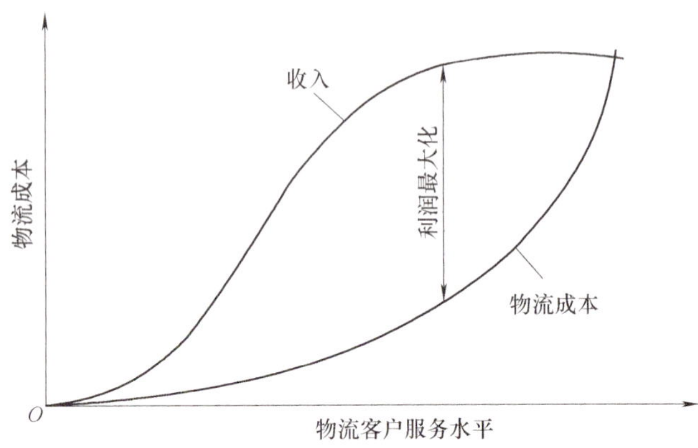

图 8-2 物流客户服务水平与物流成本的“悖反”关系

2. 规划物流运作网络

物流运作网络是指产品存储点及供货点的地理分布，它构成了物流系统规划的基本框架，主要包括确定仓储设施的数量、地理位置、规模，并分配各设施所服务的市场（服务对象）区域范围。

3. 库存和运输管理规划

库存和运输管理一般由企业的客户服务目标和客户服务水平决定。将库存分配（推动）到存储点与通过补货自动拉动库存，代表两种不同的管理模式。其他方面的管理规划内容还包括：产品系列中的不同品种分别选在工厂、区域性仓库和基层仓库存放，以及运用各种方法来管理永久性存货的库存水平。运输规划包括运输方式、运输批量和运输时间以及运输路线的选择。这些规划受仓库与客户以及仓库与工厂之间距离的影响，反过来又会影响仓库的定位和选址决策。

4. 再造重组物流管理组织架构

这主要包括企业物流组织体系的构建、业务职能和业务流程的分工、设计。企业物流组织和业务流程的规划应从企业供应链、价值链的角度进行系统、综合的考虑，关键是保障企业物流作业的顺畅、高效率，并保障企业总体物流成本最低，而非单个部门成本或

单项物流活动成本最低。

再造物流组织架构，规划成立企业专门的物流部门，集中负责企业采购、生产、销售等活动，在物流管理部门内建立物流信息中心和物流成本核算考评中心，进行企业物流整合管理工作。

5. 重新梳理和优化企业物流管理流程

总体原则是：以销定产，通过客户订单流带动企业内部商流、物流、资金流、信息流，整合企业内部和外部供应链流程，推倒公司“内墙”和“外墙”。

公司“内墙”存在于企业内部各职能部门之间，它往往使得企业任何管理变革、管理创新的行动化为乌有，并导致大量的非增值作业，因为每个部门都不得不把重要的资源用在与其他部门的协调和工作接口上。由企业“内墙”而造成的非增值作业也有很多，且这些非增值作业会造成大量的时间延误、工作失误，并会使经营成本增加，另外还使企业对客户的需求置若罔闻。这些问题犹如痼疾一样伴随企业，严重影响其生产运营的顺利进行。

要消除企业的“内墙”，必须进行企业内业务流程再造，这是企业管理变革的关键。其重点是各业务计划和作业环节的服务管理、绩效管理和信息系统的优化建设，以及监控机制的建立等。目标是要建立起内部高效的、按市场价值链驱动的流程服务机制，将每个相关部门的作业直接与满足客户需求联系起来，并自我管理。

“外墙”则存在于企业与企业之间，如企业与各供应商、分销商及物流服务提供商等合作伙伴之间。随着企业“纵向一体化”管理向“横向一体化”管理的过渡，任何企业在市场中都不再可能“孤军奋战”，未来市场竞争不再是企业与企业之间的竞争，而只能是“供应链”与“供应链”之间的较量，因而加强合作伙伴关系的管理，对于新经济时代的企业显得更加重要和迫切。

6. 再造物流管理模式，采用第三方物流管理，实行商物分离

实现商物分离，就是将物流从销售商流中剥离出来，改变原来企业管理只重商而不重物的状况，销售部门将专门负责与商品交易有关的业务活动，如市场预测与计划、客户订单管理、合同管理、市场促销与策划、售后服务等。而将仓储存货管理、产品配送与转

移等具体的物流作业和管理业务交给第三方物流公司，企业则集中精力搞好主业（产品的研发、制造和产品的销售等），以达到对企业物流全过程的管理。

7. 物流信息系统的规划、设计

随着企业业务量的日益增大，企业必须将物流信息化纳入物流管理规划范畴，从某种程度上来说，当前所谓的MRPII系统、ERP系统、DRP系统、SCM系统的规划等最初都是围绕企业的物流活动做文章，目的是使得企业的物流、商流、资金流和信息流能协调统一，提高各“流”的流动效率和质量。

物流规划是有层次的

四、物流系统规划的层次

1. 从物流系统的作用地位看

按物流系统的作用地位，物流系统规划可分为战略、结构或策略、职能和作业四个层次，如图8-3所示。

各层面之间在计划的时间跨度上有明显区别，物流战略规划是长期的，时间跨度通常超过一年。物流结构或策略规划是中期的，一般短于一年。物流职能规划周期从属于结构规划，物流作业计划是短期决策，是每天都要频繁进行的决策，决策的重点在于如何利用战略性规划的物流渠道快速、有效地运送产品。

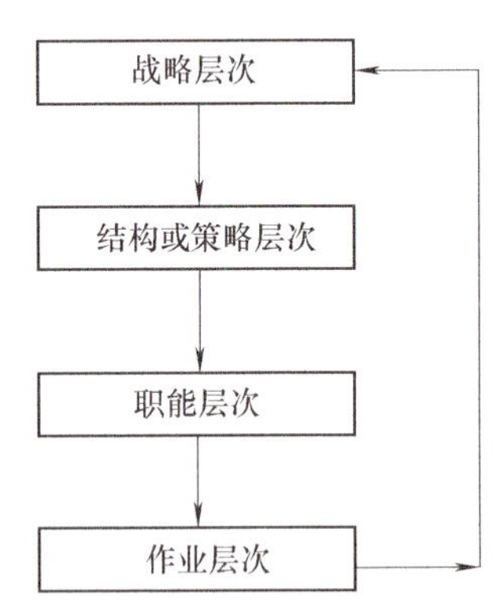

图8-3　规划层次

由于时间跨度长，物流战略规划所使用的数据常常是不完整、不准确的，数据也可能经过人工处理，一般只要在合理范围内接近最优，就认为规划达到要求了。而在另一个极端，物流作业计划则要使用非常准确的数据，计划的方法应该既能处理大量数据，又能做出合理的计划，见表8-1。

表 8-1　物流系统规划的决策内容

决策类型	战略层次		
	结构层次	职能层次	作业层次
选址	设施的数量、规模和位置	库存定位	线路选择、发货、派车
运输	运输选择方式	服务的内容	确定补货数量和时间表
订单处理	选择和设计订单系统	确定处理客户订单先后顺序	发出订单
客户服务	设定标准	服务程序	沟通、反馈
仓储	布局、地点选择	存储空间选择	订单履行
采购	制定采购政策	洽谈合同，选择供应商	发出订单

2. 从物流规划所涉及的行政级别和地理范围看

从规划所涉及的行政级别和地理范围看，又可分为国家级物流系统规划、区域物流系统规划、行业物流系统规划、企业物流系统规划等。

（1）国家级的物流系统规划　着重于以物流基础设施和物流基础网络为内容的物流基础平台规划。物流基础平台的规划包括铁路、公路已经宣布的几纵几横的线路规划，不同线路的合理布局，综合物流结点——物流基地的规划，以及相应的综合信息网络的规划。

（2）区域级的物流系统规划　着重于地区物流基地、物流中心、配送中心三个层次的物流结点以及综合物流园区的规模和布局的规划。物流基地、物流中心、配送中心三个层次的物流结点是省、市物流外结内连的不同规模、不同功能的物流设施，也是较大规模的投资项目。这三个层次物流结点的规划是省、市物流运行合理化的重要基础。

（3）经济运行部门的物流系统规划　在物流基础平台之上，将有大量的企业和经济事业单位进行运作，如供应、分销、配送、供应链、连锁经营等等，要使这些运作做到合理化和协调发展，需要有规划的指导，例如重要企业、重要产品的供应链规划、以现代物流及配送支持的分销及连锁规划等。

(4) 企业的物流系统规划 生产企业，尤其是大型生产企业，从“营销支持”和“流程再造”角度进行物流系统的建设规划，会有效地提高企业的素质，增强企业的运营能力。

物流系统规划过程中的首要问题就是搞清对规划形成的限制因素

五、物流系统规划的约束因素

在进行实际物流系统规划时，往往要受到诸多约束因素的影响。

1. 物流基础设施条件

物流基础设施条件是物流系统发展的基本条件，进行物流系统规划必须在现有物流基础设施条件的基础上进行，才能使物流系统规划更为科学、合理、符合实际，避免重复建设，浪费资源。物流基础设施条件主要包括综合运输网基础设施条件、场站基础设施条件、配送中心条件、仓储设施条件等。

2. 物流服务需求

物流服务需求是指物品由于流通或空间移动而产生的对物流服务的需求，是从一次流通起点到本次流通终点的单向移动，通常指物流生成的吨位量。物流服务需求的水平极大地影响着物流系统网络的规模，而且需求的地理分布也决定着物流系统网络的结构、层次。通常，企业所拥有的市场份额或市场占有率是不平衡的，某一个区域市场的销售可能比其他区域市场增长或下降得更快。虽然从整个市场的需求水平来看，可能只需要在当前设施的基础上进行略微扩建或压缩，然而，需求的较大波动则可能要求在需求增长较快的地区建造新的仓库或工厂，而在市场增长缓慢或萎缩的地区，则可能反而要关闭相关设施。如果企业的销售或市场份额异常变化，往往就足以说明需要考虑对物流系统网络进行重新规划。

3. 物品特征

在物流服务中，物流成本受流动对象——物品特征的影响很大，如产品的质量、数量、体积、价值和市场风险等。不同的物品往往对物流服务的要求有所不同。即使类似物品特征也可以因包装设计或产品储运过程中的完工状态而发生改变。例如，将货物拆散运输

可以极大地影响产品的重量体积比和与之相关的运输和仓储费率。由于产品特征的改变可以极大地改变物流要素组合中某项成本，而对其他成本项目影响很小，所以，物流系统内部可能形成新的成本平衡点。因此，当物品特征发生较大的变化时，重新规划物流系统就可能是有益的。

4. 客户服务水平与物流成本

物流客户服务的内容很广，包括库存可得率、送货速度、订单履行的速度和准确性等。随着客户服务水平的提高，与这些因素相关的成本往往以更快的速率增长。即高的物流客户服务水平意味着较高的物流成本。如何设定合理的客户服务水平，使客户在能接受的物流成本下得到较高水平的物流客户服务是每个物流服务提供商十分关心的问题。通常情况下，客户服务水平较低，可以在较少的存储地点集中存货，利用较廉价的运输方式，订单服务提前期比较长。客户服务水平高则恰恰相反。

5. 物流服务环境

物流服务环境包括物流服务社会环境和物流服务自然环境。这些环境因素包括：消费者人口分布、居民收入及消费水平、政府或行业主管部门的政策倾向（如税收政策等）、物流相关法规建设的完善程度、国民经济远景发展规划、物流人才的储备与培养、物流产业发展的体制环境、行业竞争状况、物流活动对自然环境的影响等。这些环境因素都是物流系统规划中比较重要的因素，无论哪个因素没有考虑周全，或是考虑不足都可能会给物流系统规划最终的实施带来较大的阻力。

六、物流系统规划原则

1. 客户服务驱动原则

客户服务驱动原则要求企业在进行物流系统规划设计时应以客户为中心，站在客户的立场看问题，而不是以企业自我为中心，以产品为中心。要考虑给客户提供时间、地点和交易上的方便，尽可能增大产品或服务的附加价值，从而提高客户的满意度。

2. 物流系统最优原则

各种物流活动常常表现出相互冲突的特征（称为“成本悖反”或“效益悖反”、“二律背反”）。企业在进行物流管理规划时，应追求系统最优，而不是某单项成本最低。不能只考虑到某个部门、某项物流活动的收益，而应该追求物流系统的整体效益。

3. 多样化分拨战略（混合战略）原则

按照帕累托20/80定律，不应对所有产品、不同类型的客户提供同样水平的服务，这是物流管理规划的另一基本准则。它要求企业针对自身产品的不同特征、不同营销组合策略等因素，制定不同的客户服务标准，即在同一产品系列中采用多种分级战略。例如，根据销量的高低将产品分为高、中、低三组，分别确定不同的库存水平；区分那些经仓库运送的产品和从工厂、供应商或其他货源直接送达到客户手中的产品，根据运输费率的结构，按运输批量进行服务分类：订购大量产品的客户可以直接供货，其他的则由仓库直接供货；对于那些由仓库供货的产品，按存储地点进行进一步分组：销售快的产品放在位于物流渠道最前沿的基层仓库中，销售中等的产品存放在数量较少的地区性仓库中，销售慢的产品则放在工厂等中心存储点等，从而使每个存储点都包含不同的产品组合。

4. 延迟原则

延迟原则可以概括为：分级过程中的运输时间和最终产品的加工时间应推迟到收到客户订单之后这一思想避免了企业根据预测在需求没有实际产生的时候生产、运输产品（时间推迟：Time Postponement）以及根据预测生产不同形式的产品（形式推迟：Form Postponement）。“延迟”是当今企业大规模定制生产物流的主要原则之一，它可以极大地提高企业资源的使用柔性，降低生产风险和物流成本，从而全面提高企业的物流效益。

5. 合并原则

与分级或混合原则相反，合并原则强调物流作业中的规模经济效益。主张将小批量运输合并为大批量运输；将早到达的客户订单与稍后到达的客户订单合在一起进行集中处理，如沿线配送等，这样可以降低单位物品的配送运输成本。

6. 标准化原则

物流活动中的多样化也有代价。产品品种的增加会提高库存，特别是原材料库存。有人统计，即使总需求不变，在原有产品系列中增加一个与现有某品种类似的新品种也会使综合产品的总库存水平增加40%，甚至更多。物流管理规划的核心问题就是如何为客户提供多样化的产品以满足客户需求的同时，又不使物流成本显著增加。标准化和延迟概念的综合运用通常可以有效解决这一问题。

七、物流系统规划的基本过程

物流系统中的每一个环节都要进行规划，且要与整体物流系统规划过程中的其他组成部分相互平衡，如图8-4所示。有效的物流客户服务战略需要科学的分析方法。一旦物流服务战略形成，接下来的任务就是实施，包括在各备选方案中做出选择。选择的过程应符合物流理念，并通过分析方法进行检验。

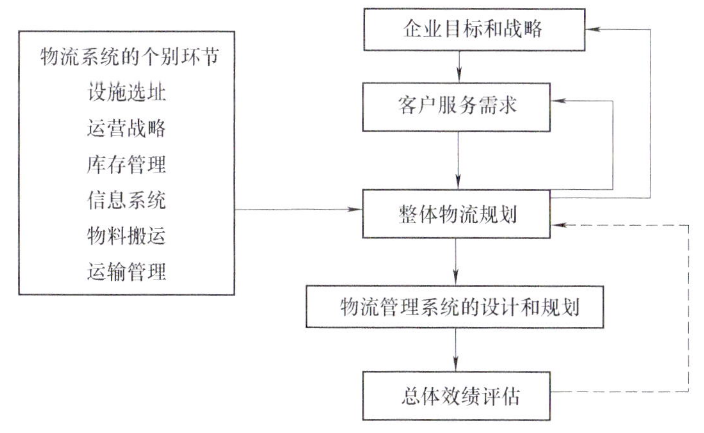

图8-4　物流系统规划的流程

第二节　区域物流系统规划

区域物流系统规划是指在一个特定的区域范围内，结合国民经济、社会发展长远计划和区域的自然条件、交通运输条件，对区域物流基础设施建设规模、速度和物流企业发展方向、功能定位等方面进行的发展规划，并对物流基础设施进行合理空间布局，使一定地区内物流软、硬件设施能满足社会经济发展及人民生活需要，并且有效降低物流在仓储、运输、装卸搬运、包装、流通加工及信息服务等各个环节的经济成本和社会成本，缓解不合理物流所带来的区域环境污染、交通恶化等问题。如何合理进行区域物流系统发展规划，使区域物流系统最佳化，已成为目前亟待解决的问题。

一、区域物流系统的目标

区域物流系统作为社会经济系统的一个部分，其目标是获得宏观和微观两个效益。其中，宏观经济效益是指一个物流系统的建立对区域内社会经济效益的影响，其直接表现形式是如何将物流系统作为一个子系统来看待；微观经济效益是指该系统本身在运行后所获得的企业效益，其直接表现形式是这一物流系统通过组织“物”的流动，实现本身所耗与所得之比。具体来讲，区域物流系统与一般物流系统一样，应实现以下五个目标：

1. 服务目标（service）

即无缺货，无损伤和丢失现象，且费用便宜。区域物流系统直接联结着生产与再生产、生产与消费，是“桥梁、纽带”作用的流通系统的一部分，要求要有很强的服务性。

2. 快速、及时目标（speed）

即按用户指定的时间和地点迅速送达。快速、及时性不但是服务性的延伸，也是流通对物流提出的要求。它既是一个传统目标，更是一个现代目标。

3. 节约目标（saving）

即发展立体物流机械、设施和采用高效的物流设备，以充分利用空间和时间，提高物流效益。由于流通过程消耗大而又基本上不增加或提高商品使用价值，所以依靠节约来降低投入，是提高相对产出的重要手段。

4. 规模优化目标（scale optimization）

即物流网点的优化布局，合理的物流设施规模、自动化和机械

化程度。

5. 合理库存目标（stock control）

即合理的库存策略，合理控制库存量。它是服务性的延伸，也是宏观调控的要求。

二、区域物流系统特点

区域物流系统具有一般物流系统所共有的特点，如整体性、相关性、目的性、环境适应性，同时还具有规模庞大、结构复杂、目标众多等大系统所具有的特点。

1. 复杂性

区域物流系统规划是一项内容复杂的综合性工作，涉及地区经济发展水平、人民生活状况、交通基础设施建设、物流人才的储备与培养状态及信息网络建设等各个方面，要从近期和远期、区内和区外对区域物流的辐射范围、功能定位等进行规划，头绪众多、情况复杂，需要综合平衡和反复论证。

2. 区域性

区域物流系统规划是一项区域性很强的工作。由于物流发展水平与经济发展水平密切相关，各个地区具有不同的背景、基础和条件，所以不同地区的物流发展规划必须从自身特征出发，视地区情况而定，必须遵从因地制宜的原则。

3. 可分性

作为一个系统，无论其规模多么庞大，都可以分解成若干个相互联系的子系统。区域物流系统也是如此。这些子系统的多少和层次的高低，是随着人们对物流的认识和研究的深入而不断扩充的。系统与子系统之间，子系统与子系统之间，存在着时间和空间上及资源利用方面的联系，也存在总的目标、总的费用以及总的运行结果等方面的相互联系。

4. 动态性

区域物流系统是一个动态的系统。一般的区域物流系统总是联结多个生产企业和用户，随着需求、供应、渠道、价格的变化，系统内的要素及系统的结构经常发生变化。这就是说，社会物资的生产状况，社会物资的需求变化，资源变化，企业间的合作关系，都随时随地影响着物流。物流受到社会生产和社会需求的广泛制约。区域物流系统是一个具有满足区域内需要、适应环境能力的动态系统。为适应经常变化的社会环境，人们必须对区域物流系统的各组成部分经常不断地修改、完善，这就要求区域物流系统具有足够的灵活性与可改变性。在有较大的社会变化的情况下，区域物流系统甚至需要重新进行系统的设计。

5. 多目标性

区域物流系统的总目标是实现宏观和微观的经济效益。但是，系统要素间有着非常强的“背反”现象，常称之为“交替损益”或“效益现象”，在处理时稍有不慎就会出现系统总体恶化的结果。通常，人们对物流数量，希望最大；对物流时间，希望最短；对服务质量，希望最好；对物流成本，希望最低。显然，要满足上述所有要求是很难办到的。例如，在储存子系统中，站在保证供应、方便生产的角度，人们则提出减少库存。又如，在运输中，选择最快的运输方式为航空运输，但运输成本高，时间效用虽好，但经济效益不一定最佳；而选择水路运输，则情况相反。所有这些相互矛盾的问题，在物流系统中广泛存在。显然，要建立物流多目标函数，并在多目标中求得物流的最佳效果并非易事。

三、区域物流系统基本模式

区域物流系统和一般物流系统一样，具有输入、转换及输出三大功能，通过输入和输出使系统与社会环境进行交换，使系统和环境相互依存，如图 8-5 所示。

图 8-5 所示为区域物流系统的一般的、基本的模式。在此物流系统中，输入、输出及转换活动往往是在不同的领域或不同的子系统中进行的。即使是在物流大系统中，系统的目的往往也不同，所以，具体的输入、输出及转换会有不同的内容，不会是全然不变的。

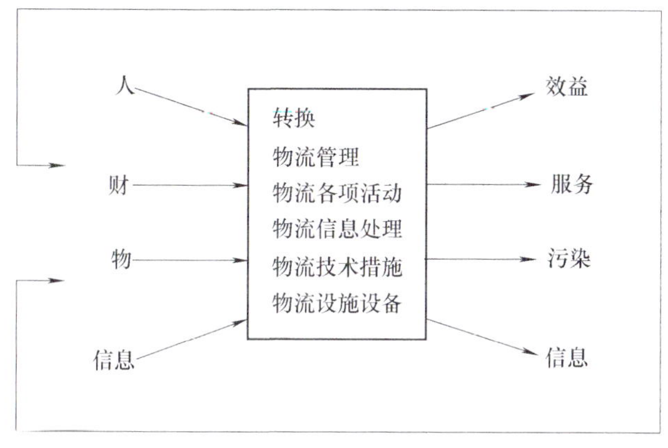

图 8-5　区域物流系统的基本模式

四、区域物流系统规划的程序

区域物流规则是一项具有高度的综合性、很强的区域性、突出的战略性和相当的政策性的规则工作。其系统规划涉及区域经济发展水平、运输结构、物流基础设施布局和运行机制等方面，其规划的一般程序如图 8-6 所示。

首先对区域经济的发展水平进行调查分析，并结合国家经济发展总体目标、区域经济发展总体目标、区域经济的辐射范围以及区域内各城市的功能定位，运用现状分析、实证分析和需求分析的方法，确定区域物流规划的目标。然后将区域物流规划目标的定性描述与区域物流需求量的定量预测相结合，运用系统优化理论和方法，在物流体系的建设中，理顺物流与区域各相关产业的关系，从政府、市场与需求、基础设施、工商企业与物流企业、物流技术与网络的角度通盘考虑物流的布局，制定出包括区域物流空间布局规划、物流基础设施平台规划、物流信息平台规划、物流政策平台规划和物流产业主体发展规划等方面的具体规划方案。最后本着理论联系实际的精神和实事求是的原则，通过向有关单位反复征求意见和进行专家论证的方法，检讨方案的合理性与现实可行性，完善总体规划，并形成最终规划方案。

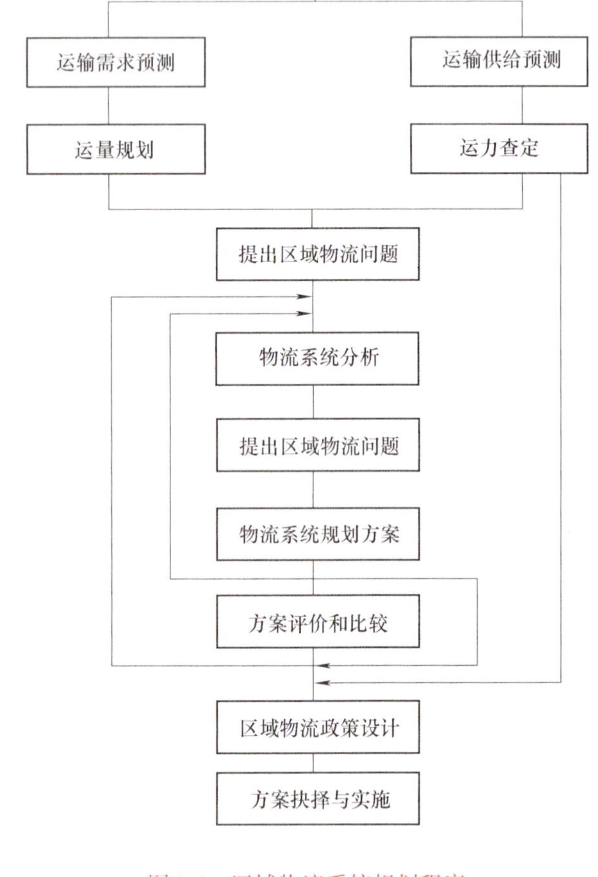

图 8-6　区域物流系统规划程序

案例链接

国外政府如何推进物流的发展

对于发展物流业，各国政府都在介入，各国有所不同差别在于介入的程度不同而已。纵观国外政府的作为，主要集中于以下几个方面：

一、将物流业发展纳入经济发展总体战略，制定物流规划，加大对物流基础设施的投入

1991 年，美国为适应全球经济一体化的需求，使美国在全球竞争中立于不败之地，需要在国内建立一种经济高效、环境良好的交通基础，国内通过了《陆路多式联运效率法》。美国为执行《陆路多式联运效率法》，在以后的 6 年中，投入 1510 亿美元，以改善公路和大宗货物运输的设施系统。美国得克萨斯州圣安东尼奥市利用即将关闭的空军基地，兴建大型物流中心，以使该市尽快成为全美自由贸易区中的贸易走廊。为此，该市制定了前 10 年免征财产税、销售税返回、对从事中转货运的企业免征财务税等一系列税收优惠政策，以吸引投资和物流企业的进驻。

1996 年，日本政府为适应现代物流的发展，通产省制定和颁发了《综合物流政策宏观大纲》，明确了日本物流产业发展目标，并从放松规划，完善基础设施，物流系统升级，建立政府部门协调促进机制，加大政府投资力度等方面制定了相应政策。1999 年，日本政府又将物流产业发展纳入了日本流通再生战略之中。日本政府为了实现城市现代化，改进城市物流系统，重新在城市郊区交通发达的区域规划建立物流园地，政府做了三件工作：一是将规划区内的土地以低价位卖给投资商；二是政府提供一定的低息长期贷款；三是加快规划区交通设施建设，使规划区内地价增值，使物流企业看到即使业务不景气，也会得到相应收益。

1980 年，德国政府对全国的物流中心进行统筹规划，在全国建设 40 个物流中心，目前已有 20 个投入使用。

荷兰政府对于建立面向全欧洲的配送中心建设的企业给予选址、规划及经营方面的指导，并给予一定比例的资金支持或贷款贴息。

二、协调物流系统的标准化建设

欧洲的做法，一是针对物流基础设施、装备制定基础性和通用性标准，如托盘标准、车辆承载标准、物品条形码标准等；二是针对安全和环境制定的强制性标准，如清洁空气法、综合环境责任法等；三是支持行业协会对各种物流作业和服务制定相关的行业标准，如物流用语标准、物流从业人员资格标准等。

三、重视物流教育与物流新技术推广

根据美国物流管理协会提供的资料，1997 年美国、欧洲以及亚洲一些国家和地区提供物流高等教育的院校有 180 多所。据调查，2000 年欧洲共有 87 所大学开设了物流高等教育，其中 54 所大学培养物流或供应链管理硕士（约占 2/3）和学士（约占 1/3），另有 33 所大学在其他专业方向中开设有物流或供应链管理的课程。

四、设立物流政府奖

韩国 1984 年成立韩国物流研究学院，1990 年经经济与策划部批准，成立韩国物流管理委员会。1995 年经建设与运输部批准，成立韩国物流协会。为了奖励对物流发展做出贡献的人才，设立总统大奖、总理大奖、建设与运输部长奖、行业纪念碑奖章、韩国经济报大奖、韩国物流协会奖。（资料来源：《经济参考报》）

专家点评

现代物流涉及面广，几乎涵盖了生产、流通、消费、军事等各个领域，只有高屋建瓴，进行高层次、全面、系统的物流规划，才能将现代物流的发展纳到有序的轨道，与其他社会活动协调发展。纵观国外发达国家物流业的成功发展历程，均离不开科学合理的物流规划。这对我国在现代物流发展初期，避免盲目跟进，避免严重的低水平重复建设，实现我国物流跨越式发展具有重大借鉴意义。

复习思考题

1. 物流系统规划基本内容有哪些？
2. 物流系统规划涉及的领域有哪些？
3. 物流系统规划的层次有哪些？
4. 物流系统规划有哪些约束因素？
5. 系统规划原则有哪些？
6. 制定物流系统规划有哪些步骤？
7. 区域物流系统有哪些特点？
8. 简述区域物流系统规划的程序。

试　题　库

知识要求试题

一、判断题（对画✓，错画×）

1. 物流管理有狭义与广义之分。狭义的物流管理是指物资的采购、运输、配送、储备等活动，是企业之间的一种物资流通活动。（　）

2. 物流管理的基本任务就是按照市场经济发展的要求，为经济建设服务。（　）

3. 物流管理职能是物流管理活动本身应具有的功能或应起的作用。（　）

4. 物流管理的协调职能主要工作内容包括：物流业务运作本身的协调；物流与商流、资金流、信息流之间的相互协调等。（　）

5. 现代物流管理的研究内容，只包括对物料的包装、运输、储存、装卸等环节的管理。（　）

6. 实现物品由供应地到接收地空间位移变化的合理化，是物流研究的次要问题。（　）

7. 一般来说，物品的空间位移变化是通过运输和配送实现的。（　）

8. 要创造物品的时间效用，必须考虑如何使物品按质、按量、

按时满足消费需要，使储存场所发挥物流中转站的作用。（ ）

9. 现代物流业的本质是第一产业，具有劳动力高度化的特征。（ ）

10. 现代企业间的竞争只是产品性能和质量的竞争。（ ）

11. 物流环境的好坏，已成为投资者评价一个地区投资环境的重要内容。（ ）

12. 根据产业结构发展演进定律，现代物流业的本质是第一产业，这就决定了物流管理必须树立服务性原则，以客户为中心，开展各项物流管理业务。（ ）

13. 物流管理可以按管理进行的顺序，大致可分为物流计划阶段的管理、评价阶段的管理和实施阶段的管理。（ ）

14. 物流的评价阶段的管理就是对正在进行的各项物流活动进行管理。（ ）

15. 物流评价是在一定时期内，人们对物流实施后的结果与原计划的物流目标进行对照、分析。（ ）

16. 在竞争日趋激烈的环境中，企业必须有效整合各部门的营运，但不必考虑上、下游企业的需要。（ ）

17. 在传统渠道中，一些大企业进行通道的垂直整合，以期掌握有更大的力量，事实证明这是成功。（ ）

18. 在供应链管理结构下，不必与其他企业共享信息，也能形成有效的供应链体系。（ ）

19. 在可预见的未来，任何物流程序均以人力来完成。（ ）

20. 物流管理组织是用来分配物流人力资源，以实现物流经营目标的正式或非正式的组织。（ ）

21. 物流管理组织是一个由物的要素组成的系统。（ ）

22. 中央一级的物流管理组织是国家直接设立和领导的物流管理组织。（ ）

23. 地方的物流管理组织负责制定物流政策，下达物流计划，指导国民经济物流任务的完成。（ ）

24. 地方物流管理组织有承担中央一级物流管理组织下达物流任务的义务，并有权向中央提出物流合理化的建议。（ ）

25. 生产企业的物流管理组织是围绕着流通活动的各种职能所设置的，通常是流通企业生产活动的组织保证。（ ）

26. 物流管理组织的主要目标就是对各项物流活动的规划和控制加以协调。（ ）

27. 非正式的物流管理组织在形式上提高了物流管理人员的地位，促进了物流活动的协调。（ ）

28. 非正式的组织结构是一种平衡的结果，一方面尽量减少管理部门的个数以促进部门间的协调，另一方面将不同物流活动分别进行管理以获得技术上的高效率。（ ）

29. 采用正式物流管理组织，在增强管理职能的同时，也会节约财务支出。（ ）

30. 扁平化组织结构是最早、最简单的一种组织结构形式。（ ）

31. 在扁平化组织结构中，下级直线主管除了接受上级直线主管的领导外，还必须接受上级各职能机构的领导和指示。（ ）

32. 扁平化组织结构能够充分发挥职能机构的专业管理作用，适应现代组织技术比较复杂和管理分工较细的特点。（ ）

33. 职能型物流管理组织结构灵活性和适应性较强，既最大限度地发挥了职能型和项目型两种组织形式的优势，又在一定的程度上避免了两者的缺陷，促进物流的合理化。（ ）

34. 物流管理组织的调整，与企业经营方式无关。（ ）

35. 管理幅度与管理层次成反比。（ ）

36. 组织设计要明确各层次不同岗位的管理职责及相应的管理权限，但管理职责要与管理权限可以不对等。（ ）

37. 物流管理的及时性原则就是按照货主规定的时间把物品运往目的地。它也是衡量运输效果的重要指标之一。（ ）

38. 途中装卸时，仓储保管作业是运输换装或中转的衔接手段。（ ）

39. 运输是将物品大批量、长距离地从生产地送达配送中心或直接送达客户手中，运距往往较长，属“干线运输”。（ ）

40. 一般说来，水路运输具有运量大、成本低的优点。（ ）

41. 合理选择运输路线是实现合理化运输的一个重要途径。 ( )

42. 仓库作业人员在存取搬运货品时，讲究的是省力。因此，货位上的货品要以省力为首要目标。 ( )

43. 清楚的通道、干净的地板、适当且有次序的储存及安全的运行，也是良好仓储管理所关心的问题。 ( )

44. 为了防止货物因保管时间过长而导致变质、破损、老化、机能退化、腐败等，应遵循先入库货物先出库的原则，加快库存的周转。 ( )

45. 做好商品保养工作，也是提高社会经济效益、增加社会财富的重要手段。 ( )

46. 在库存管理中既要保持合理的库存数量，防止缺货和库存不足，又要避免库存过量，发生不必要的库存费用。 ( )

47. 当库存量过大时，易造成订货间隔期缩短，订货次数增加。 ( )

48. 在实施 ABC 分类法管理库存时，应重点做好 C 类物品的管理。 ( )

49. 零库存是指物料在采购、生产、销售、配送等环节中，没有库存。 ( )

50. 成本计划是成本决策、成本预测和成本控制的基础工作，可以提高物流成本管理的科学性和预见性。 ( )

二、选择题（将正确答案的序号填入括号内）

（一）单选题

1. 物流管理的（ ）要求在物流实施中统筹规划，做到物流管理合理化。

A. 合理化原则　　B. 通用性原则

C. 服务性原则　　D. 经济性原则

2. （ ）主要职责是组织生产所需的各种生产资料的供应物流，产品的出厂销售物流，以及生产工序间的企业内物流等。

A. 生产领域的物流管理组织　　B. 流通领域的物流管理组织

C. 管理的行政机构　　D. 物流管理的业务机构

3. (　　) 组织结构是最早、最简单的一种组织结构形式。

A. 传统型　B. 直线型　C. 矩阵型　D. 运用型

4. (　　) 物流管理组织结构主要通过采纳外聘专家的意见或实施各种控制措施等，对物流诸活动进行调整，从而推进综合物流合理化，降低物流成本。

A. 传统型　B. 直线型　C. 矩阵型　D. 运用型

5. (　　) 物流管理组织结构，又叫专业划分制组织结构，就是在同一组织机构中，把按职能划分部门和按项目划分部门相结合而产生的一种组织形式。

A. 传统型　B. 直线型　C. 矩阵型　D. 运用型

6. (　　) 是指在运输过程中要保证物品的完整和安全。

A. 准确性原则　　B. 安全性原则

C. 及时性原则　　D. 经济性原则

7. (　　) 是指同一种货物，或彼此间可以互相代用而又不影响管理、技术及效益的货物，在同一线路上或平行线路上作相对方向的运输。

A. 迂回运输　B. 过远运输　C. 对流运输　D. 重复运输

8. (　　) 要求类似物品放在相邻近的地方保管，以便于货物的准确分类。

A. 类似性原则　　B. 面向通道原则

C. 高层堆码原则　　D. 先入先出原则

9. (　　) 品种数目大，但资金占用小。

A. C 类库存　B. A 类库存　C. B 类库存　D. D 类库存

10. 实施关键因素分析法实施管理时，(　　) 允许合理范围内缺货。

A. 最高优先级　　B. 较高优先级

C. 中等优先级　　D. 较低优先级

11. 可将 (　　) 中的在制品和半成品降到最低，减少在制品和半成品库存占用资金。

A. 采购环节　　B. 生产环节

C. 物流配送环节　　　　D. 销售环节

12. 物流服务是以分布广泛、大多数是不固定的客户为对象，所以，具有（　　）的特性。

A. 即时性　　　　B. 从属性

C. 移动性和分散性　　　　D. 需求波动性

13. 使物流服务不断适应需求者的多样性，克服（　　），已经成为物流业经营上的重要课题。

A. 需求波动性　　　　B. 即时性

C. 从属性　　　　D. 移动性和分散性

14. 物流服务（　　）是指当顾客需要存货时所拥有的库存能力。

A. 作业完成能力　　　　B. 可靠性

C. 可得能力　　　　D. 故障恢复力

15. （　　）为提高物流服务水平，不惜增加物流成本。这是许多企业提高物流服务的做法，是企业在特定顾客或其特定商品面临竞争时，所采取的具有战略意义的做法。

A. 物流服务水平提高，成本增加型

B. 物流服务水平不变，成本降低型

C. 物流服务提高水平，成本维持不变型

D. 物流服务水平较高，成本较低型

16. 物流服务水准的确定不能单纯从供给方的情况出发，而应该充分考虑需求方的要求，即（　　）。

A. 以产品导向向市场导向转变

B. 服务面向零售消费者

C. 制定多物流服务组合

D. 开发差别化物流服务

17. （　　）是适应在流通渠道逐渐多样化，零售力量逐渐增大的客观发展需要。

A. 服务以产品导向向市场导向转变

B. 服务面向零售消费者

C. 制定多物流服务组合

D. 开发差别化物流服务

18. （　　）是指企业在制定物流服务要素和服务水准的同时，应当保证服务的差别化。

A. 研究服务发展方向　　　　　B. 开发差别化物流服务

C. 重视服务与社会的吻合　　　D. 建立有效的服务管理体制

19. （　　）的方法强调以客户为中心，一切从客户需求出发，根据客户的需求来制定企业应当提供的物流服务水平。

A. 以竞争为导向制定物流客户服务水平

B. 以成本/收益为导向制定物流客户服务水平

C. 以客户为导向制定物流服务水平

D. 以服务为导向制定物流服务水平

20. 在（　　），物流服务需要有高度的产品可得性和灵活的物流服务。

A. 衰退阶段　　B. 成熟阶段　　C. 成长阶段　　D. 导入阶段

21. 在（　　），物流服务一般会变得具有高度选择性，而竞争对手之间会调整各自的基本服务承诺，以提供独特的增值物流服务，努力在主要客户中创造忠诚气氛。

A. 导入阶段　　B. 成长阶段　　C. 成熟阶段　　D. 衰退阶段

22. 在（　　），物流服务的重点已从不惜任何代价提供所需服务，转变为更趋平衡的服务与成本绩效。

A. 导入阶段　　B. 成长阶段　　C. 成熟阶段　　D. 衰退阶段

23. （　　）最具有增值性，但也是最难提供的服务，能否提供此类增值物流服务现在已成为衡量一个企业是否真正具有竞争力的标准。

A. 增加便利性的物流服务　　　B. 加快响应速度的物流服务

C. 降低成本的物流服务　　　　D. 物流延伸服务

24. （　　）一开始就应该寻找能够降低成本的物流方案。

A. 增加便利性的物流服务　　　B. 加快响应速度的物流服务

C. 降低成本的物流服务　　　　D. 物流延伸服务

25. （　　）强调简化物流过程，提高物流系统的快速响应能力。

A. 增加便利性的物流服务　　B. 加快响应速度的物流服务

C. 降低成本的物流服务　　D. 物流延伸服务

26. 推行一条龙门到门服务、提供完备的操作或作业提示、24小时营业、自动订货都是（　　）。

A. 增加便利性的物流服务　　B. 加快响应速度的物流服务

C. 降低成本的物流服务　　D. 物流延伸服务

27. 质量保证（　　）包括物流活动本身的质量管理、物流服务质量保证、物流工作质量保证和物流工程质量保证。

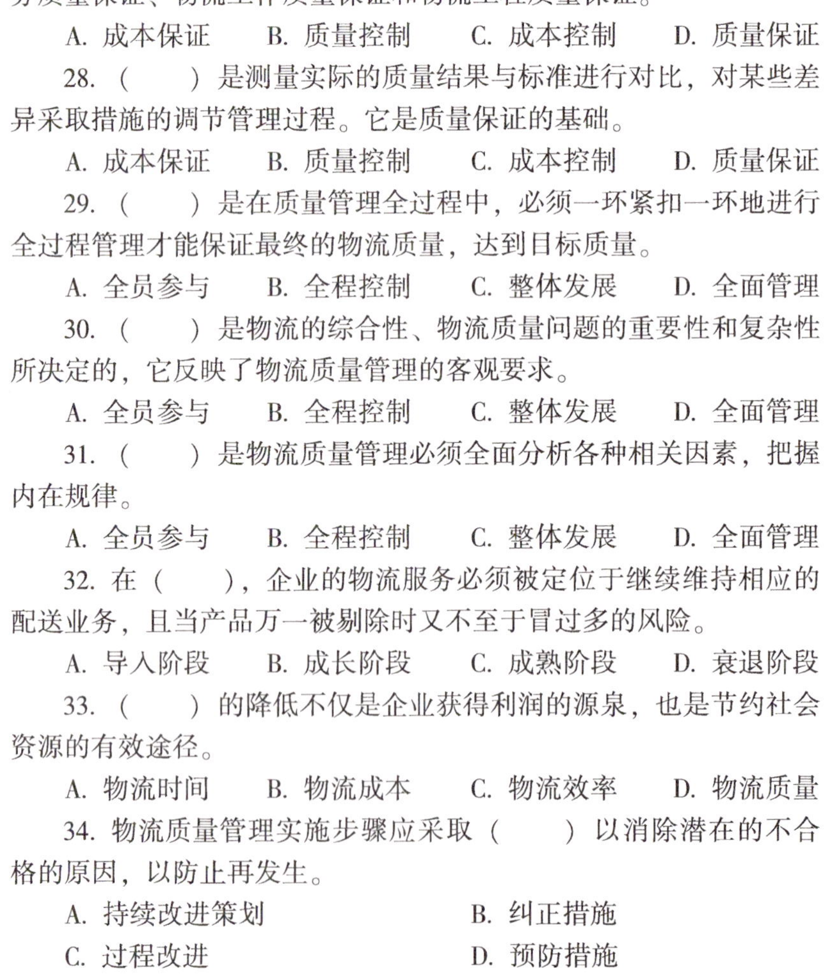

A. 成本保证　　B. 质量控制　　C. 成本控制　　D. 质量保证

28. （　　）是测量实际的质量结果与标准进行对比，对某些差异采取措施的调节管理过程。它是质量保证的基础。

A. 成本保证　　B. 质量控制　　C. 成本控制　　D. 质量保证

29. （　　）是在质量管理全过程中，必须一环紧扣一环地进行全过程管理才能保证最终的物流质量，达到目标质量。

A. 全员参与　　B. 全程控制　　C. 整体发展　　D. 全面管理

30. （　　）是物流的综合性、物流质量问题的重要性和复杂性所决定的，它反映了物流质量管理的客观要求。

A. 全员参与　　B. 全程控制　　C. 整体发展　　D. 全面管理

31. （　　）是物流质量管理必须全面分析各种相关因素，把握内在规律。

A. 全员参与　　B. 全程控制　　C. 整体发展　　D. 全面管理

32. 在（　　），企业的物流服务必须被定位于继续维持相应的配送业务，且当产品万一被剔除时又不至于冒过多的风险。

A. 导入阶段　　B. 成长阶段　　C. 成熟阶段　　D. 衰退阶段

33. （　　）的降低不仅是企业获得利润的源泉，也是节约社会资源的有效途径。

A. 物流时间　　B. 物流成本　　C. 物流效率　　D. 物流质量

34. 物流质量管理实施步骤应采取（　　）以消除潜在的不合格的原因，以防止再发生。

A. 持续改进策划　　B. 纠正措施

C. 过程改进　　D. 预防措施

35. PDCA 循环的四阶段中第一阶段是（　　）。

A. 计划　　B. 实施　　C. 检查　　D. 处理

36.（　　）就是根据物流计划的目标，对成本发生和形成过程以及影响成本的各种因素和条件施加主动的影响，以保证实现物流成本计划的一种行为。

A. 物流成本决策　　B. 物流成本控制

C. 物流成本分析　　D. 物流成本核算

37.（　　）可以提出积极的建议，采取有效的措施，合理地控制物流成本。

A. 物流成本决策　　B. 物流成本控制

C. 物流成本分析　　D. 物流成本核算

38.（　　）是物流管理开支必须按照财务制度的规定，不得随意扩大开支范围和提高开支标准。

A. 财务制度原则　　B. 节约原则

C. 计划管理原则　　D. 质量管理原则

39. 一般而言，（　　），可以计算供应物流成本、生产物流成本、回收物流成本及废品物流成本。

A. 以物品实体作为对象　　B. 以物流功能作为对象

C. 以物流过程作为对象　　D. 以物流成本项目作为对象

40.（　　），可以计算各物流项目的成本，如运输费、保管费、折旧费、修理费、材料费及管理费等。

A. 以物品实体作为对象　　B. 以物流功能作为对象

C. 以物流过程作为对象　　D. 以物流成本项目作为对象

41.（　　）以自有资产作为客户服务重要手段，可以向客户提供稳定的、可靠的物流服务。

A. 资产型第三方物流企业　　B. 管理型第三方物流企业

C. 优化型第三方物流企业　　D. 综合型第三方物流企业

42.（　　）要求第三方物流企业必须对自身的物流资源有全面的了解，以便确切了解自己有多大能力，可以承接多少项目，完成多少订单任务。

A. 物流合同管理　　B. 物流能力管理

C. 物流设备管理　　　　　　　D. 物流安全管理

43. 第三方物流（　　）原则，要求提供尽善尽美的服务第三方物流的经营理念从“我能提供什么服务就提供什么服务”转向了“顾客需要什么服务，我就提供什么服务”。

A. 以合作双赢为宗旨　　　　　B. 以客户满意和诚信为主导

C. 以现代信息技术为支撑　　　D. 以网络资源为基础

44.（　　）是指物流管理的目标是使物流系统的总投资最小化，其根本出发点是投资报酬最大化。

A. 减少资本　　B. 物流成本　　C. 改进服务　　D. 提高效率

45.（　　）着重于以物流基础设施和物流基础网络为内容的物流基础平台规划。

A. 国家级的物流系统规划

B. 区域级的物流系统规划

C. 经济运行部门的物流系统规划

D. 企业的物流系统规划

46.（　　）是在物流基础平台之上，将有大量的企业和经济事业单位进行运作，供应、分销、配送、供应链、连锁经营等等，要使这些运作做到合理化和协调发展，需要有规划的指导。

A. 国家级的物流系统规划

B. 区域级的物流系统规划

C. 经济运行部门的物流系统规划

D. 企业的物流系统规划

47.（　　）着重于地区物流基地、物流中心、配送中心三个层次的物流结点以及综合物流园区的规模和布局的规划。（　　）

A. 国家级的物流系统规划

B. 区域级的物流系统规划

C. 经济运行部门的物流系统规划

D. 企业的物流系统规划

48. 区域物流系统直接联结着生产与再生产、生产与消费，因此要求有很强的（　　）。

A. 服务性　　B. 快速性　　C. 及时性　　D. 节约性

49. 由于运输成本在物流总成本中举足轻重，（　　）的改变一般会导致物流战略的重构。

A. 客户服务　　B. 产品特征　　C. 定价策略　　D. 物流成本

50. （　　）要求企业在进行物流系统规划设计时应以客户为中心，站在客户的立场看问题，而不是以企业自我为中心，以产品为中心。

A. 物流系统最优原则　　B. 客户服务驱动原则

C. 混合战略原则　　D. 标准化原则

（二）**多选题**

1. 物流管理的目的是通过管理，做到“7R”，即恰当的产品、恰当的数量、恰当的条件、（　　）等。

A. 恰当的地点　　B. 恰当的时间

C. 恰当的顾客　　D. 恰当的成本

2. 物流管理的职能主要包括（　　）等。

A. 组织　　B. 计划　　C. 协调　　D. 激励

3. 下列属物流管理的原则的有（　　）。

A. 服务性原则　　B. 合理化原则

C. 通用性原则　　D. 标准化原则

4. 物流管理可以按管理进行的顺序，大致可分为（　　）。

A. 物流计划阶段的管理　　B. 实施阶段的管理

C. 评价阶段的管理　　D. 结束阶段的管理

5. 物流管理组织的作用主要有（　　）。

A. 协调矛盾　　B. 物流管理　　C. 降低成本　　D. 提高效率

6. 物流管理组织的构成要素（　　）。

A. 岗位职务　　B. 职责与权力

C. 人员　　D. 物流信息

7. 按物流管理组织的设置与职权划分可以划分为（　　）。

A. 中央一级的物流管理组织

B. 地方的物流管理组织

C. 企业的物流管理组织

D. 省（直辖市）级的物流管理组织

8. 非正式的物流管理组织形式有（　　）。

A. 总经理亲自决策　　B. 成立协调委员会

C. 设立独立的部门　　D. 建立成本节约分享机制

9. 物流管理组织设计时应考虑的因素主要有（　　）。

A. 企业所属类型　　B. 企业物流规模

C. 公司结构　　D. 企业物流技术

10. 物流管理组织设计原则（　　）。

A. 系统整体性原则　　B. 统一指挥原则

C. 权利与责任相对称原则　　D. 合理分工与密切协作原则

11. 做好运输管理工作，是保证高质量物流服务的重要环节。在物流过程中，运输工作应该贯彻（　　）四个基本原则。

A. 及时性原则　　B. 准确性原则

C. 安全性原则　　D. 经济性原则

12. 运输合理化的影响因素很多，其中起决定性作用的有（　　）、运输费用五个方面的因素，称做合理运输的“五要素”。

A. 运输距离　　B. 运输环节　　C. 运输方式　　D. 运输时间

13. 仓库的一个最基本的功能就是（　　），并对存储的物资实施保管和控制。

A. 传递信息功能　　B. 存储物资

C. 流通加工功能　　D. 配送功能

14. 仓储系统主要由（　　）等要素构成。

A. 储存空间　　B. 货品　　C. 人员　　D. 设备

15. 关键因素分析法依据分数值的高低将物资品种划分为 3 ~ 4 个级别，通常划分为（　　）等四级。

A. 最高优先级　　B. 较高优先级

C. 中优先级　　D. 低优先级

16. 联合库存管理中建立供应链协调管理机制，可从（　　）着手。

A. 建立供应链共同愿景　　B. 建立 JMI 的协调控制方法

C. 建立利益分配、激励机制　　D. 建立信息沟通渠道

17. 库存组织管理科学化有（　　）几种表现。

A. 存货物数量保持在合理的限度之内，既不能缺少，也不能过多

B. 货物存储的时间较短，货物周转速度较快

C. 货物存储结构合理，能充分满足生产和消费的需要

D. 货物存储空间合理，能充分满足不同的流通环节和不同地点的需要

18. 确定合理库存量依据包括（　　）等。

A. 采购成本　　B. 价格折扣成本

C. 库存占用流动资金的成本　　D. 存储成本

19. 定量与定期订货法的区别有（　　）。

A. 提出订购请求时点的标准不同

B. 请求订购的商品批量不同

C. 库存商品管理控制的程度不同

D. 适用的商品范围不同

20. 以下属包装功能的有（　　）。

A. 保护物品　　B. 便于流通　　C. 促进销售　　D. 节约费用

21. 以包装在流通中的功能作为分类标志，可分为（　　）。

A. 纸制包装　　B. 复合材料包装

C. 工业包装　　D. 商业包装

22. 按包装的形态可分为（　　）三种。

A. 个装　　B. 功能包装　　C. 内装　　D. 外装

23. 按照操作技术方法分类，包装可分为（　　）等。

A. 压缩包装　　B. 捆扎包装　　C. 收缩包装　　D. 拉伸包装

24. 对包装材料的选择、包装技术方法的选取有不同的要求，一般遵循科学、（　　）等原则。

A. 经济　　B. 牢固　　C. 美观　　D. 适销

25. 资源再循环是包装领域现代化的重要课题，对此，有效的措施有（　　）。

A. 通用包装　　B. 周转包装　　C. 梯级利用　　D. 再生利用

26. 包装合理化发展趋势（　　）。

A. 包装尺寸标准化　　B. 包装作业机械化

C. 包装成本低廉化　　　　D. 包装单位大型化

27. 大致说来，物流质量主要从（　　）三个方面来衡量。

A. 物流效率　　B. 物流时间　　C. 物流成本　　D. 物流效率

28. 装卸搬运具有（　　）的特点，从而创造“隐含价值”。

A. 服务性　　B. 保障性　　C. 桥梁作用　　D. 伴生性

29. 根据装卸搬运作业场所的不同，一般可分为（　　）三大类。

A. 铁路装卸搬运　　　　B. 港口装卸搬运

C. 场库装卸搬运　　　　D. 换装装卸搬运

30. 装卸搬运作业按操作特点可分为（　　）三类。

A. 堆码拆垛作业　　　　B. 分拣配货作业

C. 装箱作业　　　　D. 挪动移位作业

31. 在进行装卸搬运活动过程中，应遵循省力化、合理利用机械、消除无效搬运、提高搬运灵活性、连续化、（　　）等原则。

A. 保持物流的均衡顺畅　　　　B. 集装单元化原则

C. 人性化原则　　　　D. 提高综合效果

32. 配送最基本的构成要素有（　　）等。

A. 集货　　B. 分拣　　C. 配装　　D. 流通加工

33. 配送中心是从事配送业务的物流场所或组织，应符合（　　）等条件。

A. 为特定的用户服务　　　　B. 配送功能健全

C. 辐射范围小　　　　D. 多品种、小批量

34. 集中配送的库存集中，有利于规模经济的实现，也有利于库存量的降低，但也存在外向运输增大的趋势，具体表现有（　　）。

A. 管理费用少

B. 安全库存降低

C. 用户提前期长

D. 运输成本中外向运输成本加大

35. 影响物流配送的因素有（　　）。

A. 人　　　　B. 时间

C. 车辆　　D. 配送路线及其交通状况

36. 物流配送合理化的判断标志有（　　）。

A. 库存控制合理化　　B. 成本和效益

C. 供应保证程度　　D. 物流合理化

37. 流通加工形式有（　　）。

A. 为了保管物品而实施的流通加工

B. 为了储运方便而实施的流通加工

C. 为满足需求多样化而实施的流通加工

D. 为便于综合利用而实施的流通加工

38. 流通加工具有（　　）的作用。

A. 有效地完善了流通　　B. 提高原材料利用率

C. 提高加工效率和设备利用率　　D. 是物流中的重要利润源泉

39. 不合理流通加工形式有（　　）。

A. 流通加工地点设置的不合理

B. 流通加工方式选择不当

C. 流通加工作用不大，形成多余环节

D. 流通加工成本过高，效益不好

40. 随着现代物流的发展，物流信息具有（　　）的特点。

A. 来源广，信息量大　　B. 获取困难，价值高

C. 时效性强，更新快　　D. 动态连续，具有复杂性

41. 物流信息管理的原则有（　　）。

A. 系统性原则　　B. 准确性原则

C. 安全性原则　　D. 有效性原则

42. 物流信息系统的建设，大致可划分为（　　）四个阶段。

A. 程序设计　　B. 系统测试

C. 系统试运行与系统切换　　D. 系统运行管理与维护

43. 物流系统规划领域应主要解决（　　）等四个方面的问题。

A. 客户服务目标　　B. 设施选址战略

C. 库存决策战略　　D. 运输战略

44. 按物流系统的作用地位，物流系统规划可分为（　　）等

层次。

A. 战略　　B. 策略　　C. 职能　　D. 作业

45. 从规划所涉及的行政级别和地理范围看，又可分为（　　）等。

A. 国家级物流系统规划　　B. 区域物流系统规划
C. 行业物流系统规划　　D. 企业物流系统规划

46. 按物流企业拥有物流资产的程度不同，第三方物流企业可分为（　　）三种基本类型。

A. 综合型　　B. 资产型　　C. 管理型　　D. 优化型

47. 第三方物流基本原则有（　　）。

A. 以合作双赢为宗旨　　B. 以客户满意和诚信为主导
C. 以现代信息技术为支撑　　D. 以网络资源为基础

48. 第三方物流运作模式有（　　）。

A. 以综合物流代理为主的第三方物流运作模式
B. 以提高物流各环节服务附加值为目标的第三方物流运作模式
C. 以个性化物流服务为目标的第三方物流运作模式
D. 以自有资产为条件的第三方物流运作模式

49. 物流成本管理原则有（　　）。

A. 财务制度原则　　B. 节约原则
C. 计划管理原则　　D. 成本最低原则

50. 物流信息技术主要由（　　）三大部分组成。

A. 通信　　B. 软件
C. 面向行业的业务管理系统　　D. 硬件

三、计算题

1. 某公司采用订货点控制法来降低库存成本。已知商品的年需求量为 2000 单位，每次准备或订购成本为 100 元，年单位商品的持有成本为 8 元，计算该公司每次订购的最佳批量？如果安全库存天数为 2 天，订购备运时间为 5 天，则该公司的订货点为多少？

2. 某商场某型商品月需求量服从均值为 200 单位，标准差为 20

的正态分布，订购成本为100元，库存持有成本为1元/件月，平均订购时间为1个月，实行定期订货，首次盘点已有库存 $Q_0=20$，在途运输量为50件，已经售出但是尚未提货的库存量为2件，求在服务水平为98%的订货周期 T 和最高库存量 Q_{max}。

服务水平	0.9998	0.99	0.98	0.95	0.90	0.80	0.70
安全系数	3.50	2.33	2.05	1.65	1.29	0.84	0.53

3. 设某种C类物资的销售速率和订货提前期均服从正态分布。$R \sim N$（200，10）吨/月，$L \sim N$（20，10）天，要求库存满足率达到95%，每次订货费为100元，每吨物资的月保管费为1元，求其订货策略。

技能要求试题

案例分析

案例 1

我国运输部门长期以来缺乏面向综合效率和效益的协调管理，按照运输方式进行分部门管理。水运和公路运输由交通部管理，民航由民航总局管理，铁路由铁道部管理。这种管理模式有其优点，但却产生了多头管理和缺乏统一管理的局面。导致各个运输部门都有本系统详细的近期和长远发展战略，但各种运输方式之间的衔接和协调却较差。与此同时，运输需求的明显增长、用户多品种小批量、多频度的运输要求以及门到门的运输要求使得联合运输的需求大增。请问：

1）我国各种运输方式之间缺乏协调的现状会产生什么不利后果？

2）如何解决？

案例 2

郑州市地处中原地区，交通便利，是国家重点支持建设的大型商贸城市之一，在这个拥有 600 万人口的城市里，商业企业、工业企业等交错布局，比较适合开展异向产业间的共同配送。郑州市的仓储企业除了各个产业部门的仓库外，聚集了中央、省级的仓储企业，数量众多，规模较大的有 70 多家，这些仓库目前基本都在从事异向产业的仓储服务，但是还不能提供配送服务，更不能提供异产业间的共同配送服务。请问：

1）你认为同产业和异产业共同配送有哪些优缺点？

2）如果让你来组织和运作一个共同配送的项目，你将分几步开展这项工作？

案例 3

中国仓储协会公布的中国物流企业信息系统的调查结果显示：作为物流信息化进程核心的物流信息系统日益成为社会物流企业的发展“瓶颈”，我国只有 39% 的物流供给企业拥有物流信息系统，并且大多数的信息数据系统都是相互孤立和静态的。一些现代化的物流手段，如计算机网络技术、机电一体化技术、语音识别技术、GPS、EDI、管理信息系统（MIS）等的使用还不是很广泛。这些直接影响了物流中心与用户的沟通和协作，阻碍物流服务质量的提高，从而也严重影响了我国物流企业的竞争力。面对我国物流信息化的现状，试分析应该从哪些方面提高我国物流信息化水平，实现我国物流从传统物流向现代物流的转变，进一步提高我国物流业的竞争实力。

案例 4

1999 年 10 月，江西省新华书店、省外文书店和南昌市新华书店 3 家合并，组建了江西省新华书店联合有限公司。如今江西省店已经与全省 11 个中心门店和部分县店建立了跨地区的直营连锁经营关系，与 40 余家符合条件的书店建立了加盟连锁关系，还有行业外的加盟店 3 个，初步建立了江西省新华书店系统连锁经营体系。

实施连锁经营后，江西省店的连锁门店的进货权被取消。由于信息不畅通，总店的业务部门无法了解连锁门店的实际需求与销售动态，对所配发的图书品种是否对路、数量是否恰当都不太了解，只能凭臆想办事，造成销售量下降。此外，配送不快捷、退货不及时都严重制约着连锁店的销售，有的店面日流水金额甚至只有 1000 元左右。

阅读以上材料，请回答下面的问题：

1）假如你是该公司的经理，你认为应该采取什么措施，使该公司从此困境中摆脱出来？

2）结合你采取的措施，谈谈该措施实行后将对公司产生什么影响？

模拟试卷样例

一、判断题（对画✓，错画×。画错倒扣分；每题1分，共计20分）

1. 物流成本的增加与物流服务的增长成正比。（　）

2. 装卸搬运是指在一定地域范围内进行的、以改变货物存放状态和空间位置为主要内容和目的的物流活动。通常情况，货物存放状态和空间位置密不可分。（　）

3. 物流系统的目标是整个物流系统的成本最低，物流系统的目标是一成不变的。（　）

4. 物流的作用可以认为是消除了商品生产地和消费地之间的所有权间隔、场所间隔和时间间隔。（　）

5. 有效顾客反应系统是由配送商客户及供应商共同组成企业联盟，以有效反应顾客的需要，系属一个用户趋动的系统，达到顾客满意度最高及最小物流成本目标。（　）

6. 基础模数尺寸一经确定，物流系统的设施建设、设备制造、物流系统中各环节的配合协调、物流系统与其他系统配合，都要以基础模数尺寸为依据，选择其倍数为规定的标准尺寸。（　）

7. 越库式转运配送就是将商品由工厂通过配销系统配送至用户，而不将商品储存入库的一种方法。（　）

8. 包装通常分为两大类：一类是为促进市场销售而包装，称为工业包装；另一类是为了物流运输而包装，称为商业包装。（　）

9. 顾客在接受服务后通常很难立即感受到服务所带来的利益，也就难以对服务的质量作出客观的评价。（　）

10. 物流服务的生产和消费过程中不涉及任何东西的所有权转移。（　）

11. 第三方的专业配送中心，对物流业务的风险管理要比封闭型

或半封闭型的配送中心更需具备敏感性，否则，会发生重要客户的流失，使公司也随之消灭。 （ ）

12. 配送中心是连接生产与消费的纽带，是利用场所与时间创造效益的场所和设施。 （ ）

13. 在洽谈第三方物流服务合同中，使双方都能清楚合同的价格是如何制定出来的办法是明确界定构成价格的各种成本因素的内涵。

（ ）

14. 第三方物流服务供应商可以完全独立地处理客户企业的各种事务，无须对其监管或参与其间。 （ ）

15. 第三方物流提供者是一个为外部客户的物流作业提供管理、控制和专业化作业的服务企业，它本身也可以拥有货物。 （ ）

16. 对物料的 ABC 分类管理中，A 类物料占采购总数的 10%，占采购金额的 70% ~80%。 （ ）

17. 缺货成本是指企业适时适地的持有所需零部件或物料时所发生的成本。 （ ）

18. 第四方物流供应商是一个供应链的集成商，它为企业提供一整套的解决方案。 （ ）

19. 第四方物流可以定义为提供链解决方案和作业的组织者。

（ ）

20. 周转率高的物品，应尽量存放于接近出货区或货架较低的区域。 （ ）

二、选择题

（一）**单选题**（每题 1 分，共 20 分）

1. （ ）是组织物流系统运行的基础和物质条件。

A. 物流设备　　B. 物流设施

C. 功能要素　　D. 物流信息系统

2. 物流结点在物流系统中的功能及作用，不包括（ ）。

A. 结算功能　B. 衔接功能　C. 信息功能　D. 管理功能

3. 物流规划时必须考虑的不确定因素包括环境、组织、竞争者和（ ）。

A. 资金　　B. 成本　　C. 资源　　D. 顾客

4. 车辆共同化、条形码化属于物流系统整合的（　　）。

A. 策略支撑层次　　B. 作业层次

C. 作业管理层次　　D. 经营管理层次

5. 在物流各环节中，其成本在物流总成本中比例高达 50% 的是（　　）。

A. 运输　　B. 仓储　　C. 装卸搬运　　D. 流通加工

6. （　　）主要针对周期较长，影响因素较多的项目而采用的。

A. 概念性计划　　B. 详细计划

C. 滚动计划　　D. 短期计划

7. （　　）主要任务是有效利用现有资源，满足市场要求。

A. 长期计划　　B. 中期计划　　C. 短期计划　　D. 总体计划

8. 衡量物流信息系统能力的最重要方面是（　　）。

A. 信息采集　　B. 信息传输　　C. 信息处理　　D. 信息存储

9. 大多数配送中心采用（　　）配送形式。

A. 定量配送　　B. 定时配送

C. 定时定量配送　　D. 即时配送

10. 运输在经济上的作用有（　　）。

A. 解决生产地点和需要地点之间的距离问题

B. 扩大了经济作用范围，促进物价的平均化

C. 创造商品的空间效益

D. 实现物品的使用价值，满足社会需要

11. 库存管理在物流环节中的关键作用是（　　）。

A. 尽量减少库存，以防产品积压

B. 尽量保持一定的库存量，以防缺货

C. 对销售额和出库量的准确预测

D. 订货周期和供货延迟期要尽量缩短

12. 第三方物流经营业者应具有强烈的质量管理意识，其中不包含（　　）。

A. 客户零抱怨的服务目标

B. 出奇制胜的创新技术

C. 以变应变的经营艺术

D. 步步为营、脚踏实地的专业素质

13. 库存成本管理就是对库存物资的管理，不包括（　　）。

A. 库存业务管理　　B. 库存成本管理

C. 库存控制管理　　D. 库存预测管理

14. 物流中心不具备以下哪种功能（　　）。

A. 运输功能　　B. 储存功能　　C. 统计功能　　D. 包装功能

15. 哪项不属于配送作业项（　　）。

A. 储存　　B. 送货　　C. 补货　　D. 拆货

16. 配送是短距离小批量多品种的送货服务，运输是长距离，大家物资的运输，这是它们在（　　）方面的区别。

A. 目的不同　　B. 内容不同　　C. 位置不同　　D. 对象不同

17. 下列不是仓库功能的是（　　）。

A. 储存和保管　　B. 产品增值

C. 调节货物运输能力　　D. 配送和流通加工

18.（　　）是以技术与管理为中心的“总承包商”。

A. 2PL　　B. 3PL　　C. 4PL　　D. 5PL

19.（　　）是服务质量的核心。

A. 可靠性　　B. 可感知性　　C. 反映性　　D. 保证性

20. 公路运输最佳经济里程（　　）。

A. 200 公里左右　　B. 200～500 公里

C. 400 公里　　D. 300 公里以上

（二）**多选题**（每题 2 分，共 40 分）

1. 第四方物流获得成功的要素有（　　）。

A. 形成分享的协作组织

B. 整合供应链的功能

C. 组织最好的能力来运作供应链

D. 由参与方控制组织作业

2. 运输合理化的途径有（　　）。

A. 运输网络的合理配置　　B. 选择最佳的运输方式

C. 提高运行效率　　D. 采用各种现代运输方法

3. 直接决定仓库规模的主要依据有（ ）。

A. 平均储存量　　B. 最大储存量

C. 年发运量　　D. 库存周转数

4. 以下不合理的加工方式有（ ）。

A. 地点设置不合理　　B. 方式选择不恰当

C. 产生多余环节　　D. 和配送相结合

5. 提高货架储存的面积和房间利用率的措施有（ ）。

A. 加大货架的进深　　B. 减少通道的宽度

C. 增加货架的高度　　D. 减少货架通道数量

6. 拣选作业主要要素有拣货方式、（ ）。

A. 拣货策略　　B. 拣货信息处理

C. 拣货设备　　D. 拣选单位

7. A 类库存要求（ ）。

A. 高档货物　　B. 密集的库货检查频度

C. 简单的控制　　D. 大量的库存

8. 一个完善的物流信息系统包括（ ）层次。

A. 业务层　　B. 管理层　　C. 决策层　　D. 运作层

9. 企业核心竞争的外部特征包括（ ）。

A. 客户企业　　B. 竞争差异户化

C. 延展性　　D. 成本领导

10. 为了在市场上建立良好的口碑，第三方物流经营业者应具有质量管理意识，包括（ ）。

A. 顾客满意　　B. 物流技术创新

C. 组织灵活性和弹性　　D. 专业素养作风

11. 影响订货决策的不确定性因素有（ ）。

A. 需求不确定　　B. 供应不确定

C. 订货周期不确定　　D. 订货批量不确定

12. 属于现代生产物流管理的特点有（ ）。

A. 少库存　　B. 运输快

C. 物流流程快捷　　D. 面向市场

13. 业务外包的原因有（ ）。

A. 分摊风险　　B. 加速重构的优势

C. 资源共享　　D. 节约资本成本

14. 库存管理的功能包括（　　）。

A. 时间性　　B. 经济性　　C. 分离性　　D. 安全性

15. 流通加工的目的有（　　）。

A. 方便运输　　B. 方便用户

C. 便于综合利用　　D. 便于储存

16. 服务的特征有（　　）。

A. 无形性

B. 服务的产品和消费不可分离

C. 不可储存性

D. 所有权转移性

17. 各种运输方式的技术经济特征从哪几个方面考虑（　　）。

A. 送达速度

B. 运输工具的容量及线路的运输能力

C. 运输成本

D. 经济里程

18. 下列哪些选项属于库存（　　）。

A. 仓库中物资　　B. 零售商店里货架上的存货

C. 生产车间里的在制品　　D. 车间里的原材料

19. 企业降低物流成本的途径包括（　　）。

A. 树立现代物流理念　　B. 树立物流总成本观念

C. 加强成本核算　　D. 寻找降低成本的有效途径

20. 运输成本主要由（　　）构成。

A. 基础设施成本　　B. 运转设备成本

C. 营运成本　　D. 设备损耗成本

三、计算题（本题 10 分）

某冶金公司在过去 12 周，每周需求煤炭量分别为 80、78、82、85、82、81、87、79、77、85、83 和 82 吨。如果它们服从正态分布，订货进货提前期为 1 周，一次订货费用 150 元，1 吨煤保管 1 周需要保管费 1 元。要求库存满足率达到 98%。如果实行定量订货法控制，应该如何操作？

四、案例分析题（本题 10 分）

2001 年 3 月 25 日某百货公司通过海尔网站的电子商务平台下达了 55 台商用定单，定单号：5000571。海尔物流采购部门、生产制造部门同时接到定单信息。在计算机系统上显示出商用空调事业部的缺料情况；采购部门向压缩机供应商发布网上定单；配送部门（根据配送单）四小时送料到工位。

3 月 30 日海尔完成了 55 台商用空调的生产，并在当天配送给用户。海尔完成客户定制定单只用了 5 天。

请分析：1）海尔企业内部物流的一体化运作情况。

2）分析海尔物流与社会物流的关系。

答 案 部 分

知识要求试题部分

一、判断题

1. √ 2. × 3. √ 4. √ 5. × 6. × 7. √ 8. √
9. × 10. × 11. √ 12. × 13. × 14. × 15. √ 16. ×
17. × 18. × 19. √ 20. √ 21. × 22. √ 23. × 24. √
25. × 26. √ 27. × 28. × 29. × 30. × 31. × 32. ×
33. × 34. × 35. √ 36. × 37. √ 38. × 39. √ 40. √
41. √ 42. × 43. √ 44. √ 45. √ 46. √ 47. × 48. ×
49. × 50. ×

二、选择题

（一）单选题

1. A 2. A 3. B 4. D 5. C 6. B 7. D 8. A
9. A 10. C 11. A 12. C 13. A 14. C 15. A 16. A
17. B 18. B 19. D 20. D 21. C 22. B 23. D 24. C
25. B 26. D 27. C 28. B 29. B 30. A 31. D 32. C
33. B 34. D 35. A 36. B 37. C 38. A 39C. 40. D
41. A 42. B 43. B 44. A 45. A 46. C 47. B 48. A
49. C 50. B

（二）多选题

1. ABCD 2. ABCD 3. ABC 4. ABC 5. AB
6. ABCD 7. ABC 8. ABCD 9. ABCD 10. ABCD

11. ABCD	12. ABCD	13. B	14. ABCD	15. ABCD
16. ABCD	17. ABCD	18. ABCD	19. ABCD	20. ABCD
21. CD	22. ACD	23. ABCD	24. ABCD	25. ABCD
26. ABCD	27. BCD	28. ABCD	29. ABC	30. ABD
31. ABCD	32. ABCD	33. ABCD	34. ABCD	35. ABCD
36. ABCD	37. BCD	38. ABCD	39. ABCD	40. ACD
41. ABCD	42. ABCD	43. ABCD	44. ABCD	45. ABCD
46. BCD	47. ABCD	48. ABC	49. ABC	50. ABC

三、计算题

1. $D=2000$ 单位，$C=100$ 元，$K=8$ 元，由计算公式

$$EOQ=\sqrt{\frac{2CD}{K}}=\sqrt{\frac{2\times100\times2000}{8}}=223.6\approx224\text{ 单位}$$

$$ROL=(\bar{R}_d\times L)+S=\frac{2000}{365}\times5+\frac{2000}{365}\times2=38.4\approx39\text{ 单位}$$

所以，该公司每次订购的最佳批量为 224 单位，订货点为 39 单位。

2. 由题意，$R_d=200$ 件/月，$Q_d=20$，$C=100$ 元，$K=1$ 元/件月，$L=1$ 月，$Q_0=20$ 件，$Q_1=50$ 件，$Q_2=2$ 件，$F(z)=98\%$，查表知 $z=2.05$，由计算公式

$$T=\frac{EOQ}{D}=\sqrt{\frac{2C}{KD}}=\sqrt{\frac{2\times100}{1\times200}}=1\text{ 月}$$

$$\begin{aligned}Q_{max}&=R_d(T+L)+S\\&=R_d(T+L)+zQ_d\sqrt{L+T}\\&=200\times(1+1)+2.05\times20\times\sqrt{1+1}\\&=458\text{ 件}\end{aligned}$$

所以，订货周期 T 为 1 个月，最高库存量 Q_{max} 为 458 件。

3. 由题意，$\bar{R}_d=200\text{t}/$月，$Q_d^2=10$，$\bar{L}=20$ 天 $=\frac{2}{3}$月，$Q_t=\sqrt{10}$ 天 $=\frac{\sqrt{10}}{30}$月，$F(z)=95\%$，查表得，$z=1.65$，$C=100$ 元，$K=1$

元/月

解法一：用定量订货法

订货点

$$ROL=(\bar{R}_d\times\bar{L})+S=(\bar{R}_d\times\bar{L})+z\sqrt{Q_d^{\ 2}\bar{L}+\bar{R}_d^{\ 2}Q_t^{\ 2}}$$

$$=200\times\frac{2}{3}+1.65\times\sqrt{10\times\frac{2}{3}+200^2\times\left(\frac{\sqrt{10}}{30}\right)^2}$$

$$=168.4\text{t}$$

订货批量

$$EOQ=\sqrt{\frac{2CD}{K}}=\sqrt{\frac{2\times100\times200}{1}}=200\text{t}$$

所以，订货策略为：每次订购的最佳批量为200t，订货点为168.4t。

解法二：用定期定货法

订货周期

$$T=\frac{EOQ}{D}=\sqrt{\frac{2C}{KD}}=\sqrt{\frac{2\times100}{1\times200}}=1\text{ 月}$$

最高库存量

$$Q_{max}=\bar{R}_d(T+\bar{L})+S=\bar{R}_d(T+\bar{L})+z\sqrt{Q_d^{\ 2}(L+T)+R_d^{\ 2}Q_t^{\ 2}}$$

$$=200\times\left(1+\frac{2}{3}\right)+1.65\times\sqrt{10\times\left(1+\frac{2}{3}\right)+200^2\times\left(\frac{\sqrt{10}}{30}\right)^2}$$

$$=368.8\text{t}$$

所以，订货策略为：每个月检查一次库存，发出订货，最高库存为368.8t，每次订货量等于当时的实际库存量与最高库存量的差值。

技能要求试题部分

案例分析

案例1　要点：

1. 可产生如下不利结果：

1）运输衔接过程中的信息传递与处理能力较差，使得运输的及时性、迅速性受到制约。

2）由于铁路、公路没能实现场站的有效衔接，必然会增加中转过程中的装卸、搬运量和次数，使得：A. 装卸、搬运成本大增；B. 装卸、搬运效率低，时间长；C. 运输商品货损货差率大，影响安全性和准确性。

3）对于托运人而言，不得不自己办理相关中转业务，由于不是专业人员，因此在迅速、及时、经济、安全等方面效果较差。

2. 具体解决办法：

1）在国家政策、法规方面提出促进联合运输的相关政策或要求。

2）建立铁路运输与公路运输之间相互衔接的信息系统以利于信息沟通。

3）制定国家物流运输装卸、包装统一标准。如推行标准化集装箱运输、托盘化运输标准以提高装卸、搬运效率，降低成本、降低货损货差率。

4）建立健全货运代理机制，完善货运代理机构职能，提高联合运输效率。

案例2 要点：

1）同产业共同配送优点在于配送商品物理化学特性相似，容易组织混载配送。缺点在于：容易造成商业信息的泄露。

不同产业共同配送优点在于不存在商业信息泄露的问题。缺点在于配送商品物理化学特性不同，不容易组织混载配送，另外配送成本核算也较难。

2）可以分为以下几步：1）调查：第一，异产业的数量、商品品种数量和运输配送情况；第二，70个仓库的具体位置及商品品种、数量、配送量。2）依据调查确定可以作为共同配送中心的仓库位置。3）协调异产业间可以参加共同配送企业间的利益关系。4）组织人员、车辆、设备、技术等。5）协调和政府之间的关系，争取获得政策支持。

案例 3 要点：

1）加快建设中国特色的现代物流信息处理通用平台。就我国现代物流业的信息化建设而言，关键是企业在彻底转变传统管理和经营理念的基础上，以用户为中心，以市场为主导，充分利用现有的信息基础设施，加快建设中国特色的现代物流信息处理通用平台、实现现代化物流的电子商务化。通过这个平台整合行业旧有资源，利用公共平台在运输、仓储、装卸、加工、整理、配送、车辆调度、路径选择等方面深入开发各种相关的信息资源，并在流通领域及其相关领域切实做到信息资源共享、充分发挥物流行业的整体优势。

2）以客户为中心建设信息系统。在进行信息化的全过程中，应注意人在整个信息系统中的作用和态度。货主对物流的“及时性”要求越来越高，特别是随着作为客户的企业大力引入信息技术、建立信息系统，这要求物流业者的信息技术应用水平也要不断提高，与不断进步的客户同步成长。

3）信息化与流程再造相结合。物流的信息化首先是一个流程再造的过程，物流的成功必然伴随着业务和管理流程的再造，不能局限在一个纯技术范围来研究。

案例 4 要点：

1）要彻底解决这几大瓶颈问题，只有通过建设现代化的物流配送信息系统，使商流、物流、信息流、资金流在同一个系统中有效集成。

2）各个部门之间的信息流动将更加通畅；各连锁店的作业效率得到大幅提高；总部与连锁门店销售猛涨；库存下降，资金周转加速；退货率、差错率大大降低，几乎可忽略不计；省去出差时间和成本，加强了精确度。

模拟试卷参考答案

一、判断题

1. × 2. ✓ 3. × 4. × 5. ✓ 6. ✓ 7. ✓ 8. ×
9. ✓ 10. ✓ 11. ✓ 12. × 13. ✓ 14. × 15. × 16. ✓

17. × 18. ✓ 19. ✓ 20. ✓

二、选择题

(一) 单选题

1. B 2. A 3. D 4. B 5. A 6. D 7. B 8. C
9. C 10. C 11. C 12. B 13. D 14. C 15. D 16. D
17. B 18. C 19. A 20. A

(二) 多选题

1. ABC 2. ABD 3. AB 4. ABC 5. ABCD
6. ABCD 7. AB 8. ABC 9. ABC 10. ABCD
11. ABC 12. ABCD 13. AB 14. ABC 15. ABCD
16. ABC 17. ABCD 18. ABCD 19. ABCD 20. ABC

三、计算题

解：订货提前期 $L=1$，库存满足率 $P=0.9$，查安全系数表得 $z=2.05$，每周平均需求煤炭量为：$\bar{R}=\frac{\sum_{i=1}^{12} R_i}{12}=\frac{981}{12}=81.75\text{t}$

相准差：$Q_d=\sqrt{\frac{\sum_{i=1}^{12}(R_i-\bar{R})^2}{12}}=\sqrt{\frac{98.25}{12}}=2.86$

订货点：

$$ROL=\bar{R}\times L+S=\bar{R}\times L+zQ_d\sqrt{L}$$
$$=81.75\times 1+2.05\times 2.86\times\sqrt{1}$$
$$=87.6\text{t}$$

订货批量：

$$EOQ=\sqrt{\frac{2C\bar{R}}{K}}=\sqrt{\frac{2\times 150\times 81.75}{1}}=156.6\text{t}$$

所以，该公司每次订购的最佳批量为 156.6t，订货点为 87.6t。

四、案例分析题

分析要点：

1）海尔以订单处理为核心建立电子商务网站。在企业内部实现订单与生产系统，采购系统的连接，自动确定出生产计划和采购计划，并通过配送部门实现原材料的门到门的配送。

2）海尔虽然拥有自己的配送部门等物流系统，但在第三方物流日益完善的情况下，完全可以利用第三方物流的资源，以较低的成本和较高的水平完善海尔的物流任务。此时海尔物流的作用就是合理计划和安排组织社会第三方物流，使其与海尔自有物流及其生产，采购营销系统无缝链接。

附　录

物流师资格认证考试试卷（2006）

第一部分

一、判断题：（每题0.5分，共20分）正确的涂A，错误的涂B

1. 空间利用率最大化是仓储管理的惟一目标。

2. 影响仓库储存空间大小的主要因素是货物存储量和设备的大小。

3. 制造资源计划是由企业制订和控制的生产计划所确定的，而DRP则是在一种独立的环境下运作，由不确定的顾客需求来确定存货需求。

4. 采购主要实现将作为“资源”的物质实体从供应者手中转移到用户手中，因此，它是一个物流过程。

5. 流通加工虽不是所有配送中心都必备的作业环节，但往往对配送中心是有重要作用的功能要素。

6. 现代采购强调“采购就是买方从外部目标市场（供应商）获得的使运营、维护和管理公司的所有活动处于最有利位置的所有货物、服务、能力和知识的过程”。

7. 定期订货法主要靠控制订货点和订货批量二个参数来控制库存。

8. 配送需求包括量和质两个方面，即从配送规模和配送服务质量中综合反映出配送的总体需求。

9. 分货是配送中心作业活动中的核心内容，其任务是按照客户的订单要求及时将商品送达到客户手中。

10. 综合运输体系是各种运输方式的总体或总和。

11. 所谓陆桥运输是指采用集装箱专用列车或卡车，把横贯大陆的铁路或公路作为中间“桥梁”，使大陆两端的集装箱海运航线与专用列车或卡车连接起来的一种连贯运输方式。严格地讲，陆桥运输也是一种海陆联运形式。

12. 控制层是物流系统的重要组成部分，它接受来自管理层的指令，控制物流机械完成指令所规定的任务。

13. 标准容器是指按照企业标准与技术要求制造的物流容器，这类物流容器不仅适用于一个企业内部，而且适用于整个供应链，乃至跨行业的范围。

14. 从管理信息集成的角度来看，由 MRP 到 MRPⅡ再到 ERP，是金融业管理信息集成的不断扩展和深化，每一次进展都是一次重大质的飞跃。

15. 国际多式联运是一种利用多种运输方式进行联运的运输组织方式。

16. 由于订购点法不便于对库存进行严格的管理，因此只适用单价较便宜，且品种数量多，不便少量订购的物品。

17. MRP 系统最主要的目标是确定每项物料在每个时区的需求量，以便为正确地进行生产库存管理提供心要的信息。

18. 订购成本是指企业向外部供应商发出采购订单的成本，它包括订购次数、常设采购机构的基本开支等。

19. 生产企业的物流状况对企业生产环境和生产秩序起着决定性的影响。

20. 商流活动一般称为贸易或交易，即商品由供给方转让给需求方的过程。

21. 按物流系统性质分类，可分为生产物流、供应物流、销售物流和回收物流等。

22. 生产企业处于均衡生产的最佳状态是“一个流”，即在制品始终处于不停滞、不堆积、不间断的物流状态。

23. 物流的后进性是指物流是后勤部门，是为生产部门服务的现象。

24. 在选择运输方式时，费用是重要的考虑因素。而运费又与运

输距离有关，距离愈短，则公路的运费愈省；相反，距离愈长，铁路和水路的运费愈省。

25. 仓库从保管储存为主要任务向流通性仓库的方向发展，形成流通、销售、零部件供应的中心，即可成为物流中心。

26. 互联网时代物流呈现出的特点是：各种设施在生产空间合理布置，合理控制库存，均衡生产，合理配置和使用物流机械，健全物流信息系统。

27. 装卸搬运环节在物流活动转换中起承上启下的联结作用。

28. 配送是拣选、包装、加工、组配、配备、配置、送货等各种物流活动的有机组合，是属于一般性的企业之间的供货和向用户的送货活动。

29. 配送不是单纯的运输或输送，而是运输与其他活动共同构成的组合体。

30. 管道能用于煤炭、矿石等固体物料的运输。

31. 在考虑运输优化问题时，对不平衡运输问题，一般不能转化为平衡运输问题来考虑。

32. 准确核算运输成本是制定运价的重要依据。

33. 在班轮运输中，集装箱航线通常采用多港挂靠直达航线形式。

34. 集装箱提单就是海上的货物运输合同。

35. 在海上货物运输中，记名提单可以背书转让。

36. 集装箱提单的正面必须记载的事项，其原则为所记载的内容是否影响货物的安全和当事人双方的利益。

37. 制订班轮船期表是班轮营运组织工作的一项重要内容。

38. 在实际业务中所使用的提单，大都是简式提单。

39. 一般说来，集装箱提单中有关承运人的运价本是提单的组成部分，运价本与提单发生矛盾时，则以提单为准。

40. 不论是国际物流还是国内物流，集装系统是使物流过程连贯而建立标准化体系的基点。

二、单选题：（每题 0.5 分，共 20 分）每题只有一个正确答案

41. 将所有货品按照一定特性加以分类，每一类货品都有固定存放的位置，而同属一类的不同货品又按一定的原则来指派货位。这种储存方式是（　　）。

A. 定位储存　　B. 随机储存　　C. 分类储存　　D. 共同储存

42. 由采购人员根据各个品种需求量和订货提前期的大小，确定每个品种的订货点、订货批量或订货周期、最高库存水准等。然后建立起一种库存检查机制，当发现到达订货点，就检查库存、发出订货，订货批量的大小由规定的标准确定。这种采购模式为（　　）。

A. 订货点采购模式　　B. MRP 采购模式

C. JIT 采购模式　　D. VMI 采购模式

43. 在配送过程中实现货物空间转换的中心环节是（　　）。

A. 分拣　　B. 配装　　C. 运输　　D. 装卸

44. 下列（　　）对配送作业的描述是正确的。

A. 配送作业是一个有规律性的作业方式，波动性非常小

B. 配送作业具有反复无常的特点，经常受作业环境的影响

C. 配送作业的对象是不变的

D. 只要使用配送，就一定能降低成本，增加效益

45. 配送实施控制应该建立在统一的（　　）系统上，以便实施有效控制。

A. 配送管理制度　　B. 配送管理方法

C. 配送管理目标　　D. 配送信息管理

46. 现代生产物流系统是由管理层、控制层和执行层三大部分组成。管理层是物流系统的中枢。对管理层要求应具有较高的（　　）。

A. 智能性　　B. 实时性　　C. 可靠性　　D. 及时性

47. 集成仓库技术是生产环节间的（　　）。

A. 基本单元　　B. 调节阀

C. 运输机械化　　D. 运输自动化

48. 精益物流系统严格根据订货与预测组织生产，通过看板在工序间传递物料需求信息，并利用看板的权威性将生产控制权下放到各工序，因此，这种控制方式是（ ）。

A. 集中的　B. 分散的　C. 平行的　D. 交叉的

49. 配送中心在运转过程中，要对其流程进行优化管理，在降低自身流程成本的同时也应降低（ ）。

A. 供应商成本　B. 配送中心成本

C. 客户成本　D. 供应链总成本

50. 通过仓储，可使商品在最有效的时间段发挥作用，创造商品的"时间价值"和（ ）。利用仓储这种"蓄水池"和"调节阀"的作用，还能调节生产和消费的失衡，消除过剩生产和消费不足的矛盾。

A. 使用价值　B. 空间价值　C. 剩余价值　D. 时间价值

51. 加工活动和物流活动是生产系统的（ ）。没有加工，生产系统就失去存在的意义；没有物流，生产系统将会停顿。

A. 两个独立部门　B. 两个支柱

C. 下属机构　D. 重要环节

52. 物流系统与分析在整体系统建立过程中处于非常重要的地位。它起到（ ）的作用。

A. 系统规划　B. 承上启下　C. 系统设计　D. 系统实施

53. 物流系统分析是以（ ）为目标，给予决策者以价值判断，求得有利的决策。

A. 运用各种定量方法研究　B. 特定问题研究

C. 整体效益　D. 决策者求得有利的决策

54. 省力化、连续化、集装单元化、合理利用机械等，是搬动装卸作业的（ ）。

A. 特点　B. 提高综合效率的措施

C. 合理化内容　D. 合理化原则

55. 按包装功能分类，包装可划分为（ ）两类。

A. 工业包装和商业包装　B. 内包装和外包装

C. 单个包装和整体包装　D. 轻薄包装和模块包装

56. 下列运输方式中，（　　）能实现门到门的运输服务。

A. 铁路运输　　B. 公路运输　　C. 水路运输　　D. 航空运输

57. 综合运输体系的核心问题是（　　）。

A. 各种运输方式的合理分工与协调发展

B. 交通科技创新

C. 加大综合运输体系建设的投入

D. 运输市场的自由竞争

58. （　　）是国际多式联运的主要组织形式。

A. 海陆联运　　B. 陆陆联运　　C. 海空联运　　D. 陆空联运

59. 目前世界上最长的一条陆桥运输线是（　　）。

A. 美国大陆桥　　B. 西伯利亚大陆桥

C. 加拿大大陆桥　　D. 新欧亚大陆桥

60. 确保装卸搬运作业的安全和作业人员的人身安全，严格机械设备的检修制度，作业环境应留用安全作业空间等，它属于装卸搬运作业合理化原则中的（　　）。

A. 省力化原则　　B. 连续化原则

C. 人性化原则　　D. 集装单元化原则

61. 就我国现行的经济体制而言，所采用的宏观调控模式主要是（　　）。

A. 完全计划调节模式　　B. 纯粹市场调节模式

C. 计划市场主辅调节模式　　D. 有计划的市场调节模式

62. 运输市场管理活动的实施，必须采用（　　）。

A. 行政手段　　B. 法律手段

C. 经济手段　　D. 以上三种的综合

63. 在一定时期内，航线上总的货物周转量除以该时期航线货流总量称为（　　）。

A. 航线货物平均运距　　B. 航线平均装卸总定额

C. 航线发船间隔时间　　D. 航线货流不平衡系数

64. 在集装箱进出口货运程序中，通常，集装箱货运的空箱由发货人到指定的集装箱码头堆场领取。拼箱货运的空箱则由（　　）负责领取。

A. 集装箱托运人　　B. 集装箱承运人
C. 集装箱堆场　　D. 集装箱货运站

65. 对托运人而言，提单只是承运人依据托运人所列提单内容收到货物的（　　）。

A. 间接证据　B. 直接证据　C. 初步证据　D. 最终证据

66. 在国际贸易中，按照国际金融市场和银行业务的惯例，出口商（卖方）向银行结汇（议付货款）所提交的提单，必须是（　　）。

A. 记名提单　　B. 已装船提单
C. 收货待运提单　　D. 指示提单

67. 只适用于小量货物或行李，以及无商业价值的礼品和样品的提单是（　　），这种提单不能转让。

A. 交换提单　　B. 包裹提单
C. 收货待运提单　　D. 最低运费提单

68. 集装箱提单中有关承运人责任期限的条款，一般规定为（　　）。

A. 从货物装上船时起到货物卸下船时止
B. 从货物装上船时起到交付货物时止
C. 从收到货物时起到交付货物卸下船时止
D. 从收到货物时起到交付货物时止

69. 承运人对货物安全运输，并在指定目的港交付货物后，货主支付给承运人的酬金称为（　　）。

A. 佣金　B. 租金　C. 运费　D. 代理费

70. 提单必须经过签署手续才能生效。它是根据货物装船后大副签署的（　　）签发的。

A. 订舱单　B. 收货单　C. 装货单　D. 提货单

71. 承运人自向收货人交付货物的次日起连续（　　）日内，未收到收货人就货物因迟延交付造成经济损失而提交的书面通知的，不负赔偿责任。

A. 15　B. 30　C. 45　D. 60

72. 生产物流装备中的（　　）是生产物流与配送物流的核心。

A. 物流容器　　B. 叉车和拖车

C. 包装线　　D. 吊车

73. 被保险的整批货物完全灭失或完全变质已失去原有的使用价值，称为（　　）。

A. 航线全损　B. 实际全损　C. 推定全损　D. 共同海损

74. 各种国际货物运输方式都是通过双方当事人签订和履行合同，来设立和实现运输关系的。这类合同都是以（　　）单方签字的运货单据为表现形式。

A. 代理者　B. 运输者　C. 经营者　D. 托运者

75. 由于物流及物流管理思想诞生较晚，在推行物流标准化时，通常是在各个分系统标准化基础上建立物流标准化系统。因此，物流标准化系统是属于（　　）。

A. 一次系统　B. 全国系统　C. 行业系统　D. 二次系统

76. 供应链不仅是一条连接供应商到用户的物料链、信息链和资金链，而且还是一条（　　）。

A. 运输链　B. 供给链　C. 增值链　D. 服务链

77. 仓储管理系统的英文缩写是（　　）。

A. WMS　B. TMS　C. LVS　D. OMS

78. 物流中心能否发挥作用的关键是：（　　）。

A. 物流信息系统的构建　　B. 完善物流基础设施

C. 提高员工素质　　D. 进行供应链管理

79. （　　）是实现 EDI、电子商务、供应链管理的技术基础，是物流管理现代化、提高运输企业管理水平和竞争能力的重要技术手段。

A. RF 技术　B. 条码技术　C. GPS 技术　D. GIS 技术

80. 在运输管理系统中，根据客户运输订单进行成本核算，并生成报价，是运输业务接单中的（　　）。

A. 客户关系管理　　B. 分单作业

C. 成本计算　　D. 报价/成本

三、多选题：（每题 1 分，共 20 分）每题至少有二个或二个以上的正确答案

81. 对仓储空间规划的评价，一般可以从（　　）等方面进行。

A. 仓库面积利用率　　B. 仓储成本

C. 货品流量　　D. 作业时间

E. 空间效率

82. 现代物资采购管理实际上是融合信息流、商流、物流为一体的供应链管理的一个缩影。就物资采购管理的目标而言，一般包括：（　　）。

A. 适当的数量和适当的质量　　B. 适当的运输距离

C. 适当的价格　　D. 适当的时间

E. 适当的供应商

83. 配送服务质量是配送服务效果的集中反映，一般可以用（　　）等方面来衡量。

A. 配送时间　　B. 配送数量

C. 配送费用　　D. 配送范围

E. 配送效率

84. 在制订配送方案时，应重点考虑（　　）因素。

A. 确定配送商品厂　　B. 合理定位配送区域

C. 配备配送设备　　D. 用节约法制订配送方案

E. 确定配送路线

85. 在现代生产物流管理中有关的约束理论和最优生产技术一般用（　　）表示。

A. JIT　　B. TOC　　C. MRP　　D. OPT　　E. ERP

86. ERP 与 MRP/MRPⅡ的区别主要在资源管理范围方面和生产方式管理方面，还反映在（　　）等。

A. 管理功能方面　　B. 计算机信息处理方面

C. 财务管理方面　　D. 事务处理控制方面

E. 在跨国经营事务处理方面

87. 库存持有成本可分为固定成本和变动成本。其中变动成本与

（　　）有关。

A. 仓库折旧成本　　B. 资金占用成本

C. 存储空间成本　　D. 库存服务成本

E. 库存风险成本

88. 物流系统是由运输、仓储和（　　）等各环节所组成。

A. 配送　　B. 运输设备

C. 包装　　D. 流通加工

E. 物流信息

89. 物流系统化的目标，简称为“5S”，具体包括：（　　）和库存控制。

A. 费用最少　　B. 规模适当化

C. 有效的利用面积和空间　　D. 服务性

E. 快捷性

90. 流通加工是在生产的基础上增加商品的附加价值，具体体现在（　　）。

A. 方便运输　　B. 商品的综合利用

C. 满足用户的多样化需要　　D. 节省包装

E. 节约费用

91. 构成国际多式联运的基本条件必须是（　　）。

A. 具有一份多式联运合同

B. 多次托运、多次收费

C. 是国际间且至少由两种不同运输方式组成的连续运输

D. 使用一份全程多式联运单，多式联运经营人对货物运输全程负责

E. 按不同运输方式进行保险和理赔

92. 从运输成本的内容构成看，主要由（　　）构成的。

A. 基础设施成本　　B. 运转设备成本

C. 营运成本　　D. 作业成本

E. 中转成本

93. 按所跨区域划分，班轮航线可分为沿海航线、（　　）。

A. 近洋航线　　B. 往返航线

C. 远洋航线　　D. 环状航线

E. 多角航线

94. 对于在航线上运行的班轮，其运行班期按其生产周期计算，计算依据是：（　　）、港口装卸效率和在港装卸货物的数量、其他可能发生的耗时因素。

A. 航线里程　　B. 航次时间

C. 发船间隔　　D. 船舶航速

E. 在册船舶

95. 按提单中收货人栏的填写方式划分，提单的种类有（　　）。

A. 清洁提单　　B. 记名提单

C. 提示提单　　D. 不记名提单

E. 预借提单

96. 按签发提单的时间划分，提单有（　　）。

A. 倒签提单　　B. 顺签提单

C. 滞签提单　　D. 预借提单

E. 装船提单

97. 对每一提单上的货物按起码收费标准收取运费所签发的提单是（　　）。

A. 起码收费提单　　B. 最低运费提单

C. 最高运费提单　　D. 标准收费提单

E. 平均收费提单

98. 按照背书的方法区分，背书有（　　）等方式。

A. 记名背书　　B. 指示背书

C. 定向背书　　D. 空白背书

E. 条件背书

99. 供应链是一人网链结构，节点企业之间是一种需求与供应关系。它主要具有（　　）等特征。

A. 统一性　　B. 复杂性

C. 动态性　　D. 交叉性

E. 面向用户需求

100. 现代物流中心作为供货商与销售商之间的纽带，具有

（　　）的功能。

A. 订单处理　　B. 流通加工

C. 仓储管理　　D. 销售代理

E. 拣货配送

第二部分

一、简答题：（每题2分，共10分）

1. 采购进货策略选择的基本原则是什么？
2. 物流系统中存在着哪几种制约关系？
3. 简述运输定价的原则。
4. 国际多式联运具有哪些优越性？
5. 生产物流系统设计应遵循哪些基本原则？

二、计算题：（每题5分，共10分）

1. 某电器公司为了降低库存成本，采用了定量订货法控制库存。该公司对电磁炉的年需求量为735个，每次订货成本为60元，每年每个电磁炉的持有成本为0.5元。如果安全库存为2天，订购备运时间为5天，请确定该产品的订购点与订购批量。（请写出计算公式和计算步骤，只写出答案不给分）

2. 某工厂物料清单和库存记录文件如下表，请用MRP方法计算1周至10周的可供量和缺货量。（1）请写出计算公式，并将答案填入表中。（2）写出MRP的处理结果。

时间/周	1	2	3	4	5	6	7	8	9	10
库存量	25	30	15	10	5	-5	10	20	-20	5
已订货量	0	0	0	0	0	30	0	0	40	0
需求量/t	5	20	0	15	5	0	30	10	20	15

三、论述题：（每题10分，共20分）

1. 论述配送中心的现代化管理内容。
2. 论述国际多式联运的特征。

四、案例分析（共20分）

ABC公司主要从事为中国地区用户提供复印机耗材和零件的供应、以及复印机耗材和零件的进口和销售、国际贸易和区内贸易代理。

为了使公司更具竞争力，1999年公司专门设立了物流部门，公司物流部门下设采购、仓库、报关、客服等几个分部。大致工作流程如下：

每月根据销售部门提供的销售计划，采购部门结合前三个月的销售实际和现有库存情况制定订货计划（一个月的实际订货和后两个月的预测），并发送订单，订单发出后开始进行订单的跟踪管理。

所订货物到达后由报关员准备相关资料（发票、装箱单、提单等等）进行进境备案，备案结束后将货物存放到保税仓库。

在此期间，订单管理人员会将相关的到货信息输入系统，以备客服人员随时了解库存情况并将信息及时传达给客户。客户根据自己的需要选择后通过网上订单发到客户服务部，客服核对订单后，按客户所属的分仓库发货（公司为了顺利开展工作，缩短客户的订货周期，按照区域划分，在国内建立了四个分仓库。）

采购和仓库管理人员根据市场实际销售情况，确定从保税仓库报关调入国内仓库的机器的类型及数量，再由客服部门的客户订单信息和即时销售信息确定调拨到部分仓库的数量和种类。

影响物流工作效率的因素：

- 销售预测的不准确。
- 市场的进一步扩大和销售策略的改变。
- 每种复印机内都有超过2000种的零件，除了常规的消耗零

件，其他零件根本无法预计销量和预备库存量。

一直以来，以上问题困惑着物流部门的日常运作，由于物流部和销售、技术、市场等各部门都有非常密切的联系，如果在这个环节上出现问题，会对公司整体运转产生难以估量的损失。请为该公司分析下列问题：

（1）如何既有效地预防库存积压和缺货，又能满足市场需求？

（2）如何预先设定零件的安全库存，防止零件缺货从而提高客户满意度？

参 考 文 献

[1] 吴清一．现代物流概论［M］．北京：中国物资出版社，2005.

[2] 吴清一．物流实务［M］．北京：中国物资出版社，2005.

[3] 吴清一．物流管理［M］．北京：中国物资出版社，2005.

[4] 张连富．物流学［M］．北京：人民交通出版社，2005.

[5] 刘伟．现代物流［M］．北京：中国言实出版社，2005.

[6] 魏际刚．现代物流管理基础［M］．深圳：海天出版社，2003.

[7] 李严锋．现代物流管理［M］．大连：东北财经大学出版社，2004.

[8] 李茇．物流管理与实例1001法［M］．北京：中国国际广播出版社，2003.

[9] 李琪．电子商务物流管理［M］．重庆：重庆大学出版社，2004.

[10] 陈文安．新编物流管理［M］．北京：立信会计出版社，2003.

[11] 刘凯．现代物流技术基础［M］．北京：清华大学出版社，2004.

[12] 阙祖平．物流案例分析［M］．北京：人民交通出版社，2005.

[13] 王丰．军事物流学［M］．北京：中国物资出版社，2003.

[14] 刘亚峰．电子商务概论［M］．北京：机械工业出版社，2005.

[15] 王之泰．现代物流学［M］．北京：中国物资出版社，1994.

[16] 徐哲一．物流管理10堂课［M］．广州：广东经济出版社，2004.

[17] 张建伟．物流运输业务管理模板与岗位操作流程［M］．北京：中国经济出版社．2004.

[18] 王长琼．物流系统工程［M］．北京：中国物资出版社，2004.

[19] 程淑丽．物流管理职业工作手册［M］．北京：人民邮电出版社，2005.

[20] 程光．物流管理［M］．北京：机械工业出版社，2005.

[21] 曾剑．物流管理基础［M］．北京：机械工业出版社，2004.

[22] 何倩茵．物流案例与实训［M］．北京：机械工业出版社，2004.

[23] 曹前锋．物流管理案例与实训［M］．北京：机械工业出版社，2005.

[24] 黄中鼎．现代物流管理学［M］．上海：上海财经大学出版社，2004.

[25] 侯龙文．现代物流管理［M］．北京：经济管理出版社，2006.

[26] 周人飞．新编现代企业物流管理工具箱［M］．北京：机械工业出版社，2003.

[27] 梅焰．电子商务与物流管理［M］．北京：机械工业出版社，2002.

[28] 韦红革．物流管理概论［M］．北京：机械工业出版社，2003.

[29] 缪六莹．运输管理实务［M］．北京：电子工业出版社，2004.

[30] 张典焕. 现代物流实务 [M]. 北京：立信会计出版社，2004.
[31] 胡阳. 现代物流管理制度范本大全 [M]. 北京：蓝天出版社，2005.
[32] 霍红. 物流管理物流师考试指南 [M]. 北京：中国物资出版社，2004.
[33] 姚冠新，等. 物流工程 [M]. 北京：化学工业出版社，2004.
[34] 杨传杰. 物流知识百问百答 [M]. 北京：中国物资出版社，2005.

读者信息反馈表

感谢您购买《物流师》一书。为了更好地为您服务，有针对性地为您提供图书信息，方便您选购合适图书，我们希望了解您的需求和对我们教材的意见和建议，愿这小小的表格为我们架起一座沟通的桥梁。

<table>
<tr><td>姓　名</td><td></td><td>所在单位名称</td><td colspan="2"></td></tr>
<tr><td>性　别</td><td></td><td>所从事工作（或专业）</td><td colspan="2"></td></tr>
<tr><td>通信地址</td><td colspan="2"></td><td>邮　编</td><td></td></tr>
<tr><td>办公电话</td><td colspan="2"></td><td>移动电话</td><td></td></tr>
<tr><td>E-mail</td><td colspan="4"></td></tr>
<tr><td colspan="5">1. 您选择图书时主要考虑的因素（在相应项前画✓）
（　）出版社（　）内容（　）价格（　）封面设计（　）其他
2. 您选择我们图书的途径（在相应项前画✓）
（　）书目（　）书店（　）网站（　）朋友推介（　）其他</td></tr>
<tr><td colspan="5">希望我们与您经常保持联系的方式：
☐ 电子邮件信息　☐ 定期邮寄书目
☐ 通过编辑联络　☐ 定期电话咨询</td></tr>
<tr><td colspan="5">您关注（或需要）哪些类图书和教材：</td></tr>
<tr><td colspan="5">您对我社图书出版有哪些意见和建议（可从内容、质量、设计、需求等方面谈）：</td></tr>
<tr><td colspan="5">您今后是否准备出版相应的教材、图书或专著（请写出出版的专业方向、准备出版的时间、出版社的选择等）：</td></tr>
</table>

非常感谢您能抽出宝贵的时间完成这张调查表的填写并回寄给我们，您的意见和建议一经采纳，我们将有礼品回赠。我们愿以真诚的服务回报您对机械工业出版社技能教育分社的关心和支持。

请联系我们——

地址　北京市西城区百万庄大街22号　机械工业出版社技能教育分社

邮编　100037

社长电话　（010）88379080　88379083　68329397（带传真）

E-mail　jnfs@mail.machineinfo.gov.cn